HOUGHTON MIFFLIN
Ciencias

 HOUGHTON MIFFLIN   BOSTON

Autores del programa

William Badders
Director of the Cleveland Mathematics
and Science Partnership
Cleveland Municipal School District
Cleveland, Ohio

Douglas Carnine, Ph.D.
Professor of Education
University of Oregon
Eugene, Oregon

James Feliciani
Supervisor of Instructional
Media and Technology
Land O' Lakes, Florida

Bobby Jeanpierre, Ph.D.
Assistant Professor, Science Education
University of Central Florida
Orlando, Florida

Carolyn Sumners, Ph.D.
Director of Astronomy and Physical Sciences
Houston Museum of Natural Science
Houston, Texas

Catherine Valentino
Author-in-Residence
Houghton Mifflin
West Kingston, Rhode Island

Asesores de contenido

Dr. Robert Arnold
Professor of Biology
Colgate University
Hamilton, New York

Dr. Carl D. Barrentine
Associate Professor of Humanities
and Biology
University of North Dakota
Grand Forks, North Dakota

Dr. Steven L. Bernasek
Department of Chemistry
Princeton University
Princeton, New Jersey

Dennis W. Cheek
Senior Manager
Science Applications International
Corporation
Exton, Pennsylvania

Dr. Jung Choi
School of Biology
Georgia Tech
Atlanta, Georgia

Prof. John Conway
Department of Physics
University of California
Davis, California

Printed in the U.S.A.

ISBN-13: 978-0-618-68882-1
ISBN-10: 0-618-68882-X

1 2 3 4 5 6 7 8 9-VHP-14 13 12 11 10 09 08 07 06

Asesores de contenido

Dr. Robert Dailey
Division of Animal and Veterinary
Sciences
West Virginia University
Morgantown, West Virginia

Dr. Thomas Davies
IODP/USIO Science Services
Texas A & M University
College Station, Texas

Dr. Ron Dubreuil
Department of Biological Sciences
University of Illinois at Chicago
Chicago, Illinois

Dr. Orin G. Gelderloos
Professor of Biology
University of Michigan - Dearborn
Dearborn, Michigan

Dr. Michael R. Geller
Associate Professor, Department of
Physics
University of Georgia
Athens, Georgia

Dr. Erika Gibb
Department of Physics
Notre Dame University
South Bend, Indiana

Dr. Fern Gotfried
Pediatrician
Hanover Township, New Jersey

Dr. Michael Haaf
Chemistry Department
Ithaca College
Ithaca, New York

Professor Melissa A. Hines
Department of Chemistry
Cornell University
Ithaca, New York

Dr. Jonathan M. Lincoln
Assistant Provost & Dean of
Undergraduate Education
Bloomsburg University
Bloomsburg, Pennsylvania

Donald Lisowy
Wildlife Conservation Society
Bronx Zoo
Bronx, New York

Dr. Marc L. Mansfield
Department of Chemistry and
Chemical Biology
Stevens Institute of Technology
Hoboken, New Jersey

Dr. Scott Nuismer
Department of Biological Sciences
University of Idaho
Moscow, Idaho

Dr. Suzanne O'Connell
Department of Earth and
Environmental Sciences
Wesleyan University
Middletown, Connecticut

Dr. Kenneth Parsons
Assistant Professor of Meteorology
Embry-Riddle Aeronautical University
Prescott, Arizona

Betty Preece
Engineer and Physicist
Indialantic, Florida

Dr. Chantal Reid
Department of Biology
Duke University
Durham, North Carolina

Dr. Todd V. Royer
Department of Biological Sciences
Kent State University
Kent, Ohio

Dr. Kate Scholberg
Physics Department
Duke University
Durham, North Carolina

Dr. Jeffery Scott
Department of Earth, Atmospheric,
and Planetary Sciences
Massachusetts Institute of
Technology
Cambridge, Massachusetts

Dr. Ron Stoner
Professor Emeritus, Physics and
Astronomy Department
Bowling Green State University
Bowling Green, Ohio

Dr. Dominic Valentino, Ph.D.
Professor, Department of Psychology
University of Rhode Island
Kingston, Rhode Island

Dr. Sidney White
Professor Emeritus of Geology
Ohio State University
Columbus, Ohio

Dr. Scott Wissink
Professor, Department of Physics
Indiana University
Bloomington, Indiana

Dr. David Wright
Department of Chemistry
Vanderbilt University
Nashville, Tennessee

Contenido

UNIDAD A

Cómo funcionan los seres vivos

UNIDAD B
Los seres vivos en su medio ambiente

Contenido

UNIDAD C
La superficie de la Tierra

UNIDAD D — La Tierra en el espacio

Contenido

UNIDAD E
Materia

UNIDAD F

Energía y cambio

Secciones especiales

UNIDAD A

UNIDAD B

UNIDAD C

UNIDAD D

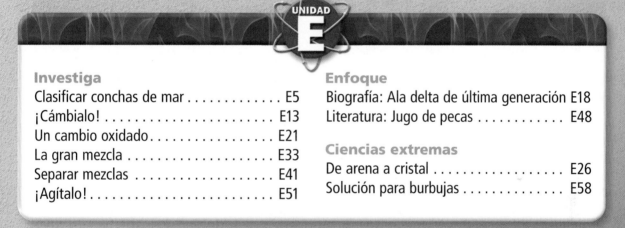

UNIDAD E

UNIDAD F

Cómo usar tu libro

La naturaleza de las ciencias

En esta sección al principio del libro aprenderás sobre científicos y métodos de investigación científica.

Unidades

Las secciones principales de tu libro son las unidades.

El **Título de la unidad** refleja el tema de la unidad.

Los **Capítulos** son las partes de cada unidad.

La **Lectura independiente** son libros que puedes leer por tu cuenta.

¡Descúbrelo! La información de esta unidad te servirá para responder a esta interesante pregunta.

Capítulos

El **Título del capítulo** te dice de qué trata el capítulo.

La **Presentación de la lección** te informa acerca de cada lección.

Cada lección de tu libro tiene dos partes.

Primera parte de la lección: Investiga

Por qué es importante te explica la importancia de las ciencias que aprenderás en cada lección.

La Destreza de investigación habla de la destreza principal de la sección Investiga.

La lista de **Materiales** indica lo que necesitarás para realizar tu investigación.

Los **Recursos de ciencias y matemáticas** hacen referencia a información adicional de tu libro, la cual te ayudará con tu investigación.

El **Procedimiento** enumera los pasos que seguirás para realizar tu investigación.

La **Conclusión** te guía para que reflexiones acerca de tu investigación.

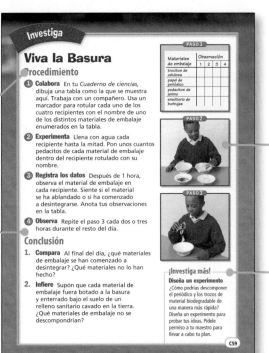

Las **Ilustraciones** proporcionan información adicional a la investigación.

¡Investiga más! te permite ampliar tu investigación.

Segunda parte de la lección: Aprender leyendo

El **Vocabulario** enumera las palabras científicas nuevas que aprenderás.

La **Idea principal** te indica qué es lo más importante.

Las **imágenes** te ayudan a comprender el texto.

La **Destreza de lectura** te ayuda a comprender y a organizar la información a medida que lees.

El **Repaso de la destreza de lectura** te ayuda a verificar si comprendes el texto.

Conclusión de la lección

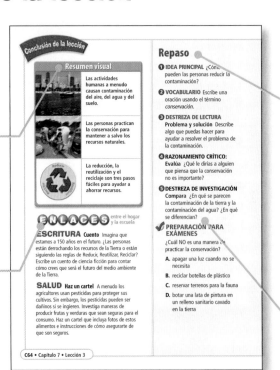

El **Resumen visual** te muestra diversas maneras de resumir lo que leíste.

Los **Enlaces** conectan las ciencias con las matemáticas y con otros campos de estudio.

El **Repaso** te permite verificar si comprendiste lo que has leído.

La **Preparación para exámenes** te ayuda a alcanzar los estándares. Los estándares son metas importantes para tu aprendizaje.

Enfoque

En el enfoque puedes aprender más sobre un concepto clave del capítulo.

Los tipos de **Enfoque** son: Biografías, Historia de las ciencias, Tecnología, Fuente primaria, Literatura y Teatro del lector.

En **Compartir ideas** puedes verificar si entiendes, así como escribir y comentar acerca de lo que has aprendido.

Ciencias extremas y Ocupaciones

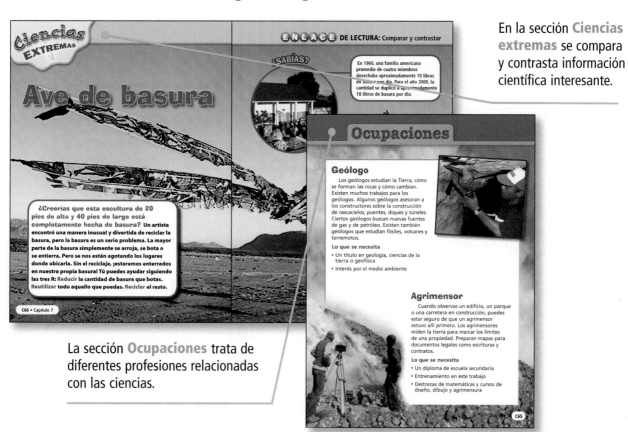

En la sección **Ciencias extremas** se compara y contrasta información científica interesante.

La sección **Ocupaciones** trata de diferentes profesiones relacionadas con las ciencias.

Repaso y preparación para exámenes del capítulo y de la unidad

Estos repasos te ayudan a evaluar tu rendimiento en el aprendizaje científico y a saber si has alcanzado los estándares de lectura.

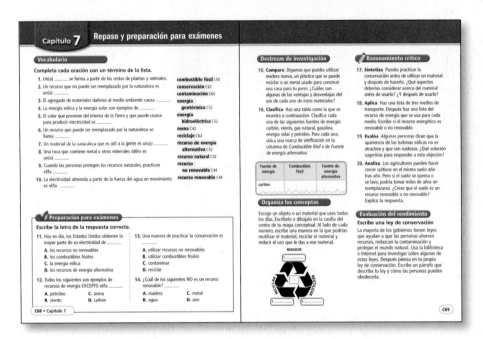

Conclusión de la unidad

Aprende más acerca de la pregunta de la sección **¡Descúbrelo!** con la que comenzó la unidad.

Referencias

La última parte de tu libro incluye secciones que tendrás que consultar a menudo.

La naturaleza de las ciencias

Las ciencias son una aventura. Las personas de todo el mundo practican ciencias. Tú también puedes practicar las ciencias. Probablemente ya las practicas.

Estándares nacionales de la educación en ciencias

Estándares del contenido de ciencias

Grados K a 4.A. HABILIDADES NECESARIAS PARA REALIZAR LA INVESTIGACIÓN CIENTÍFICA

- Identificar preguntas que pueden responderse mediante investigaciones científicas.

- Diseñar y llevar a cabo una investigación científica.

- Usar técnicas y herramientas apropiadas para reunir, analizar e interpretar información.

- Desarrollar descripciones, explicaciones, predicciones y modelos usando evidencia.

- Pensar crítica y lógicamente para establecer relaciones entre la evidencia y las explicaciones.

- Reconocer y analizar explicaciones y predicciones alternativas.

- Comunicar los procedimientos científicos y las explicaciones.

- Usar las matemáticas en todos los aspectos de investigación científica.

Grados K a 4.A. COMPRENSIÓN DE LA INVESTIGACIÓN CIENTÍFICA

- Los diferentes tipos de preguntas sugieren diferentes tipos de investigaciones científicas. Algunas investigaciones implican observar y describir objetos, organismos o sucesos; algunas implican recolectar especímenes; algunas implican realizar experimentos; algunas implican buscar más información; algunas implican el descubrimiento de nuevos objetos y fenómenos; y algunas implican hacer modelos.

- El conocimiento y el entendimiento científicos actuales guían las investigaciones científicas. Los diferentes dominios científicos emplean diferentes métodos, teorías centrales y estándares para avanzar el conocimiento y el entendimiento científicos.

- Las matemáticas son importantes en todos los aspectos de la investigación científica.

- La tecnología usada para reunir información aumenta la exactitud y permite a los científicos analizar y cuantificar los resultados de las investigaciones.

- Las explicaciones científicas enfatizan la evidencia, tienen argumentos consistentes en su lógica y usan teorías, principios y modelos científicos. La comunidad científica acepta y usa tales explicaciones hasta que son desplazadas por mejores explicaciones científicas. Cuando tal desplazamiento ocurre, las ciencias avanzan.

- Las ciencias avanzan a través del escepticismo legítimo. Hacer preguntas y cuestionar las explicaciones de otros científicos es parte de la investigación científica. Los científicos evalúan las explicaciones propuestas por otros científicos examinando la evidencia, comparando la evidencia, identificando el razonamiento equívoco, señalando las afirmaciones que van más allá de la evidencia y sugiriendo explicaciones alternativas para las mismas observaciones.

- Las investigaciones científicas algunas veces dan como resultado nuevas ideas y fenómenos para estudiar, generan nuevos métodos o procedimientos para una investigación o desarrollan nuevas tecnologías para mejorar la recolección de información. Todos estos resultados pueden llevar a nuevas investigaciones.

Grados K a 4.E. HABILIDADES DEL DISEÑO TECNOLÓGICO

- Identificar los problemas apropiados para el diseño tecnológico.

- Diseñar una solución o un producto.

- Implementar un diseño propuesto.

- Evaluar los diseños o productos tecnológicos.

- Comunicar el proceso del diseño tecnológico.

La naturaleza de las ciencias

Hacer lo que hacen los científicos

Conoce a la Dra. Paula Mikkelsen. Trabaja en el Museo de Historia Natural de los Estados Unidos en la ciudad de Nueva York. Está a cargo de la colección de moluscos del museo. La colección incluye almejas, caracoles y los restos de babosas y calamares. La Dra. Mikkelsen ayuda a otros científicos a buscar los moluscos que quieren estudiar.

Los científicos se hacen preguntas. Luego las responden investigando y experimentando.

En los Cayos de la Florida, la Dra. Mikkelsen encontró 1,700 tipos de moluscos oceánicos. Ese número la sorprendió. Es tres veces más de lo que predijeron otros científicos.

Las investigaciones científicas se realizan de muchas maneras.

La Dra. Mikkelsen tiene muchas preguntas sobre los moluscos. Por ejemplo, quiere saber cuántas clases de moluscos viven en el océano que rodea las islas llamadas los Cayos de la Florida. Para averiguarlo, bucea para recoger moluscos.

Cuando regresa al museo, la Dra. Mikkelsen registra el nombre de cada nuevo molusco. Al igual que todos los científicos, lleva registros cuidadosos de la información científica, o **datos**.

La Dra. Mikkelsen recoge animales para analizarlos. Algunos científicos hacen observaciones mientras que otros hacen experimentos. La Dra. Mikkelsen comparte lo que descubre con otros científicos, quienes le hacen preguntas sobre sus datos. La Dra. Mikkelsen también comparte sus resultados con las personas que están a cargo de proteger los animales y las plantas salvajes de la Florida. Esto los ayuda a tomar decisiones sobre la cantidad de actividades deportivas (como el buceo, la navegación y la pesca) que pueden permitirse alrededor de los Cayos.

La Dra. Mikkelsen usa instrumentos como estas lupas para observar las conchas de moluscos pequeñitos.

Pensar como un
científico

Los modos en que los científicos hacen y responden preguntas acerca del mundo que los rodea se llama **investigación científica.** La investigación científica requiere de ciertas actitudes, o enfoques, para pensar sobre un problema. Para pensar como un científico tienes que ser:

- curioso y hacer muchas preguntas.

- creativo e inventar nuevas maneras de hacer cosas.

- capaz de tomar en cuenta las ideas de los demás, pero de sacar tus propias conclusiones.

- abierto a cambiar lo que piensas cuando los resultados de tu investigación te sorprenden.

- una persona dispuesta a cuestionar lo que otras personas le dicen.

¿Qué atrae la abeja a la flor? ¿Es su color, su aroma u otra cosa?

Usar razonamiento crítico

Cuando piensas críticamente, tomas decisiones sobre lo que otros te dicen o lo que lees. ¿Es un hecho o una opinión lo que escuchaste o leíste? Un *hecho* se puede verificar para averiguar si es cierto. Una *opinión* es lo que piensas sobre los hechos.

¿Alguna vez alguien te ha contado una historia que era difícil de creer? Cuando piensas: "Eso no puede ser verdad", estás pensando críticamente. Las personas que piensan críticamente cuestionan lo que escuchan o lo que leen en un libro.

Investigación científica

Aplicar la investigación científica te ayuda a comprender el mundo que te rodea. Supón que has decidido quedarte con unos Triops, o renacuajos de langostino.

Observa Observas las crías de Triops nadar por su tanque. Notas cómo nadan.

Haz una pregunta Cuando piensas sobre lo que viste, oíste o leíste, puede que tengas preguntas.

Hipótesis Piensa acerca de hechos que ya conoces. ¿Tienes una idea sobre la respuesta? Anótala. Ésa es tu hipótesis.

Experimenta Planea una prueba que indicará si la hipótesis es verdadera o no. Enumera los materiales que necesitarás. Escribe los pasos que seguirás. Asegúrate de que mantienes todas las condiciones iguales excepto la que estás probando. Esa condición se llama variable.

Conclusión Piensa sobre tus resultados. ¿Qué indican? ¿Los resultados apoyaron tu hipótesis o mostraron que era falsa? Describe tu experimento a otros compañeros. Comunica tus resultados y tu conclusión. Puedes usar palabras, tablas, diagramas o gráficas.

Mi experimento con los *Triops*

Observa La luz parece causar un cambio en la manera de moverse de los Triops.

Haz una pregunta Me pregunto: ¿A los Triops les gusta más moverse durante el día o durante la noche?

Hipótesis Si observo los Triops en la luz tenue y después en la luz brillante, se moverán de manera diferente.

Experimenta Observaré cómo se mueven los Triops en la luz tenue. Luego encenderé una luz y observaré todos los cambios.

Conclusión Cuando enciendo una luz brillante, los Triops se mueven más rápido en el agua. Los resultados apoyan mi hipótesis. Los Triops son más activos en la luz brillante que en la luz tenue.

El proceso de investigación

Aquí tienes un proceso que algunos científicos siguen para responder a preguntas y hacer nuevos descubrimientos.

Hacer observaciones

Hacer una pregunta

Hipótesis

Llevar a cabo un experimento

Sacar conclusiones

Se fundamenta la hipótesis

No se fundamenta la hipótesis

Destrezas de la investigación científica

Utilizarás muchas de estas destrezas de investigación cuando investigues y experimentes.

- Hacer preguntas
- Observar
- Comparar
- Clasificar
- Predecir
- Medir

- Hacer hipótesis
- Usar variables
- Experimentar
- Usar modelos
- Comunicar
- Usar números

- Registrar datos
- Analizar datos
- Inferir
- Colaborar
- Averiguar

¡Inténtalo tú mismo!

Experimenta con un triturador de materia

Para usar un triturador de materia, pon cubitos de anime o malvaviscos pequeños en una botella y ajusta la tapa. Luego, empuja la parte superior de la tapa hacia arriba y hacia abajo para bombear aire dentro de la botella.

1 Haz una lista de las preguntas que tengas sobre el triturador de materia.

2 ¿Cómo averiguarías las respuestas?

3 Describe tu experimento. Si hicieras tu experimento, ¿cuáles crees que serían los resultados?

Tú puedes...

Ser un inventor

Jonathan Santos

Jonathan Santos ha sido un inventor toda su vida. Su primer invento fue un sistema de cuerdas que usaba para apagar las luces sin necesidad de salir de la cama.

Cuando Jonathan era adolescente, inventó un juguete de lanzamiento denominado J-Boom (el bumerán de J.). Leyó sobre el bumerán. Luego diseñó su propio juguete con cuatro brazos en lugar de dos. Construyó una muestra, la probó y la mejoró. Después la vendió a las tiendas de juguetes de los museos de ciencias.

Hoy en día, Jonathan trabaja como ingeniero de programas para computadoras. Inventó nuevas maneras de usar las computadoras. Jonathan todavía inventa juguetes. ¡Su idea más reciente es un novedoso tipo de montaña rusa!

¡Su invento le valió su propia tarjeta de colección!

"Cuando era niño rápidamente descubrí que usando la inventiva puedes diseñar y construir objetos usando casi cualquier cosa".

J-Boom

¿Qué es la tecnología?

Las herramientas que las personas fabrican y utilizan, y las cosas que construyen con las herramientas se llaman **tecnología.** Un juguete de madera que puede volar es un ejemplo de tecnología. También lo es un transbordador espacial.

Los científicos también utilizan la tecnología. Por ejemplo, un microscopio hace posible que los científicos vean objetos que no pueden verse a simple vista. Los científicos también utilizan instrumentos de medición para hacer sus observaciones más exactas.

Muchas tecnologías hacen del mundo un lugar mejor para vivir. Pero a veces una tecnología que resuelve un problema puede causar otros problemas. Por ejemplo, viajar en carros o autobuses les facilita a las personas recorrer largas distancias. Sin embargo, el combustible que hace funcionar los carros y autobuses contamina el aire. La contaminación del aire causa problemas de salud a las personas y a otros seres vivos.

Una mejor idea

"Ojalá tuviera una manera mejor de _____". ¿Cómo completarías el espacio en blanco? Todos desean poder hacer una tarea más fácilmente o divertirse más. Los inventores tratan de que esos deseos se hagan realidad. Inventar o mejorar un invento requiere tiempo y paciencia.

Muchos inventores han mejorado los controles de los videojuegos. Quizás algún día tú inventes una nueva manera de jugar a los videojuegos.

Controlador de videojuego

palanca de mando

botones para escoger las acciones

START/PAUSE

botón de dirección

Cómo ser un buen inventor

1. **Identifica un problema.** Puede ser un problema en la escuela, en casa o en tu comunidad.

2. **Enumera maneras de resolver el problema.** A veces la solución es una nueva herramienta. Otras veces puede ser una manera nueva de hacer una tarea o actividad.

3. **Escoge la mejor solución.** Según tu predicción, decide qué idea funcionará mejor. Piensa cuál puedes llevar a cabo.

4. **Haz una muestra.** Una muestra, llamada *prototipo,* es el primer intento. Tu idea puede necesitar muchos materiales o ninguno. Escoge instrumentos de medición que ayudarán a que tu diseño funcione mejor.

5. **Prueba tu invento.** Usa tu prototipo o pide a alguien más que lo intente. Lleva un registro de cómo funciona y de qué problemas encuentras.

6. **Mejora tu invento.** Usa lo que aprendiste para hacer que tu diseño funcione mejor. Dibuja o escribe sobre los cambios que hiciste y por qué los hiciste.

7. **Comparte tu invento.** Muestra tu invento a otros. Explica cómo funciona. Di de qué manera hace una actividad más fácil o más entretenida. Si no funcionó tan bien como querías, di por qué.

S13

Tomar decisiones

Problemas para las crías de tortuga

Cada primavera, las tortugas de mar hembras adultas salen del océano en la oscuridad de la noche. Se arrastran por las playas de arena y cavan agujeros que les servirán como nidos. Ponen allí sus huevos, los cubren con arena y se deslizan de regreso al océano.

Unas pocas semanas más tarde, y todas al mismo tiempo, las crías rompen el cascarón de los huevos y trepan hacia el exterior del nido. Atraídas por las luces brillantes de la naturaleza, las tortugas deben arrastrarse hacia las luces del cielo nocturno que brillan sobre el océano. Pero en muchas playas, las luces que provienen de las carreteras o de las casas son mucho más brillantes. Entonces, las tortugas bebés se arrastran alejándose del océano, dirigiéndose a las luces eléctricas. En vez de encontrar su hogar en el mar, muchas de ellas mueren.

Decidir qué hacer

¿Qué puede hacerse para salvar la mayor cantidad de tortugas bebés?

Aquí encontrarás cómo tomar tu decisión sobre las tortugas bebés. Puedes usar los mismos pasos para ayudar a resolver problemas en tu hogar, tu escuela y tu comunidad.

Aprende → Aprende sobre el problema. Tómate el tiempo necesario para obtener los hechos. Podrías hablar con un experto, leer un libro de ciencias o explorar un sitio de Internet.

Enumera → Haz una lista de acciones que podrías realizar. Agrega acciones que otras personas podrían realizar.

Decide → Piensa acerca de cada acción de tu lista. Identifica los riesgos y los beneficios. Decide qué opción es la mejor para ti, tu escuela o tu comunidad.

Comparte → Comunica tu decisión a otros.

Ciencias seguras

☑ Aprende las normas de seguridad de tu escuela y de tu salón de clases y cúmplelas.

☑ Lee y cumple los consejos de seguridad en cada actividad de investigación.

☑ Cuando planees tus propias investigaciones, escribe cómo mantener tu seguridad.

☑ Aprende cómo limpiar y guardar materiales de ciencias. Mantén limpia tu área de trabajo y avisa inmediatamente a tu maestro en caso de que algo se derrame.

☑ Aprende cómo conectar aparatos eléctricos de manera segura.

☑ Usa lentes de seguridad cuando tu maestro te lo indique.

☑ A no ser que tu maestro te lo diga, nunca coloques ningún material de ciencias en o cerca de tus oídos, tus ojos o tu boca.

☑ Usa guantes cuando toques animales vivos.

☑ Lávate las manos cuando termines tu investigación.

Cuidar a los seres vivos

☑ Aprende cómo cuidar a las plantas y a los animales en tu salón de clases de manera que permanezcan saludables y seguros. Aprende cómo sostener con cuidado a los animales.

Cómo funcionan los seres vivos

CIENCIAS **UNIDAD A** DE LA VIDA

Cómo funcionan los seres vivos

Lectura independiente

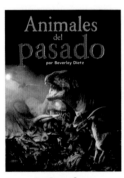

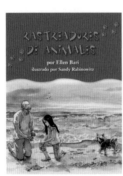

Animales del pasado

Rastreadores de animales

Sígueme, sé una abeja

¡Descúbrelo!

Los delfines y las personas son diferentes en algunos aspectos. Los delfines tienen aletas. Las personas tienen brazos y piernas. Pero los delfines y las personas se parecen en algunos aspectos. ¿Qué rasgos tienen en común los delfines y las personas? En esta unidad encontrarás información que te ayudará a responder a esta pregunta.

Partes de las plantas

Presentación de la lección

LECCIÓN 1

Zanahorias, rábanos, nabos y remolachas, ¿qué parte de la planta son estos vegetales?

Lo aprenderás en la Lección 1.

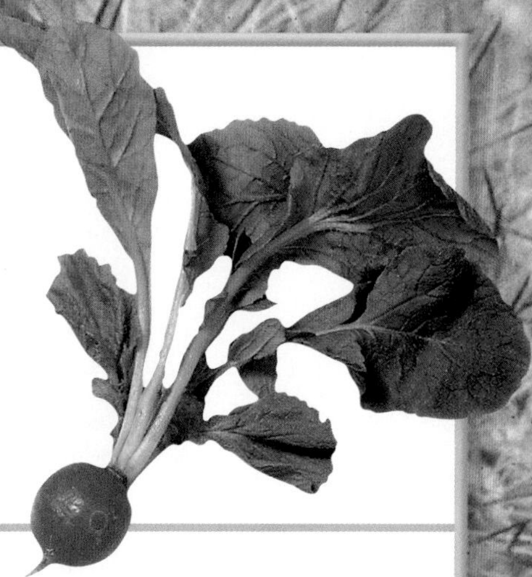

LECCIÓN 2

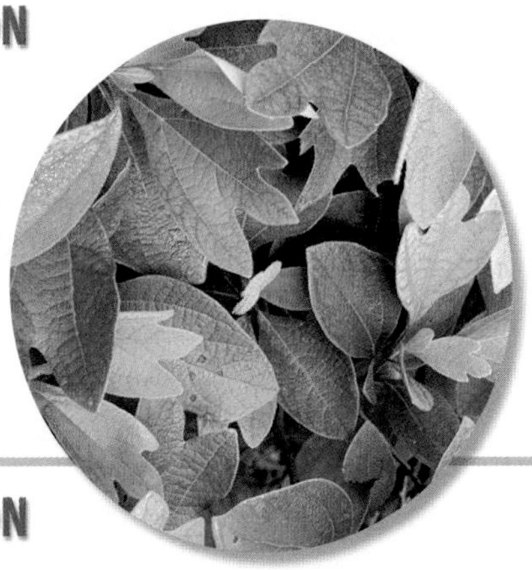

Hojas, raíces y tallos, ¿cómo pueden usarse estas partes para identificar las plantas?

Lo aprenderás en la Lección 2.

LECCIÓN 3

Desde semillas de sabrosas frutas hasta hojas cuyas formas permiten contener el agua, ¿de qué manera las partes de las plantas las ayudan a sobrevivir en lugares de medio ambiente diferente?

Lo aprenderás en la Lección 3.

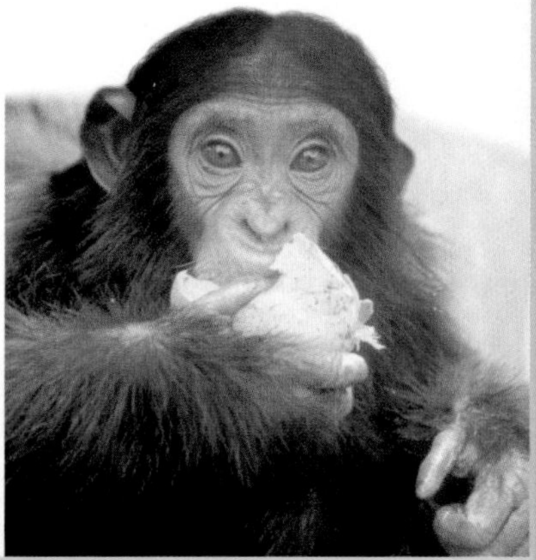

¿Cómo usan sus partes las plantas?

Por qué es importante...

Las plantas son seres vivos que las personas usan para muchos propósitos. Si alguna vez has disfrutado de la sombra de un árbol en un día caluroso, entonces has usado las plantas. Las plantas proporcionan a las personas alimentos para comer, materiales para fabricar ropa y construir edificios y muchos otros objetos.

PREPÁRATE PARA INVESTIGAR

Destreza de investigación

Observar Cuando observas, reúnes información acerca del medio ambiente usando tus sentidos de la vista, el oído, el olfato y el tacto.

Materiales

- semilla de frijol
- bolsa de plástico con cierre
- engrapadora
- toallas de papel
- agua
- lupa
- cinta adhesiva
- regla métrica

Recursos de ciencias y matemáticas

Para realizar los pasos 2 y 3, repasa la sección **Usar una lupa** en la página H2.

Bolsas con frijoles

Procedimiento

1. **Colabora** Trabaja con un compañero. Moja una toalla de papel hasta que esté húmeda, pero que no gotee. Dobla la toalla de papel y deslízala dentro de una bolsa de plástico, como se muestra aquí. Engrapa la bolsa aproximadamente a 2 cm de la parte inferior. Usa una regla para ayudarte a medir.

PASO 1

2. **Observa** Observa de cerca una semilla de frijol con tu lupa. Dibuja una imagen de la semilla de frijol en tu *Cuaderno de ciencias.* Rotula la imagen *Día 1.* Coloca la semilla de frijol en la bolsa. Cierra la bolsa.

PASO 2

3. **Observa** Pega la bolsa con cinta adhesiva en un lugar soleado. Usa tu lupa para observar la semilla de frijol todos los días. Dibuja y rotula una imagen de la semilla de frijol cada día. Agrega el agua necesaria para que la toalla de papel se mantenga húmeda.

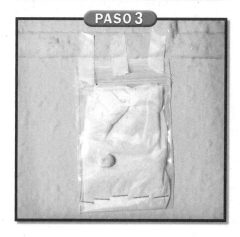

PASO 3

4. **Investiga** Una vez que hayas observado un cambio en la semilla de frijol, usa libros de la biblioteca o Internet para aprender cómo plantar la semilla de frijol en la tierra y cómo cuidarla.

Conclusión

1. **Clasifica** ¿Dirías que una semilla de frijol es un ser vivo? ¿Por qué sí o por qué no?

2. **Infiere** Basándote en tus observaciones, ¿qué necesita una semilla de frijol para brotar?

¡Investiga más!

Diseña un experimento
Usa tijeras para recortar una parte pequeña de la planta de frijol. Usa una lupa para observarla y dibuja los cambios de la planta todos los días.

VOCABULARIO

célula	pág. A8
hoja	pág. A8
nutriente	pág. A7
planta	pág. A6
raíz	pág. A8
tallo	pág. A8

DESTREZA DE LECTURA

Estructura del texto Lee los títulos al comienzo de cada sección. ¿Sobre qué tema crees que aprenderás en cada sección? Anota una idea clave para cada una.

Las plantas satisfacen sus necesidades

IDEA PRINCIPAL Las plantas utilizan sus partes para satisfacer sus necesidades básicas.

Plantas

Los seres vivos, o los seres vivientes, se encuentran en toda la Tierra. Todos los seres vivos de la Tierra pueden dividirse en grupos. Dos grupos de seres vivos son las plantas y los animales. Una **planta** es un ser vivo que crece en la tierra o en el agua, no puede moverse de un lugar a otro y generalmente tiene hojas verdes.

Estos girasoles necesitan luz solar y aire para crecer. También necesitan agua y nutrientes del suelo.

Las necesidades de las plantas

Los seres humanos y otros animales necesitan aire para respirar, agua para beber y alimento para comer. Las plantas también necesitan ciertas cosas para vivir. Necesitan agua, aire y luz del sol. La mayoría de las plantas también necesitan tierra, la cual provee los nutrientes. Un **nutriente** es una sustancia que necesitan los seres vivos para sobrevivir y crecer.

▶ **ESTRUCTURA DEL TEXTO** ¿Qué subtítulos podrían haberse usado en la sección llamada *Las necesidades de las plantas?*

luz del sol

agua

aire

tierra

A7

Las partes de las plantas

Al igual que los animales y todos los otros seres vivos, las plantas están compuestas de células. Una **célula** es la unidad más pequeña y básica de un ser vivo. Las células de las plantas tienen paredes rígidas que sostienen a la planta y le dan forma.

Las plantas no pueden trasladarse de un lugar a otro para buscar alimento y agua como pueden hacer los animales. Entonces, ¿cómo satisfacen las plantas sus necesidades? Tienen partes que las ayudan a obtener las cosas que necesitan para sobrevivir.

Casi todas las plantas tienen tres partes. Cada parte realiza una tarea que las ayuda a vivir. Una **raíz** absorbe agua y nutrientes, y provee apoyo a la planta. Un **tallo** sostiene las hojas y transporta el agua y los nutrientes a través de la planta. Una **hoja** recoge la luz solar y los gases del aire. Los usa para elaborar alimentos para la planta.

La planta cebra es rara porque tiene hojas con un patrón similar al pelaje de la cebra. ¿Qué características tiene en común con otras plantas? ▶

hoja

tallo

células vegetales

raíz

Raíces

Usualmente no ves las raíces de una planta. Las raíces de la mayoría de las plantas crecen por debajo de la tierra. La tarea más importante de las raíces es absorber agua y nutrientes del suelo. Las raíces tienen partes pequeñitas parecidas a pelos que las ayudan a hacer esto.

Las raíces de la mayoría de las plantas también tienen otra tarea. Las raíces son necesarias para fijar la planta en su lugar en el suelo y para ayudarla a mantenerse derecha. Los árboles altos tienen raíces inmensas que los ayudan a no irse de lado. Las raíces de los pastos los ayudan a mantenerse en su lugar.

A veces, las raíces almacenan alimento para la planta. Las zanahorias que comes son en realidad raíces. Contienen muchos nutrientes que almacenan para que toda la planta de zanahoria los use. Los rábanos, los nabos, las remolachas y otras verduras que comen las personas también son raíces.

▶ **ESTRUCTURA DEL TEXTO** Si la página A8 terminara después del primer párrafo, ¿cuál sería un título más apropiado para esa página?

Pelos de raíces vistos a través de un microscopio. ▶

Las zanahorias son raíces. Tienen partes pequeñitas parecidas a pelos, llamadas pelos radiculares, que ayudan a absorber el agua y los nutrientes del suelo. ▶

Tallos

Los tallos de muchas plantas son largos y delgados. Contienen tubos pequeños. Estos tubos transportan agua y nutrientes a través de la planta. Los tallos sostienen las hojas. Esto permite que las hojas recojan luz solar.

Algunos tallos, como los tallos de la caña de azúcar, pueden almacenar alimento. En una planta de cactus, los tallos almacenan agua. Los troncos de los árboles también son tallos. Los tallos de apios y espárragos son ejemplos de tallos que comen las personas.

▲ Los tallos ayudan a que una planta crezca. Estas plantas de bambú tienen tallos fuertes y largos que crecen muy rápidamente.

Este bonsai de arce japonés es una forma miniatura de un árbol de tamaño natural. Tiene raíces, tallos y hojas, exactamente como un árbol grande. ▶

Hojas

Las hojas crecen desde el tallo de una planta. La mayoría de las plantas tienen muchas hojas. La hoja es la parte de la planta que produce alimento. Las hojas absorben luz solar y aire, y los usan para producir azúcar. El azúcar es alimento para la planta.

Las hojas usualmente crecen cerca de la parte superior de la planta porque así pueden absorber mucha luz solar. Los diferentes tipos de plantas generalmente tienen hojas con formas diferentes. Las espinas de un cactus son hojas. También lo son las agujas de un pino. Tú puedes comerte las hojas de algunas plantas, como la lechuga, la espinaca o la col.

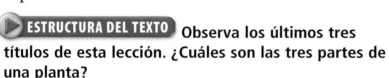 **ESTRUCTURA DEL TEXTO** Observa los últimos tres títulos de esta lección. ¿Cuáles son las tres partes de una planta?

▲ Esta hoja de arce japonés está dividida en secciones llamadas lóbulos.

Esta planta se llama cola de caballo. Sus hojas son largas y angostas. ▶

¿Cómo satisfacen las plantas sus necesidades?

Las raíces, los tallos y las hojas de una planta están todos conectados. Trabajan juntos para ayudar a que la planta satisfaga sus necesidades. Para vivir y crecer, una planta debe satisfacer sus necesidades. Las raíces absorben agua y nutrientes del suelo. Los tallos transportan el agua y los nutrientes a las hojas y a otras partes de la planta. Las hojas usan la luz del sol, el agua y el aire para producir azúcar.

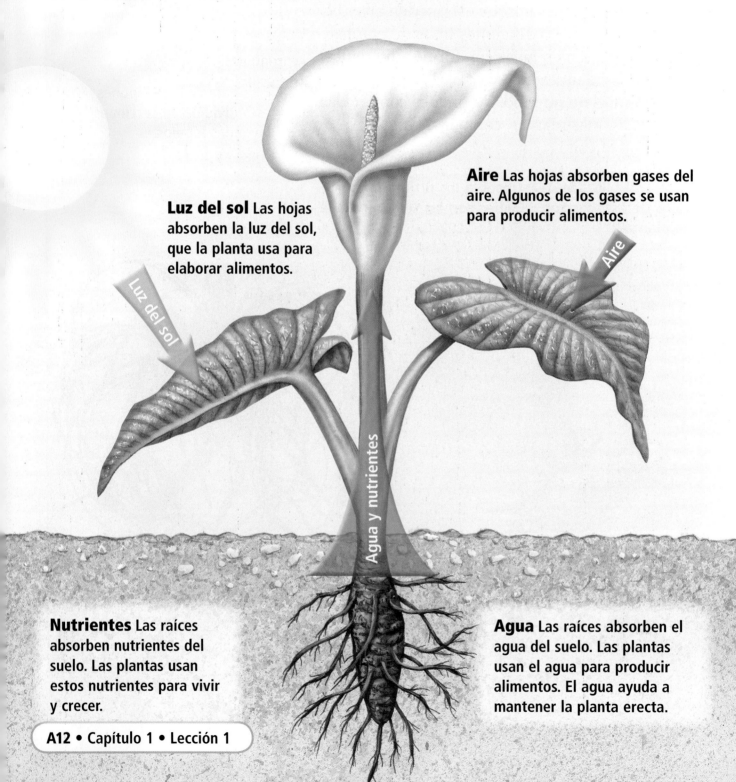

Luz del sol Las hojas absorben la luz del sol, que la planta usa para elaborar alimentos.

Aire Las hojas absorben gases del aire. Algunos de los gases se usan para producir alimentos.

Aire

Luz del sol

Agua y nutrientes

Nutrientes Las raíces absorben nutrientes del suelo. Las plantas usan estos nutrientes para vivir y crecer.

Agua Las raíces absorben el agua del suelo. Las plantas usan el agua para producir alimentos. El agua ayuda a mantener la planta erecta.

Resumen visual

Las plantas necesitan aire, agua, luz del sol y nutrientes para vivir.

Las plantas tienen raíces, tallos y hojas y están formadas por células.

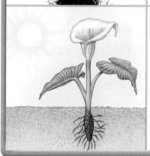

Las raíces, los tallos y las hojas de una planta trabajan juntos para ayudar a que la planta satisfaga sus necesidades.

ENLACES entre el hogar y la escuela

MATEMÁTICAS **Súmalo** Un conejo se come 2 tallos de apio, 2 zanahorias, 3 rábanos, 1 nabo y 1 planta de lechuga. ¿Cuántos vegetales se come el conejo en total? ¿Cuántos de los vegetales que se comió son raíces?

SALUD **Haz un cartel** Los indígenas americanos usaban la corteza de los sauces como un medicamento para el dolor. Hoy en día, las sustancias químicas encontradas en la corteza de sauce se usan para hacer aspirina. Muchos medicamentos actuales provienen de las partes de las plantas. Haz un cartel que enumere algunos medicamentos modernos comunes. Incluye dibujos de las plantas de las cuales provienen.

Repaso

1 **IDEA PRINCIPAL** ¿Cómo satisface una planta sus necesidades?

2 **VOCABULARIO** ¿Cuál es la tarea de las raíces?

3 **DESTREZA DE LECTURA: Estructura del texto** ¿Bajo qué título sería más probable que encontraras información sobre la estructura de las raíces: *Las partes de las plantas* o *Las necesidades de las plantas*?

4 **RAZONAMIENTO CRÍTICO: Sintetiza** Describe cómo los tallos y las hojas de una planta trabajan para ayudar a la planta a vivir.

5 **DESTREZA DE INVESTIGACIÓN: Observa** Supón que una planta tiene suficiente luz del sol, tierra y aire. Sus hojas se están volviendo marrones y secas. ¿Cuál de sus necesidades no se está satisfaciendo?

PREPARACIÓN PARA EXÁMENES

La tarea principal de las hojas es ____.

A. sostener la planta

B. producir alimento para la planta

C. absorber agua y nutrientes

D. almacenar alimentos para la planta

¿Cómo se clasifican las plantas según sus partes?

Por qué es importante...

¡Hay más de 300,000 tipos de plantas! Las plantas varían mucho en su apariencia. Puedes usar las partes de las plantas para distinguir un tipo de planta de otro. Es útil ser capaz de distinguir los diferentes tipos de plantas. Por ejemplo, debes ser capaz de identificar las plantas para poder usarlas sin peligro como alimentos y medicamentos.

PREPÁRATE PARA INVESTIGAR

Destreza de investigación

Comunicar Puedes presentar información científica usando números, palabras, dibujos, tablas y gráficas.

Materiales
- hojas
- lupa

Recursos de ciencias y matemáticas

Para realizar el paso 2, repasa la sección **Usar una lupa** en la página H2.

Detective de hojas

Procedimiento

1 **Comunica** En tu *Cuaderno de ciencias,* haz un diagrama como el que se muestra aquí.

2 **Observa** Examina algunas hojas usando una lupa. Observa el tamaño, la forma, el color y la textura de cada hoja.

3 **Clasifica** Primero, agrupa las hojas según su tamaño. Divide las hojas en dos grupos, pequeñas y grandes. Escribe los nombres de los grupos en tu diagrama. Escribe el nombre de un grupo en cada recuadro abajo de la palabra *Hojas.*

4 **Clasifica** Trabaja solamente con las hojas pequeñas. Clasifica las hojas pequeñas en dos grupos basándote en alguna otra cosa que no sea el tamaño. Nombra cada grupo. Escribe los nombres de este grupo en tu diagrama. Escribe otro nombre en cada recuadro abajo de la palabra *Pequeñas.*

5 **Clasifica** Repite el paso 4 para clasificar más en detalle las hojas grandes.

Conclusión

1. **Colabora** Compara tu diagrama con el diagrama de un compañero. ¿En qué se parecen? ¿En qué difieren?

2. **Analiza los datos** ¿Qué rasgo de las hojas usaste para agruparlas? ¿Tu compañero también usó ese rasgo?

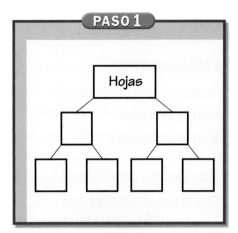

PASO 1

Hojas

PASO 2

PASO 3

¡Investiga más!

Investiga Recoge algunas hojas de árboles. Pídele a un bibliotecario una guía de identificación de árboles o usa una guía de Internet. Usa la guía de identificación para ayudarte a encontrar el nombre del árbol del cual proviene cada hoja.

VOCABULARIO

vena	pág. A16
venas cerradas	pág. A16
venas primarias	pág. A16

DESTREZA DE LECTURA

Clasificar A medida que lees, identifica los diferentes rasgos de las raíces, los tallos y las hojas.

La clasificación de las plantas

IDEA PRINCIPAL Las plantas pueden clasificarse según los rasgos diferentes de sus hojas, tallos y raíces.

Clasificación según las hojas

Una manera en que los científicos clasifican, o agrupan, las plantas es según sus hojas. Las hojas pueden clasificarse por la forma de su borde exterior, llamado el margen de la hoja. Las hojas también pueden clasificarse según su textura o según el patrón de sus venas.

Una **vena** es un tubo que transporta alimentos, agua y nutrientes a través de una hoja. Las hojas pueden tener venas paralelas o venas reticuladas. Las **venas primarias** son venas que corren una al lado de la otra en línea recta. Las **venas cerradas** son venas que se ramifican a partir de venas principales.

Margen de la hoja

pawpaw

Margen de la hoja liso
Un árbol de pawpaw tiene hojas grandes y largas con bordes lisos.

olmo

Margen de la hoja dentado
Un olmo resbaladizo tiene hojas con bordes irregulares y dentados.

planta de jade

pepino

sasafrás

Textura acerada

Las plantas de jade tienen hojas con una superficie acerada. Esto ayuda a evitar que la planta se seque.

Textura áspera

Las plantas de pepino tienen hojas con una textura áspera.

Textura suave

Las plantas de sasafrás tienen hojas verdes, brillantes y suaves.

Patrón de las venas

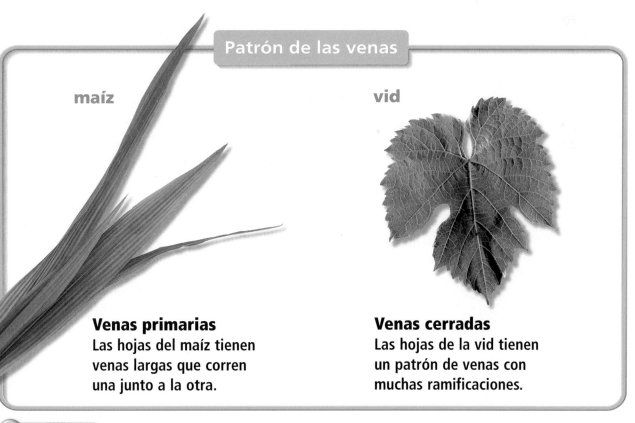

maíz

vid

Venas primarias

Las hojas del maíz tienen venas largas que corren una junto a la otra.

Venas cerradas

Las hojas de la vid tienen un patrón de venas con muchas ramificaciones.

▶ **CLASIFICAR** ¿Cuáles son tres maneras de clasificar las hojas?

Clasificación según los tallos y las raíces

Las plantas también pueden clasificarse según las estructuras de sus tallos y los sistemas de sus raíces. Los tallos pueden ser leñosos o suaves. Un sistema radicular es el conjunto de todas las raíces de una única planta. Los sistemas radiculares están formados por una raíz primaria o por raíces fibrosas. Una raíz primaria es una raíz central gruesa. Las raíces fibrosas son raíces pequeñas que se extienden cubriendo un área extensa.

Estructura del tallo

Tallos leñosos
Los arbustos, como este acebo, y la mayoría de los árboles, tienen tallos duros y leñosos. Los tallos leñosos están protegidos por la corteza.

Tallos blandos
Algunas plantas, como los tulipanes, tienen tallos blandos. Estos tallos están sostenidos por el agua dentro de sus tubos.

Sistemas radiculares

Raíces primarias
Un diente de león tiene una única raíz larga y gruesa. Las zanahorias también son raíces primarias.

Raíces fibrosas
Las raíces de las plantas de trébol son pequeñas y se ramifican en distintas direcciones.

▶ **CLASIFICAR** Nombra dos tipos de sistemas radiculares.

Resumen visual

Las hojas se clasifican según su margen, según su textura y según el patrón de las venas.

Los tallos pueden clasificarse en blandos o leñosos.

Los sistemas radiculares pueden clasificarse en raíces primarias o raíces fibrosas.

ENLACES entre el hogar y la escuela

MATEMÁTICAS Haz formas

Recoge hojas de diferentes plantas y árboles. Haz impresiones de las hojas sumergiéndolas en pintura y presionándolas contra una hoja de papel. ¿Qué figuras geométricas ves? Busca y rotula todas las rectas paralelas y las líneas de simetría.

ESCRITURA Persuasiva

Las plantas pueden clasificarse según sus partes y de otras maneras. Escribe un párrafo para persuadir a otras personas de que la clasificación de las plantas es importante.

Repaso

❶ **IDEA PRINCIPAL** ¿Cómo se clasifican las plantas?

❷ **VOCABULARIO** Escribe una definición para *venas* en el sentido en que la palabra está usada en esta lección.

❸ **DESTREZA DE LECTURA: Clasifica** ¿Cuáles son dos tipos de raíces? Da ejemplos de plantas que tengan cada tipo de raíz.

❹ **RAZONAMIENTO CRÍTICO: Evalúa** Si encontraste dos hojas con el mismo tipo de margen y el mismo patrón de venas, ¿podrías concluir que provienen de la misma planta? ¿Por qué sí o por qué no?

❺ **DESTREZA DE INVESTIGACIÓN: Comunica** Dibuja un diagrama que muestre maneras de clasificar las hojas.

✔ PREPARACIÓN PARA EXÁMENES

Los sistemas radiculares se clasifican como ____.

A. suaves o ásperos

B. blandos o leñosos

C. primarios o cerrados

D. primarios o fibrosos

Maíz por todos lados

Quizás no te des cuenta, pero el maíz está por todos lados. Probablemente usaste maíz hoy. Es difícil evitar comer maíz, o no usar o llevar puesto algo hecho de maíz. Hay maíz en la sopa, en la loción, en el champú y en la pasta de diente.

La maicena es un tipo de harina que se hace con maíz. El papel, los libros, las reglas, la tiza, la pintura, los creyones y las gomas de borrar que usas en la escuela probablemente estén hechos con maicena. No puedes leer, ni escribir, ni dibujar sin maíz.

Hasta cuando estás viajando en un carro, quizás estés usando maíz. El etanol, que se obtiene del maíz, a veces se agrega a la gasolina. Cuando la gasolina que se quema en el motor del carro contiene etanol, se produce menos contaminación. ¡El maíz está realmente por todos lados!

El maíz se usa para producir fibras de almohadas, edredones y alfombras.

El pegamento del papel de empapelar está hecho de almidón de maíz. Este pegamento se seca lentamente.

El almidón de maíz ayuda a evitar que los creyones se rompan.

Compartir ideas

1. **REPASO DE LA LECTURA** Nombra tres cosas que estén hechas de maíz.

2. **ESCRÍBELO** ¿De qué maneras usaste hoy cosas hechas de maíz?

3. **COMÉNTALO** Comenta por qué el maíz es una planta importante.

A21

¿Cómo sobreviven las plantas gracias a sus partes?

Por qué es importante...

¿Alguna vez has soplado la esponjosa flor blanca llamada diente de león? Si lo has hecho, te habrás dado cuenta de cómo sus pelusitas flotan en el aire. Algunas pelusitas aterrizan en el suelo y producen nuevas flores. Todas las plantas tienen partes que las ayudan a sobrevivir y a sembrar nuevas plantas.

PREPÁRATE PARA INVESTIGAR

Destreza de investigación

Inferir Cuando infieres, usas hechos que conoces y observaciones que has hecho para sacar una conclusión.

Materiales

- cactus
- lupa
- pinzas
- cuchara de plástico

Recursos de ciencias y matemáticas

Para realizar los pasos 2 y 3, repasa la sección **Usar una lupa** en la página H2.

Espina de cactus

Procedimiento

PASO 1

1 **Registra los datos** Trabaja con un compañero. En tu *Cuaderno de ciencias,* haz un dibujo del cactus. Usa pinzas para sacar una espina del cactus. **Seguridad:** Nunca toques un cactus. Las espinas del cactus pueden estar afiladas.

2 **Observa** Observa la espina con una lupa. La espina es una hoja del cactus. Registra tus observaciones.

PASO 2

3 **Observa** Usa una cuchara de plástico para mover suavemente parte de la tierra alrededor de la base del cactus. Usa la cuchara para sacar una pequeña cantidad de tierra. Coloca la tierra en una hoja de papel. Observa la tierra con una lupa. Registra tus observaciones.

4 Continúa moviendo la tierra alrededor de la base del cactus hasta que puedas ver algunas raíces. Dibújalas en tu *Cuaderno de ciencias.* Fíjate si las raíces crecieron profundamente o estaban cerca de la superficie de la tierra.

PASO 4

5 **Analiza los datos** En tu dibujo del cactus, rotula sus raíces, tallo y hojas.

Conclusión

1. **Infiere** Basándote en tus observaciones, ¿dónde crees que viven los cactus?

2. **Infiere** ¿De qué manera las partes del cactus lo ayudan a sobrevivir en el lugar donde vive?

¡Investiga más!

Resuelve un problema
En algunos lugares áridos, las personas usan grandes cantidades de agua para hacer jardines. Muchas comunidades están tratando de reducir el uso del agua. ¿De qué manera estas personas podrían ayudar a ahorrar agua?

VOCABULARIO

medio ambiente   pág. A24

reproducir   pág. A26

DESTREZA DE LECTURA

Sacar conclusiones

Identifica algunas características poco comunes de una planta sobre la que hayas leído. Saca una conclusión sobre el medio ambiente de esa planta.

Maneras de satisfacer necesidades

IDEA PRINCIPAL Las plantas tienen partes que las ayudan a vivir en muchos lugares de medio ambiente diferente.

Obtener un depósito de agua

Las plantas crecen en muchos lugares de medio ambiente diferente. Un **medio ambiente** es todo lo que rodea y afecta a un ser vivo. Las diferentes plantas tienen partes que las ayudan a sobrevivir en su medio ambiente.

Algunas plantas, en un medio ambiente donde hay sombra, crecen sobre los troncos de los árboles. Esto les permite alcanzar la luz solar. Pero sus raíces no pueden alcanzar el suelo. Las raíces son capaces de tomar agua del aire. Otras plantas, como los cactus, pueden almacenar agua para usarla posteriormente.

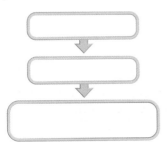

◀ Las orquídeas crecen sobre los troncos de los árboles. Sus raíces absorben agua del aire.

▲ Una piñuela almacena hasta 8 litros (aproximadamente 2 galones) de agua entre sus hojas.

El apoyo de las raíces

Los árboles que viven en un medio ambiente cálido y húmedo crecen en suelos que con frecuencia son blandos. La mayoría de los nutrientes del suelo están cerca de la superficie. Los árboles que crecen en suelos así necesitan raíces anchas y poco profundas para sostenerse y absorber los nutrientes.

Algunos tipos de árboles tienen raíces fuertes y leñosas llamadas raíces de sostén. Las raíces de sostén crecen encima del suelo desde el tronco del árbol. Sostienen el tronco en la tierra húmeda.

Los árboles grandes necesitan mucho apoyo. Algunos árboles grandes tienen raíces largas y planas llamadas raíces de contrafuerte. Las raíces de contrafuerte crecen sobre la superficie de la tierra y amplían la base del árbol. La base ampliada ayuda a mantener de pie al árbol.

▶ **SACAR CONCLUSIONES** **Saca una conclusión sobre cómo es el aire alrededor de las plantas que crecen sobre los troncos de los árboles.**

▲ Las raíces de contrafuerte de una higuera gigante mantienen derecho su tronco enorme.

◀ Las fornidas raíces de sostén parecen sostener estas palmeras en el aire.

▲ La forma de las semillas del arce hace que giren cuando caen. Este movimiento giratorio contribuye a que las semillas se alejen más del árbol.

La dispersión de las semillas

La mayoría de las plantas se reproducen usando semillas. **Reproducir** significa crear nuevos seres vivientes de la misma especie. Una semilla es la primera etapa de una planta nueva. Para llegar a ser una planta nueva, una semilla debe caer donde haya suficiente luz del sol, tierra y agua. Si crece demasiado cerca de la planta que la produjo, puede ser que no sobreviva. La planta madre puede tomar la mayor parte de la luz del sol, de la tierra y del agua en esa área.

Muchas semillas tienen partes que las ayudan a viajar lejos de la planta madre. Algunas semillas viajan en el viento, algunas flotan en el agua y algunas se pegan al pelaje de los animales. Algunas semillas están dentro de sabrosas frutas. Los animales se comen la fruta, dejando atrás las semillas.

▶ **SACAR CONCLUSIONES** Saca conclusiones sobre lo que puede haber impedido que una semilla produjera una nueva planta saludable.

Las semillas de bardana se pegan del pelaje de los animales que pasan.
▼

▲ Como las semillas de coco flotan, pueden ir por el océano sin rumbo fijo, de isla en isla.

Resumen visual

Las plantas tienen partes que absorben y almacenan agua de diferentes maneras.

Las plantas que crecen en suelo húmedo y blando tienen raíces que las ayudan a sostenerse.

Las plantas dispersan semillas usando el viento, el agua o los animales.

ENLACES entre el hogar y la escuela

MATEMÁTICAS Halla el número

En una isla crecen árboles de coco. Usa las pistas siguientes para encontrar el número de cocos que cayeron en la isla. Hay un 3 en la posición de las centenas. El dígito en la posición de las decenas es menor que 9 y mayor que 7. El dígito en la posición de las unidades es dos veces el dígito en la posición de las decenas.

TECNOLOGÍA Haz una lista A veces los inventores obtienen sus ideas de la observación de plantas y animales. Haz una lista de máquinas que probablemente se hayan inventado cuando un inventor vio semillas de arce que caían de un árbol.

Repaso

1 IDEA PRINCIPAL ¿De qué manera las plantas son capaces de vivir en muchos lugares de medio ambiente diferente?

2 VOCABULARIO ¿Qué es un medio ambiente?

3 DESTREZA DE LECTURA:
Saca conclusiones Ves una planta que tiene una corteza gruesa y acerada, y un tallo que almacena agua. ¿En qué tipo de medio ambiente podría vivir esta planta?

4 RAZONAMIENTO CRÍTICO:
Evalúa Un amigo te dice que no puede cultivar un jardín porque su área es demasiado árida. Responde a esta idea.

5 DESTREZA DE INVESTIGACIÓN:
Infiere ¿Qué puedes inferir acerca de la manera en que una semilla con una estructura con forma de paracaídas se traslada lejos de su planta madre?

✓ PREPARACIÓN PARA EXÁMENES

Las raíces de sostén ayudan a una planta a _____.

A. mantenerse derecha en suelo húmedo

B. producir alimento adicional

C. almacenar agua en un medio ambiente

D. dispersar semillas

Plantas cazadoras

¡Atrapada! Una mosca huele un poco de savia dulce. Buscando su cena, se desliza entre dos hojas espinosas. Repentinamente, las hojas se cierran de un solo golpe. En vez de encontrar su cena, la mosca se convirtió en cena. ¡La Venus atrapamoscas vuelve a hacer de las suyas!

La mayoría de las plantas obtienen suficientes nutrientes del agua y del suelo. La Venus atrapamoscas, sin embargo, es una planta carnívora, es decir, se alimenta de carne. Como vive en lugares donde el suelo es pobre, completa su dieta atrapando y digiriendo insectos y otras criaturas pequeñitas.

Trampa viscosa La hoja de una drosera, o rocío de sol, usa sus pelos viscosos llamados tentáculos para atrapar insectos. Después se dobla para digerir su alimento.

¡Peligro! ¡No entrar! ▷
Una vez adentro, los insectos se deslizan por una bajada resbaladiza hasta una piscina mortal. Allí la planta los digiere, de manera muy similar a cómo tu estómago digiere tu comida.

Vocabulario

Completa cada oración con un término de la lista.

1. La parte de una planta que produce alimento se llama _____.

2. Las hojas del maíz tienen _____ que corren paralelamente una junto a otra.

3. Todo lo que rodea y afecta a un ser vivo es un(a) _____.

4. Algunas hojas tienen _____ que se ramifican a partir de las venas principales.

5. Una sustancia que necesitan los seres vivos para sobrevivir es un(a) _____.

6. Crear más seres vivos de la misma especie es _____.

7. La parte de la mayoría de las plantas que crece por debajo de la tierra es el/la _____.

8. Un ser vivo que no puede trasladarse de un lugar a otro y que generalmente tiene hojas verdes es un(a) _____.

9. Un tubo que transporta agua y nutrientes a través de una hoja es un(a) _____.

10. La unidad básica que forma a todos los seres vivos es un(a) _____.

célula A8

hoja A8

medio ambiente A24

nutriente A7

planta A6

raíz A8

reproducir A26

tallo A8

vena A16

venas cerradas A16

venas primarias A16

Preparación para exámenes

Escribe la letra de la respuesta correcta.

11. El/La _____ de una planta sostiene las hojas y transporta agua y nutrientes a todas las partes de la planta.

 A. sistema radicular
 B. tallo
 C. vena primaria
 D. hoja

12. Las venas de una hoja pueden ser _____.

 A. primarias o fibrosas
 B. blandas o leñosas
 C. lisas o ásperas
 D. primarias o cerradas

13. Las plantas que crecen sobre los troncos de los árboles tienen partes que las ayudan a obtener _____ del aire.

 A. agua
 B. semillas
 C. raíces
 D. alimento

14. Las plantas necesitan agua, tierra, aire y _____.

 A. sal
 B. semillas
 C. luz del sol
 D. macetas

15. **Comunica** Haz un dibujo de una hoja que tenga un margen liso o dentado y venas primarias o cerradas. Escribe una descripción breve de esta hoja para explicar tu dibujo.

16. **Infiere** Las hojas necesitan captar suficiente luz solar para elaborar el alimento. Supón que ves dos plantas. Una tiene hojas grandes y anchas. La otra tiene hojas pequeñas y angostas. ¿Qué puedes inferir sobre la cantidad de luz solar en el medio ambiente en el que vive cada planta?

Organiza los conceptos

Completa el mapa conceptual con las partes de una planta. Puedes usar cada término más de una vez.

sistema de raíces	raíz
hoja	tallo

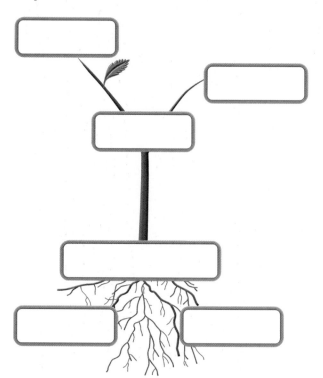

Razonamiento crítico

17. **Aplica** Supón que haces una ensalada con los siguientes vegetales: lechuga, apio, zanahorias, espinaca y rábanos. Clasifica cada uno de estos vegetales como una raíz, un tallo o una hoja.

18. **Sintetiza** Imagina que pudieras cambiar las partes de un cactus para que pueda vivir en un medio ambiente forestal y húmedo. ¿Qué cambios harías a sus raíces, tallos y hojas?

19. **Analiza** Si cortas las raíces de una planta, ¿cuál de las necesidades de la planta dejaría de satisfacerse?

20. **Evalúa** Supón que lees un artículo que afirma que es casi imposible distinguir entre dos plantas específicas. Sus hojas y tallos se ven exactamente iguales. ¿Cómo podrías hacer para distinguirlas?

Evaluación del rendimiento

Escribe instrucciones

Las plantas de interior con frecuencia se venden con tarjetas que le indican al comprador cómo cuidarlas. Escribe una serie de instrucciones que le expliquen a alguien cómo ayudar a una planta a satisfacer sus necesidades.

Capítulo 2

Clasificar animales

LECCIÓN 1

Desde las escamas de los peces hasta las plumas de los pájaros, ¿cómo se clasifican los animales con columna vertebral?

Lo aprenderás en la Lección 1.

LECCIÓN 2

Arañas, gusanos y almejas, ¿qué tienen estos animales en común?

Lo aprenderás en la Lección 2.

LECCIÓN 3

Mamuts lanudos y tigres diente de sable, ¿son similares estos animales a los animales que viven en la actualidad?

Lo aprenderás en la Lección 3.

¿Qué animales son vertebrados?

Por qué es importante...

Cuando acaricias un gato, quizás sientas huesos duros a lo largo de su espalda. Lo que estás sintiendo es la columna vertebral del gato. La columna vertebral y otros huesos sostienen el cuerpo del gato y le dan forma. La mayoría de los animales que mejor conoces tienen columnas vertebrales. Tus familiares y amigos, los perros y los gatos, los animales de granja, los peces y hasta las palomas del parque tienen columnas vertebrales.

PREPÁRATE PARA INVESTIGAR

Destreza de investigación

Usar modelos Puedes usar un modelo de un objeto para comprender mejor o para describir cómo funciona el objeto real.

Materiales

- limpiapipas
- cubos pequeños con agujeros
- arandelas de plástico
- fotografía de una serpiente
- fotografía de un ave

Modela una columna vertebral

Procedimiento

PASO 2

1. **Colabora** Trabaja con un compañero para hacer un modelo de una columna vertebral. Una **columna vertebral** es una serie de huesos que se extiende a lo largo de la espalda de algunos animales.

2. **Usa modelos** Dobla un extremo de un limpiapipas para que los cubitos no se deslicen hacia afuera. En el limpiapipas inserta un cubito y después una arandela.

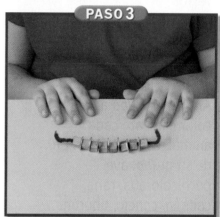
PASO 3

3. **Usa modelos** Inserta los cubitos y las arandelas hasta que haya un espacio pequeño en el extremo del limpiapipas. Dobla este extremo de tal manera que los cubitos y las arandelas no se salgan.

4. **Haz preguntas** Examina las fotografías de una serpiente y de un ave. Escribe una pregunta en tu *Cuaderno de ciencias* acerca de la forma de la columna vertebral de cada animal.

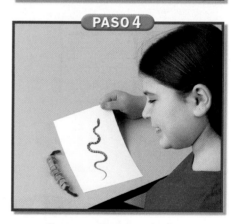
PASO 4

5. **Comunica** Responde a tu pregunta doblando tu modelo para que se corresponda con la columna vertebral de cada animal. Dibuja una imagen de tu modelo en tu *Cuaderno de ciencias*.

Conclusión

1. **Infiere** ¿Cómo una columna vertebral que se dobla hace que un animal se mueva?

2. **Predice** ¿Cómo podría cambiar la habilidad de trasladarse de un animal si su columna vertebral fuera rígida como un tubo de metal?

¡Investiga más!

Diseña un experimento
Modela otra columna vertebral. Coloca tres ligas de goma pequeñas entre cada cubito. Dobla la columna vertebral para emparejarla con la columna vertebral de la serpiente. ¿Cómo las ligas de goma cambian la manera en que se mueve la columna vertebral?

La clasificación de los vertebrados

VOCABULARIO

anfibio	pág. A40
ave	pág. A38
columna	
vertebral	pág. A36
mamífero	pág. A37
pez	pág. A39
reptil	pág. A41
vertebrado	pág. A36

DESTREZA DE LECTURA

Clasificar Pon los títulos *Animal* y *Grupo* a cada columna. Para cada animal, escribe el nombre de su grupo: ave pechicolorada, rana, caimán, conejo, tiburón.

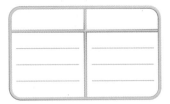

IDEA PRINCIPAL Los animales con columna vertebral pueden clasificarse en grupos de acuerdo con sus rasgos.

Los rasgos de los vertebrados

Aprendiste que una planta es un tipo de ser vivo. Un animal es otro tipo. Al igual que las plantas, los animales están compuestos por muchas células. Pueden crecer y cambiar y se pueden reproducir. A diferencia de las plantas, los animales comen alimento y la mayoría de los animales pueden moverse de un lugar a otro.

Los animales pueden clasificarse, o dividirse, en dos grupos dependiendo del hecho de que tengan o no una columna vertebral. Una **columna vertebral** es una serie de huesos que se extiende a lo largo de la espalda de algunos animales. Ayuda a sostener el cuerpo del animal. A un animal que tiene columna vertebral se le llama **vertebrado.** La mayoría de los animales no tienen una columna vertebral.

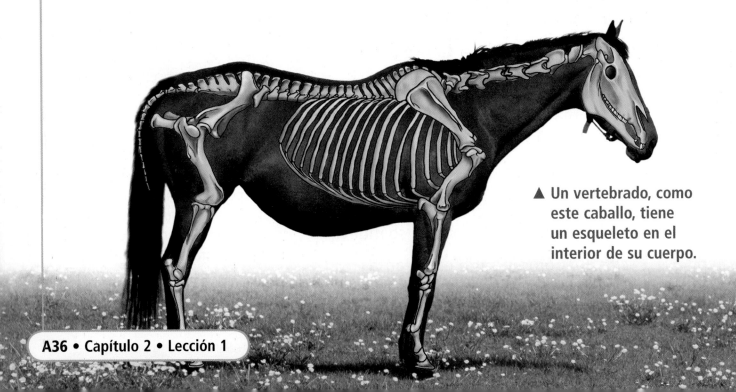

▲ Un vertebrado, como este caballo, tiene un esqueleto en el interior de su cuerpo.

Los mamíferos

Los vertebrados pueden clasificarse en varios grupos más pequeños. Uno de estos grupos es el grupo de los mamíferos. Un **mamífero** es un animal cubierto de pelo o pelaje que produce leche para sus crías.

Los mamíferos, al igual que todos los animales, necesitan oxígeno, un gas en el aire, para vivir. Los mamíferos respiran oxígeno con sus pulmones. Incluso los mamíferos que viven en el agua, como las ballenas, los leones marinos y los delfines tienen pulmones y deben respirar aire. Estos animales nadan hasta la superficie del agua cuando necesitan respirar.

La mayoría de los mamíferos tienen una cubierta gruesa de pelo o pelaje que sirve de barrera entre el aire y el cuerpo para mantenerlos calientes. Los mamíferos con poco pelo sobre su cuerpo se mantienen calientes de otras maneras.

▲ Los seres humanos son mamíferos.

CLASIFICAR ¿Cuáles son dos rasgos de los mamíferos?

Los leones marinos son mamíferos que viven tanto en el agua como en la tierra.

Las aves

Otro grupo de vertebrados es el grupo de las aves. Un **ave** es un vertebrado que tiene plumas, pulmones, alas y dos patas. Las aves ponen huevos que tienen cáscaras duras. Cuando las crías salen del cascarón, la mayoría de los padres las alimentan hasta que son lo suficientemente fuertes como para buscar su propio alimento.

La mayoría de las aves pueden volar. Tienen músculos fuertes que las ayudan a mover sus alas. Las plumas mantienen caliente a un ave, pero son livianas para que no la arrastren con su peso hacia abajo. Algunos de los huesos de un ave son huecos. Los huesos huecos hacen que el ave sea liviana y pueda volar fácilmente.

▲ Las grandes alas, las plumas livianas y los huesos huecos ayudan a volar a este búho.

El frailecillo usa su pico fuerte para capturar y comer pescado. ▼

▲ La guacamaya tiene una cresta emplumada.

tiburón tigre de arena

raya látigo del Caribe

escaro

Los peces

Los **peces** son vertebrados que viven en el agua. Muchos peces tienen cuerpos angostos y largos, lo cual les facilita moverse en el agua. La mayoría de los peces están cubiertos por escamas (láminas fuertes, delgadas y planas) que los protegen y los ayudan a nadar. Las escamas están cubiertas por una capa de mucosa que las ayuda a mantenerse impermeables. Las aletas mantienen al pez derecho y lo ayudan a trasladarse en el agua.

Al igual que todos los animales, los peces necesitan oxígeno para vivir. Los peces no tienen pulmones. En cambio, tienen branquias. Las branquias toman gas oxígeno del agua. Un pez respira absorbiendo agua a través de su boca. Después el agua se bombea a través de las branquias, las cuales sacan el oxígeno.

▲ Todos los peces tienen una columna vertebral. Los tiburones y las rayas tienen columnas vertebrales hechas de cartílago, un tejido que es más blando que el hueso.

 **CLASIFICAR** ¿Cuáles son dos rasgos de un pez?

Los anfibios

Un **anfibio** es un vertebrado que comienza la vida en el agua y después, cuando es adulto, vive en la tierra. Los anfibios, como las ranas, los sapos y las salamandras, ponen huevos en el agua. Las crías de los anfibios que rompen el cascarón se ven muy diferentes de los adultos. Las crías respiran a través de branquias y tienen colas que las ayudan a nadar.

Cuando las crías de los anfibios crecen, sus cuerpos cambian. Desarrollan pulmones y patas y sus branquias desaparecen. Después de que los cuerpos de los anfibios jóvenes cambian, viven en la tierra y respiran el aire con sus pulmones.

▲ Los sapos, como este sapo payaso, o sapo pintado de Madagascar, tienen una piel rugosa y seca, con protuberancias.

Las ranas tienen una piel húmeda y lisa. La piel húmeda evita que sus cuerpos se sequen en la tierra. ▼

Los reptiles

Un **reptil** es un vertebrado que tiene la piel seca, cubierta de escamas, y pone huevos en la tierra. Los huevos de los reptiles tienen cáscaras duras que parecen de cuero. Los reptiles pueden vivir en muchos lugares de medio ambiente diferente. Las escamas de su piel los protegen del sol caliente y del agua. Los reptiles se pueden encontrar en los desiertos áridos y secos o en las selvas tropicales. Algunos reptiles, como las tortugas, usan patas para moverse. Otros, como las serpientes, se deslizan sobre la tierra.

Todos los reptiles respiran con los pulmones. Los reptiles que pasan mucho tiempo en el agua, como los cocodrilos y los caimanes, deben sacar sus narices fuera del agua para respirar.

▶ **CLASIFICAR** ¿Cuáles son dos rasgos de los reptiles?

Los camaleones de tres cuernos tienen la piel escamosa y tres cuernos. ▶

▲ Las serpientes, como estas pitones arbóreas, no tienen patas.

◀ Las tortugas, como la que se muestra aquí, y las tortugas de mar, tienen caparazones duros.

Comparación de vertebrados

Los vertebrados pueden clasificarse de diferentes maneras. Pueden agruparse según sus tipos de estructuras corporales, según dónde viven, según la manera en que se reproducen o según la clase de cubiertas de sus cuerpos. La cubierta corporal protege al animal y lo ayuda a vivir en su medio ambiente. Por ejemplo, las aves tienen plumas y los peces tienen escamas.

Cubiertas corporales

Grupo	Cubierta y función	Ejemplo
Mamíferos	**pelo o pelaje** protege al animal, mantiene caliente su cuerpo	pelo de jirafa
Aves	**plumas** protege al animal, mantiene su cuerpo caliente, lo ayuda a volar	plumas de loro
Peces	**escamas** protege al animal, lo ayuda a nadar	escamas del pez Garibaldi
Anfibios	**piel lisa y húmeda** protege al animal, evita que se seque, algo de aire pasa a través de la piel	piel de la rana toro azul
Reptiles	**piel seca y escamosa** protege al animal, evita que se seque	piel de camaleón

CLASIFICAR ¿Cuáles son cuatro maneras en que se pueden clasificar los vertebrados?

Resumen visual

Vertebrados

mamíferos	• pelo o pelaje • producen leche para su descendencia
aves	• plumas • huevos de cáscara dura • alas
peces	• escamas • branquias
anfibios	• respiran con las branquias, después con los pulmones • ponen huevos en el agua
reptiles	• piel seca y escamosa • huevos con cáscara que parece de cuero

ENLACES entre el hogar y la escuela

MATEMÁTICAS Cuéntalo La columna vertebral de los seres humanos está compuesta por muchos huesos pequeños llamados vértebras. Los seres humanos tienen 33 vértebras al nacer. Algunas vértebras se unen a medida que los seres humanos crecen. Cuatro vértebras se unen para formar un hueso y cinco vértebras se unen para formar otro hueso. ¿Cuántas vértebras tienen los seres humanos adultos?

LITERATURA Escribe una entrada de diario Lee *Osos polares después de la medianoche* de Mary Pope Osborne. Usa lo que aprendiste para escribir una entrada de diario desde el punto de vista de un oso polar. ¿Cuáles son las dificultades a las que te enfrentas? ¿Cómo satisfaces tus necesidades? ¿En qué te diferencias de otros osos?

Repaso

1 IDEA PRINCIPAL Nombra un rasgo compartido por los seres humanos y los peces. Nombra un rasgo que no compartan los seres humanos y los peces.

2 VOCABULARIO Escribe una oración usando los términos *columna vertebral* y *vértebras*.

3 DESTREZA DE LECTURA: Clasifica ¿Qué rasgos hacen que un oso sea un mamífero?

4 RAZONAMIENTO CRÍTICO: Analiza ¿En qué son diferentes la descendencia de los anfibios de los anfibios adultos?

5 DESTREZA DE INVESTIGACIÓN: Usa modelos Un submarino de juguete podría usarse para representar la manera en que se mueve un pez. ¿Qué podrías usar para representar la manera en que se mueve un ave?

✓ PREPARACIÓN PARA EXÁMENES

¿Cuál de las siguientes afirmaciones es verdadera acerca de los reptiles?

A. Tienen pelaje.

B. Ponen huevos.

C. Tienen branquias.

D. Pueden volar.

¿Qué animales son invertebrados?

Por qué es importante...

Las libélulas, como todos los demás insectos, no tienen columna vertebral. De hecho, la mayoría de los animales de la Tierra no tienen columna vertebral. Cada vez que escuchas el zumbido de un mosquito, que recoges un gusano que se retuerce o que ves un caracol arrastrándose lentamente, estás con un animal que no tiene una columna vertebral.

PREPÁRATE PARA INVESTIGAR

Destreza de investigación

Experimentar Cuando experimentas, recoges datos que apoyan una hipótesis o demuestran que es falsa.

Materiales

- lombriz
- toallas de papel
- agua
- lupa
- recipiente llano
- papel de construcción negro
- linterna
- reloj
- guantes desechables

Recursos de ciencias y matemáticas

Para realizar el paso 5, repasa la sección **Medir el tiempo transcurrido** en las páginas H12 y H13.

Trabajo con lombrices

Procedimiento

1 **Observa** Trabaja en grupo. Coloca una lombriz sobre una toalla de papel húmeda. Usa una lupa para examinar la lombriz. **Seguridad:** Usa guantes y trata la lombriz con suavidad.

2 **Registra los datos** En tu *Cuaderno de Ciencias,* describe y dibuja la lombriz. Después haz una tabla como la que se muestra aquí.

3 **Experimenta** Cubre la parte de abajo de un recipiente llano con toallas de papel húmedas. Coloca una hoja de papel de construcción negro de tal manera que cubra la mitad del recipiente, como se muestra aquí.

4 **Predice** Predice si la lombriz preferirá el lado iluminado o el lado oscuro del recipiente. Registra tu predicción.

5 **Experimenta** Coloca la lombriz en el centro del recipiente. Sostén la linterna aproximadamente a 30 cm por encima de la parte descubierta del recipiente, como se muestra aquí. Prende la linterna. Espera 3 minutos. Después observa en qué lado del recipiente está la lombriz. Registra tus observaciones.

6 **Experimenta** Repite tres veces el paso 5.

Conclusión

1. **Analiza los datos** ¿Fue tu predicción correcta?

2. **Infiere** ¿Por qué crees que las lombrices viven dentro de la tierra y no sobre la tierra?

PASO 2

Ensayo	¿Lombriz encontrada en la luz o en la oscuridad?
1	
2	
3	
4	

PASO 3

PASO 5

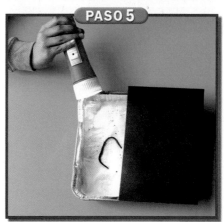

¡Investiga más!

Diseña un experimento
Averigua si las lombrices prefieren superficies lisas o ásperas. Puedes usar papel de lija como superficie áspera. Pídele permiso a tu maestro y lleva a cabo el experimento.

Los invertebrados

VOCABULARIO

artrópodo   pág. A48
invertebrado   pág. A46

DESTREZA DE LECTURA

Sacar conclusiones
Completa un diagrama para concluir qué animales en la lección son invertebrados.

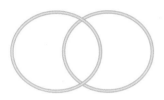

IDEA PRINCIPAL Los distintos tipos de invertebrados pueden agruparse según sus rasgos.

Los rasgos de los invertebrados

La mayoría de los animales de la Tierra son invertebrados. Un **invertebrado** es un animal que no tiene espina dorsal o columna vertebral. Algunos tipos de invertebrados viven en la tierra y algunos viven en el agua.

Esponjas

Las esponjas son animales que se mueven muy poco. Sus cuerpos están llenos de agujeros. Las esponjas filtran pedacitos de alimento del agua.

Estrellas y erizos de mar

erizo de mar

Las estrellas de mar y los erizos de mar tienen cubiertas corporales espinosas. Ninguno de los dos animales tiene cabeza, pero ambos tienen boca. Se mueven y atrapan el alimento usando ventosas pequeñitas llamadas pies tubulares.

estrella de mar

Lombrices

Las lombrices tienen cuerpos blandos, con forma de tubo. No tienen patas, ni ojos, ni caparazones. Las lombrices viven en el agua, en la tierra y hasta adentro de otros animales.

lombriz

Corales y medusas

Los corales y las medusas son animales que viven bajo el agua. Tienen cuerpos blandos, pero algunos corales tienen un esqueleto externo duro. Ambos tienen bocas y partes similares a brazos llamadas tentáculos. Cuando el alimento flota cerca de ellos, estos animales usan sus tentáculos para atraparlo y ponerlo dentro de su boca.

coral

Caracoles y calamares

Los caracoles, los calamares, los pulpos, las almejas, las ostras y las vieiras pertenecen al grupo de los moluscos. Tienen cuerpos blandos. Todos estos animales, excepto el pulpo, tienen caparazón.

caracol

▶ SACAR CONCLUSIONES ¿Qué puedes concluir sobre un animal que tiene una boca y un pie con forma de tubo, pero que no tiene cabeza?

Artrópodos

mariposa

El grupo más grande de invertebrados es el grupo de los artrópodos. Un artrópodo es un invertebrado que tiene las patas articuladas, un cuerpo con dos o más secciones y una cubierta exterior dura. La cubierta exterior dura se llama exoesqueleto. Un exoesqueleto protege y sostiene el animal.

mariposas y hormigas

Hay varios grupos de artrópodos. El grupo más grande incluye mariposas y hormigas. Estos insectos tienen seis patas y tres secciones corporales. Pueden tener alas o no.

ciempiés

ciempiés y milpiés

Los ciempiés y milpiés tienen cuerpos segmentados. Los ciempiés tienen un par de patas en cada segmento. Los milpiés tienen dos pares de patas en cada segmento.

arañas

arañas

Las arañas tienen ocho patas articuladas, dos secciones corporales, mandíbulas y colmillos. Muchas arañas tejen redes, llamadas telarañas.

cangrejos, langostas y cigalas

Otro grupo de artrópodos incluye los cangrejos, las langostas y las cigalas. Muchos animales de este grupo tienen un exoesqueleto que es muy duro, como un caparazón.

langosta

▶ **SACAR CONCLUSIONES** Supón que ves un animal con un exoesqueleto y un par de patas en cada uno de sus segmentos corporales. Saca una conclusión sobre el tipo de animal que es.

Resumen visual

Invertebrados

Esponjas	• cuerpo con orificios • se mueven muy poco
Estrellas de mar y erizos de mar	• cubierta dura y espinosa • pies tubulares
Lombrices	• cuerpo con forma de tubo • sin patas, ni caparazones ni ojos
Medusas y corales	• cuerpo blando • tentáculos
Caracoles y calamares	• cuerpo blando • caparazón
Artrópodos	• patas articuladas • cuerpos divididos en secciones • exoesqueleto duro

ENLACES entre el hogar y la escuela

MATEMÁTICAS Usa un patrón numérico
Un cierto ciempiés tiene 15 segmentos en su cuerpo. Cada segmento tiene 2 patas. Usa un patrón numérico para hallar cuántas patas tiene el ciempiés en total.

ESCRITURA Cuento
En la antigüedad, los navegantes de Noruega hablaban de una criatura marina llamada el Kraken. Se decía que el Kraken tenía más de una milla de largo y tentáculos lo suficientemente fuertes como para hundir un barco. Hoy en día sabemos que estas leyendas probablemente estaban basadas en un animal real, el calamar gigante. Escoge un invertebrado y escribe un cuento sobre tu propia criatura legendaria.

Repaso

❶ IDEA PRINCIPAL ¿Por qué los insectos, las langostas y las arañas se clasifican todos como artrópodos?

❷ VOCABULARIO Escribe una oración usando el término *invertebrado*.

❸ DESTREZA DE LECTURA: Saca conclusiones Un invertebrado tiene un cuerpo similar a un tubo. No tiene tentáculos ni patas. ¿Qué puedes concluir sobre el grupo al que pertenece?

❹ RAZONAMIENTO CRÍTICO: Analiza Tanto las langostas como los peces tienen branquias, pero estos dos animales no están emparentados. ¿Por qué crees que ambos podrían tener la misma parte corporal?

❺ DESTREZA DE INVESTIGACIÓN: Experimenta Diseña un experimento para probar esta hipótesis: A las hormigas les gusta el azúcar más de lo que les gusta la sal.

PREPARACIÓN PARA EXÁMENES

Un rasgo del grupo en el que se incluyen las estrellas de mar es ——.

A. una cabeza

B. un cuerpo con muchos orificios

C. pies tubulares

D. tentáculos

¿Qué hay de nuevo en el zoológico de insectos?

¿Qué es un insecto y qué no lo es? Los estudiantes de la escuela Liberty creen que cualquier cosa que moleste, se arrastre o vuele es un insecto. Pero en una visita a un insectario cercano, hicieron algunos descubrimientos sorprendentes.

Zoológico de insectos

Personajes

La señora Spellman: Maestra

Zumbido: entomólogo y guía del insectario

Carla

Raffi

Sam

Neisha

} estudiantes

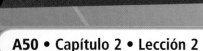

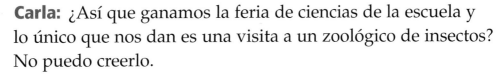

Carla: ¿Así que ganamos la feria de ciencias de la escuela y lo único que nos dan es una visita a un zoológico de insectos? No puedo creerlo.

Neisha: ¡Shhh! Aquí viene la señora Spellman.

Señora Spellman: *[Entra.]* Bueno, niños. Primero veremos algunos insectos sorprendentes. Después iremos afuera para una cacería de insectos.

Zumbido: *[Entra, llevando una rama pequeña. Zumbido es enérgico y habla rápidamente.]* Hola niños. Me llamo Zumbido. Es un nombre perfecto para alguien que se ocupa de insectos, ¿verdad? Yo los coleccionaba cuando era niño. Ahora soy entomólogo, un científico que estudia insectos. Déjenme que les presente a Twiggy. Es un insecto palo. *[Zumbido muestra la rama al grupo.]*

Sam: Yo sólo veo una rama.

Raffi: ¡Pero la parte de arriba de esa rama acaba de moverse! Ahora veo a Twiggy. Parece que fuera parte de la rama.

Señora Spellman: ¡Excelente camuflaje!

Zumbido: ¿Qué hace que Twiggy sea un insecto? El truco del 6-3-2 para identificar insectos los puede ayudar a encontrar esa respuesta.

Sam: ¿Qué truco es ése?

Zumbo: Los insectos son artrópodos con seis patas, su cuerpo está dividido en *tres* partes y tienen *dos* antenas. Si un artrópodo tiene cualquier otro número de patas, de partes corporales o de antenas, no es un insecto. Ése es el truco del 6-3-2.

Carla: Espere un minuto, por favor. Las arañas tienen ocho patas, ¿verdad? ¿Entonces usted está diciendo que una araña no es un insecto?

Zumbido: ¡Exactamente! Las arañas son artrópodos, pero no son insectos. Son arácnidos. Tienen *ocho* patas, su cuerpo está dividido en *dos* partes y *no* tienen antenas.

Neisha: ¿Y qué me dicen de esos animalitos, los milpiés? ¡Ni siquiera puedo contar todas sus patas! [*Señala un milpiés en exhibición.*]

Zumbido: Lo mismo. Son artrópodos, pero no son insectos. Los milpiés pueden tener desde aproximadamente 100 a 400 patas. ¡Incluso he oído hablar de un tipo de milpiés que tiene 750 patas! [*Se acerca a la vitrina de exhibición y toma un milpiés.*] ¿Alguien quiere sostener a Millie? ¡Te hace cosquillas cuando camina sobre tu piel!

Raffi: ¡Sí, yo!

[*Zumbido coloca el milpiés en la mano extendida de Raffi.*]

Raffi: ¡Tiene razón! Hace cosquillas.

▲ insecto palo

▲ mantis religiosa

▲ vaquita de San Antón

▲ mariposa

Zumbido: Observemos ahora la mantis religiosa. *[Zumbido ayuda a Raffi a volver a colocar el milpiés en la vitrina.]* Es el único insecto que puede dar un giro completo con su cabeza. Girar hace que sea más fácil para la mantis verlo todo a su alrededor. Cuando otro insecto deambula cerca, la mantis lo sujeta y se lo traga en un dos por tres.

▲ araña

Sam: ¡Qué asco!

Zumbido: Les puede dar asco, pero la verdad es que los jardineros adoran a las mantis. Evitan que otros insectos destruyan las plantas. Y ahora, ¿qué les parece una cacería de insectos?

Señora Spellman: Sí, claro. Yo me ocuparé de entregarles el equipo.

Zumbido: Muy bien. Comencemos con algunas pistas. Busquen insectos que se arrastran. Los mejores lugares para buscar son la tierra, el pasto, alrededor de los árboles, debajo de las piedras y sobre las plantas.

Carla: ¡Yo buscaré una mariposa y una vaquita de San Antón!

Sam: ¡Mira! Hay una mariposa en el jardín de flores. ¡Vamos a verla!

Neisha: Realmente estamos disfrutando nuestra aventura en el zoológico de insectos. ¡Le voy a pedir a la señora Spellman que nos vuelva a traer pronto!

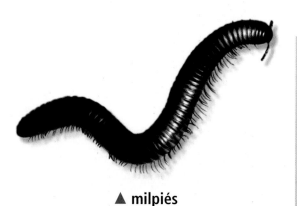

▲ milpiés

Compartir ideas

1. **REPASO DE LA LECTURA** ¿Cuál es una buena forma de identificar insectos?

2. **ESCRÍBELO** Los insectos como el insecto palo y la mantis religiosa usan camuflaje. ¿Por qué crees que esto es importante?

3. **COMÉNTALO** Comenta maneras en que los insectos ayudan a los agricultores y a los jardineros.

¿Qué animales vivían hace mucho tiempo?

Por qué es importante...

Los triceratops y otros dinosaurios se extinguieron hace millones de años. Los científicos han aprendido acerca de los dinosaurios estudiando sus huesos y sus huellas. Saben cómo eran los dinosaurios, como vivían y hasta qué comían. Esta información ayuda a los científicos a comprender en qué se parecían los dinosaurios a los animales que viven hoy en día.

PREPÁRATE PARA INVESTIGAR

Destreza de investigación

Clasificar Cuando clasificas, agrupas objetos según sus propiedades.

Materiales

- fósil A
- fósil B
- lupa

Recursos de ciencias y matemáticas

Para realizar el paso 2, repasa la sección **Usar una lupa** en la página H2.

Pistas fósiles

Procedimiento

1 **Colabora** Trabaja con un compañero. En tu *Cuaderno de ciencias* haz una tabla como la que se muestra aquí.

2 **Observa** Usa una lupa de mano para examinar el fósil A y el fósil B. Un **fósil** es el resto antiguo de una planta o de un animal.

3 **Infiere** Trata de identificar si el fósil A se originó de una planta o de un animal. Trata de identificar las partes del ser vivo de las que proviene el fósil A. Registra tus ideas en la tabla.

4 Repite el paso 3 para el fósil B.

Conclusión

1. **Clasifica** ¿Qué partes del ser vivo reconoces a partir de su fósil? ¿De qué seres vivos provinieron?

2. **Infiere** ¿En qué tipo de medio ambiente crees que vivió el organismo de donde se originó el fósil A? ¿Qué te hace creer esto?

3. **Infiere** ¿En qué tipo de medio ambiente crees que vivió el organismo de donde se originó el fósil B? ¿Qué te hace creer esto?

PASO 1

Fósil	Planta o animal	Partes que originaron el fósil
A		
B		

PASO 2

PASO 4
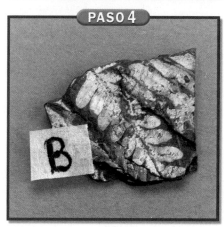

¡Investiga más!

Investiga Averigua más sobre la búsqueda de fósiles en tu estado o región. ¿Qué tipo de fósiles se han encontrado? ¿Qué te indican estos fósiles sobre los seres vivos del pasado?

Animales extintos

VOCABULARIO

especie en peligro	pág. A60
especie extinta	pág. A57
fósil	pág. A56
hábitat	pág. A57

DESTREZA DE LECTURA

Comparar y contrastar
Usa el siguiente diagrama para comparar y contrastar el tigre diente de sable ya extinto y el tigre de Bengala actual.

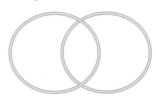

IDEA PRINCIPAL Si las necesidades de un ser vivo no son satisfechas por su medio ambiente, es posible que no sobreviva.

Animales muy antiguos

Los dinosaurios fueron animales que vivieron hace millones de años. Hubo muchas especies de dinosaurios. Una especie es un grupo de seres vivos que pueden producir seres vivos del mismo tipo.

Los científicos tienen información sobre los dinosaurios gracias a los fósiles que dejaron los dinosaurios. Un **fósil** es el resto antiguo de una planta o de un animal. Los científicos han encontrado muchos fósiles de huesos, dientes y pisadas de dinosaurios.

Es posible que el diplodocos se haya extinguido debido a que las plantas que comía desaparecieron.

Los fósiles ayudan a los científicos a comprender cómo eran los distintos tipos de medio ambiente hace muchísimo tiempo. Los fósiles también ayudan a los científicos a saber más sobre plantas y animales extintos. Una **especie extinta** es una especie que ha desaparecido. Las especies pueden extinguirse si su hábitat cambia. Un **hábitat** es el lugar donde vive una planta o un animal. Si un hábitat cambia, es posible que sus seres vivos no puedan encontrar alimento, agua o refugio.

Los científicos han usado huesos fósiles para hacer modelos de algunos animales extintos. Los mamuts lanudos son una especie extinta. Sabemos cómo eran gracias a sus fósiles y a los dibujos antiguos sobre las paredes de las cuevas.

Los pájaros dodo también están extintos. Las personas destruyeron los bosques donde vivían los dodos, por lo tanto las aves no pudieron encontrar alimento. Las personas también cazaban dodos.

▲ El dodo tenía un cuerpo muy grande con alas cortas. No podía volar.

▶ **COMPARAR Y CONTRASTAR** **¿Cuál es la diferencia entre una especie extinta y una especie que no está extinta?**

Los mamuts lanudos eran mamíferos que tenían pelaje espeso, colmillos curvados y una gran cabeza.

Animales extintos y actuales

Muchos de los animales de hoy son similares a los animales extintos. El mamut lanudo se parecía al elefante actual. Los fósiles muestran que el rinoceronte y el indricoterio extinto están emparentados. Los rinocerontes, al igual que el indricoterio, son mamíferos, comen hojas y tienen patas con tres dedos.

El emú es un ave grande que no puede volar. Comparte varios rasgos con la extinta diatrima. Sin embargo, los fósiles muestran que las dos aves no están emparentadas.

Diatrima

Una diatrima era un ave grande que ahora está extinta. No podía volar.

Indricoterio

El indricoterio era el mamífero terrestre más grande que jamás se haya conocido. Medía 5.5 m (18 pies) de altura.

▲ Un emú es un ave moderna actual proveniente de Australia. No puede volar.

◄ Si bien el rinoceronte actual parece feroz, come solamente hojas y pastos.

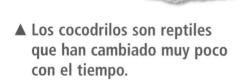

▲ Los cocodrilos son reptiles que han cambiado muy poco con el tiempo.

El tigre diente de sable era un mamífero de apariencia feroz. Tenía dos dientes de 18 cm (7 pulg.). Usaba su dentadura para desgarrar los animales que cazaba. No era un corredor veloz porque sus patas eran cortas.

Este animal no está emparentado con los felinos salvajes de la actualidad. Pero ha sido comparado con los tigres de Bengala. Los tigres de Bengala son más grandes y tienen dientes más cortos y patas más largas que los tigres diente de sable.

▶ **COMPARAR Y CONTRASTAR** ¿En qué se parece una diatrima a un emú?

Cocodrilo extinto

Esta especie de cocodrilo extinto era similar a los cocodrilos actuales. El medio ambiente del animal actual quizás sea similar al de la especie extinta.

Tigre diente de sable

Los tigres diente de sable probablemente se extinguieron cuando los animales que comían desaparecieron.

◀ Los tigres de Bengala y los tigres diente de sable comparten algunos rasgos, pero no están emparentados.

Animales en peligro

Algunas especies de plantas y animales siguen extinguiéndose. Una **especie en peligro** es una especie con tan pocos miembros que la especie entera está en peligro de extinguirse.

Se han aprobado leyes para proteger a las especies en peligro. Algunos casos han sido exitosos. Por ejemplo, las águilas calvas están regresando a algunas áreas donde antes estaban casi extintas.

▶ **COMPARAR Y CONTRASTAR** ¿Muchos animales pertenecen a una especie que está en peligro o que no lo está?

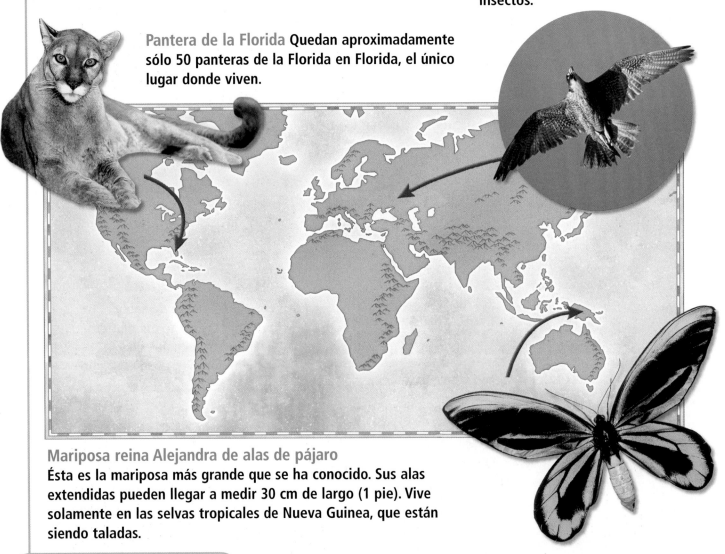

Halcón peregrino de Eurasia
Estas aves fueron incapaces de reproducirse porque comían los venenos usados para matar insectos.

Pantera de la Florida Quedan aproximadamente sólo 50 panteras de la Florida en Florida, el único lugar donde viven.

Mariposa reina Alejandra de alas de pájaro
Ésta es la mariposa más grande que se ha conocido. Sus alas extendidas pueden llegar a medir 30 cm de largo (1 pie). Vive solamente en las selvas tropicales de Nueva Guinea, que están siendo taladas.

Resumen visual

Los seres vivos podrían extinguirse si no pueden encontrar alimento, agua o refugio.

Algunos de los animales actuales se parecen a animales extintos. Estos animales pueden estar emparentados o no.

A menos que las especies en peligro se protejan, podrían extinguirse.

ENLACES entre el hogar y la escuela

TECNOLOGÍA Recrea un dinosaurio

Los científicos usan computadoras para crear imágenes de dinosaurios. Escoge dos tipos de dinosaurios. Usa Internet para buscar imágenes generadas por computadora de estos dinosaurios. Usa las imágenes para crear tus propios bosquejos sobre cómo eran probablemente estos dinosaurios.

ESTUDIOS SOCIALES Escribe una carta

Algunas especies en peligro han sido salvadas de la extinción gracias al esfuerzo de la gente. Escoge un animal de la lista de las especies en peligro. Escribe una carta a un periódico para decirle a la gente por qué esta especie debería salvarse.

Repaso

1 IDEA PRINCIPAL ¿Por qué podría extinguirse una especie si su hábitat se destruye?

2 VOCABULARIO ¿Qué es un fósil?

3 DESTREZA DE LECTURA: **Compara y contrasta** ¿Cuál es la diferencia entre una especie en peligro y una especie extinta?

4 RAZONAMIENTO CRÍTICO: **Evalúa** Sugiere una manera en que podrías ayudar a evitar que un animal en peligro se extinga.

5 DESTREZA DE INVESTIGACIÓN: **Clasifica** Clasifica los siguientes animales como extintos o en peligro: pájaro dodo, pantera de la Florida, halcón de Eurasia, tigre diente de sable, mariposa reina Alejandra de alas de pájaro, diatrima.

✔ PREPARACIÓN PARA EXÁMENES

Todo lo siguiente puede convertirse en un fósil excepto _____.

A. el agua

B. los huesos

C. los dientes

D. las pisadas

¡Sin cerebro, sin huesos y sin problemas!

¡Un aguamala ni es agua ni es mala!
Las aguamalas, o medusas, para usar su nombre científico, son invertebrados: animales que se las arreglan muy bien sin una espina dorsal. Todo lo que se muestra aquí acerca de la medusa gigante de la Antártica es extremo. Su sombrilla (la forma acampanada de la parte superior de su cuerpo) puede tener más de tres pies de ancho. Sus tentáculos pueden tener 30 pies de largo. Las medusas usan sus largos tentáculos para adherirse a su alimento y así atraparlo.

Los científicos creen que las medusas han existido desde antes que los dinosaurios. No está nada mal para un animal sin huesos, sin sangre, sin corazón... ¡sin ni siquiera un cerebro!

La mayoría de las medusas, como estas medusas luna, son mucho más pequeñas que la medusa de la Antártica.

La mayoría de las medusas simplemente flotan donde las lleven las corrientes oceánicas. Otras, como la medusa de la Antártica, pueden moverse en el agua expandiendo y contrayendo sus sombrillas.

Vocabulario

Completa cada oración con un término de la lista.

1. Una esponja, una lombriz, un calamar y una araña son cada uno un ejemplo de un(a) _____.

2. El lugar donde vive una planta o un animal es su _____.

3. El resto antiguo de un ser vivo es un(a) _____.

4. Un animal que tiene pelo o pelaje y que produce leche para sus crías es un(a) _____.

5. Una especie que ya no se encuentra en la Tierra es un(a) _____.

6. Un animal que tiene branquias cuando es joven y pulmones cuando es adulto es un(a) _____.

7. Un animal que tiene columna vertebral es un(a) _____.

8. Un vertebrado que tiene pulmones, alas y plumas es un(a) _____.

9. Un animal que tiene patas articuladas y un exoesqueleto es un(a) _____.

10. La serie de huesos que corren a lo largo de la espalda de algunos animales es un(a) _____.

anfibio A40

artrópodo A48

ave A38

columna vertebral A36

especie en peligro A60

especie extinta A57

fósil A56

hábitat A57

invertebrado A46

mamífero A37

pez A39

reptil A41

vertebrado A36

Preparación para exámenes

Escribe la letra de la respuesta correcta.

11. ¿Qué animales tienen branquias?

    A. reptiles

    B. peces

    C. mamíferos

    D. aves

12. ¿Cuál de los siguientes es un rasgo que se encuentra en los reptiles?

    A. escamas

    B. alas

    C. pelo

    D. plumas

13. Los artrópodos NO tienen _____.

    A. patas

    B. ojos

    C. columna vertebral

    D. exoesqueleto

14. Una especie que tiene muy pocos miembros está _____.

    A. extinta

    B. en peligro

    C. condenada

    D. fosilizada

Destrezas de investigación

15. Usa modelos ¿Qué materiales podrías usar para hacer un modelo de un artrópodo?

16. Clasifica Los invertebrados pueden clasificarse según sus rasgos. Por ejemplo, pueden agruparse según tengan o no cabeza, exoesqueleto o tentáculos. Escoge uno de estos rasgos. Enumera cuáles de los siguientes animales tienen ese rasgo: coral, lombriz, langosta, estrella de mar, calamar, araña.

Organiza los conceptos

Completa el mapa conceptual usando los términos siguientes.

alas	peces
anfibios	pelaje
branquias	reptiles

Razonamiento crítico

17. Aplica En tu opinión, ¿en qué se basan los científicos para estar seguros de que los tigres diente de sable comían carne?

18. Sintetiza ¿Qué podría sucederles a los animales que viven en un área a la cual se están mudando los seres humanos?

19. Evalúa Supón que alguien te dice que una especie extinta de palomas mensajeras, regresará a un área si su hábitat se restaura. ¿Esta afirmación es correcta?

20. Analiza ¿Qué animales respiran oxígeno de manera similar: las ballenas y los gatos o las ballenas y los tiburones? Explica tu respuesta.

Evaluación del rendimiento

Diseña un animal

Diseña un nuevo mamífero que viva en la tierra. Dibuja y describe la apariencia de tu animal. Enumera lo que come. Describe su hábitat.

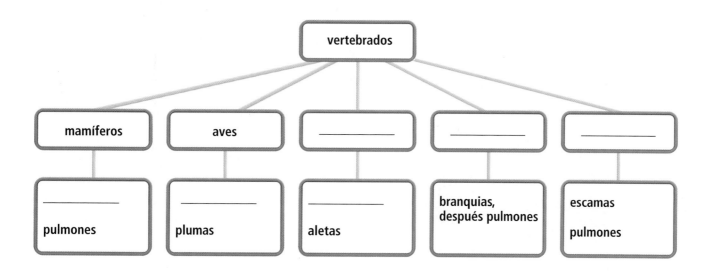

Capítulo 3

Los seres vivos crecen y se reproducen

LECCIÓN

1

Una flor, una fruta y un insecto, ¿cómo ayudan a que las plantas se reproduzcan?

Lo aprenderás en la Lección 1.

LECCIÓN

2

Una tortuga sale del cascarón de un huevo y una oruga se transforma en una mariposa, ¿de qué manera se comparan los ciclos de vida de los animales?

Lo aprenderás en la Lección 2.

LECCIÓN

3

Una flor roja o una flor amarilla, un perro grande o un perro pequeño, ¿por qué las plantas y los animales de la misma especie a veces se ven diferentes?

Lo aprenderás en la Lección 3.

¿Cuáles son los ciclos de vida de las plantas?

Por qué es importante...

Cuando miras hacia afuera, probablemente veas muchos tipos de plantas. A lo mejor verás árboles enormes o flores pequeñas. O a lo mejor verás vegetales en un huerto o frutas en un viñedo. Gracias a que la gente comprende cómo se desarrollan las plantas, pueden producir las provisiones alimenticias que necesitan.

PREPÁRATE PARA INVESTIGAR

Destreza de investigación

Observar Cuando observas, reúnes información usando tus sentidos y herramientas como la lupa.

Materiales

- vaso de plástico transparente
- grava
- tierra para maceta
- semilla de guisante
- cuchara de plástico
- agua
- lápiz
- regla métrica
- lupa
- lentes protectores

Recursos de ciencias y matemáticas

Para realizar el paso 2, repasa la sección **Usar una cinta métrica o una regla** en la página H6.

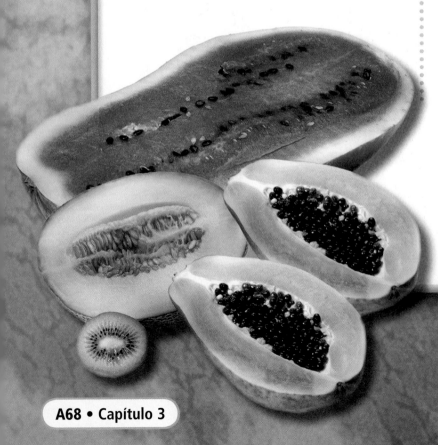

Cultiva guisantes

Procedimiento

1 **Observa** En tu *Cuaderno de ciencias*, haz una tabla como la que se muestra aquí. Trabaja con un compañero. Usa una lupa para observar de cerca una semilla de guisante. Dibuja la semilla y anota tus observaciones. **Seguridad:** Usa lentes protectores.

2 **Mide** Coloca una capa de grava de 2 cm en la parte inferior de un vaso. Usa una regla para ayudarte a medir. Después llena el vaso con tierra.

3 **Experimenta** Usa un lápiz para hacer un agujero pequeño en la tierra. Coloca la semilla de guisante en el agujero y cúbrela con tierra. Agrega algunas cucharadas de agua. Coloca el vaso cerca de una ventana soleada.

4 **Observa** Después de unos días, mide la planta y obsérvala con una lupa. Agrega agua si la tierra está seca. Haz un dibujo. Anota tus observaciones y medidas en tu tabla.

5 **Observa** Repite el paso 4 todos los días durante los cuatro días siguientes.

Conclusión

1. **Compara** Intercambia las tablas con un compañero. ¿En qué se parecen tus observaciones y las de tu compañero?

2. **Predice** Has visto dos etapas del ciclo de vida de una planta. ¿Qué etapa verás a continuación si tu planta continúa creciendo?

PASO 1

Crecimiento de la semilla	Dibujo	Observación
Día 1		
Día 2		
Día 3		
Día 4		
Día 5		

PASO 2

PASO 3

¡Investiga más!

Diseña un experimento
Observa el interior de un tomate. Basándote en tu observación, infiere cómo crece una planta de tomate. Diseña un experimento para probar tu idea.

Los ciclos de vida de las plantas

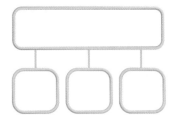

IDEA PRINCIPAL Las plantas tienen ciclos de vida, durante los cuales crecen, se reproducen y mueren.

Las plantas con flores

Tanto las plantas como los animales tienen ciclos de vida. Un **ciclo de vida** es la serie de cambios que sufre un ser vivo a medida que crece. Los diferentes seres vivos tienen diferentes ciclos de vida. Las plantas con flores, como este manzano, tienen ciclos de vida similares.

Una flor, o capullo, es la parte de la planta que produce el fruto y las semillas. Una **semilla** es la primera etapa en el ciclo de vida de la mayoría de las plantas. Para que una planta produzca semillas, el polen debe primero transportarse desde una parte de una flor a otra. El polen es una sustancia granulosa que se encuentra dentro de las flores. El viento, los insectos y otros animales pueden transportar polen.

Un **fruto** es la parte de la planta que contiene las semillas. Las flores de este manzano producirán muchas manzanas. Las semillas dentro de las manzanas pueden desarrollarse hasta generar manzanos nuevos.

Cuando una semilla se siembra en la tierra, germinará y se desarrollará hasta ser un retoño. A medida que el retoño crece, se convierte en un árbol joven, o plántula. Cuando la plántula se convierta en un árbol adulto, el ciclo de vida comenzará nuevamente. La mayoría de las plantas continúan este ciclo durante muchos años hasta que mueren.

▶ IDEA PRINCIPAL ¿Qué parte de una planta con flores contiene las semillas?

Ciclo de vida de un manzano

flor

plántula

fruto

retoño

semilla en el fruto

Las coníferas

No todas las plantas tienen flores. Algunas plantas tienen conos en vez de flores. Una **conífera** es una planta que hace semillas dentro de conos. Los pinos son coníferas. Las coníferas usan sus conos para reproducirse. El siguiente diagrama muestra las etapas en el ciclo de vida de una conífera.

 **IDEA PRINCIPAL** ¿Qué es una conífera?

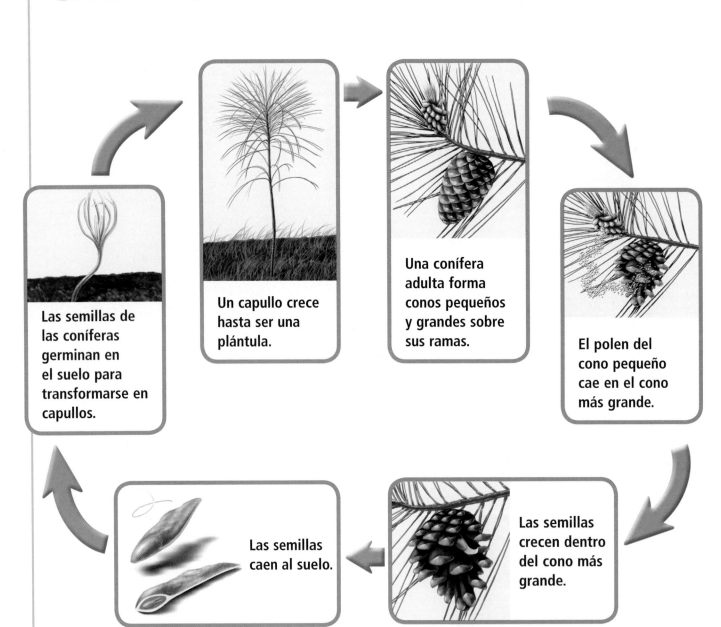

Las semillas de las coníferas germinan en el suelo para transformarse en capullos.

Un capullo crece hasta ser una plántula.

Una conífera adulta forma conos pequeños y grandes sobre sus ramas.

El polen del cono pequeño cae en el cono más grande.

Las semillas caen al suelo.

Las semillas crecen dentro del cono más grande.

Resumen visual

Las plantas con flores crecen y se reproducen produciendo frutos y semillas a partir de las flores.

Las coníferas crecen y se reproducen a partir de los conos.

ENLACES entre el hogar y la escuela

MATEMÁTICAS Continúa el patrón
Las partes similares a escamas sobre los conos de los pinos se llaman brácteas. Las brácteas están ordenadas en espirales. El número de brácteas en cada espiral sigue un patrón. Observa este patrón: 1, 2, 3, 5, 8. ¿Cuáles son los próximos dos números en el patrón?

ARTE Dibuja un diagrama Escoge una planta con flores o una conífera. Busca fotos de ejemplos de la vida real de la planta para usar como modelos. Dibuja un diagrama detallado de la planta en cada etapa de su ciclo de vida. Muestra las diferencias en tamaño, forma, color y textura.

Repaso

1 IDEA PRINCIPAL Nombra dos cosas que suceden durante el ciclo de vida de una planta.

2 VOCABULARIO Escribe una oración usando el término *ciclo de vida*.

3 DESTREZA DE LECTURA: Idea principal y detalles Enumera tres detalles acerca del ciclo de vida de una conífera.

4 RAZONAMIENTO CRÍTICO: Analiza ¿En qué se diferencia la semilla de una planta con flores de la semilla de una conífera?

5 DESTREZA DE INVESTIGACIÓN: Observa Ves una planta que tiene retoños blancos y pequeños frutos con semillas adentro. ¿La planta es una planta con flores o una conífera? Explica tu respuesta.

PREPARACIÓN PARA EXÁMENES
Un árbol joven se denomina _____.

A. conífera
B. semilla
C. fruto
D. plántula

¿Cuáles son los ciclos de vida de algunos animales?

Por qué es importante...

Al igual que algunos tipos de animales, un elefante crecerá dentro del cuerpo de su madre hasta que nazca. Otros tipos de animales nacen al romper el cascarón del huevo. Algunos animales crecen en tamaño hasta que se convierten en adultos. Otros animales pueden cambiar de forma. Puedes aprender mucho sobre los animales estudiando sus ciclos de vida.

PREPÁRATE PARA INVESTIGAR

Destreza de investigación

Comunicar Cuando comunicas, presentas la información usando palabras, dibujos, tablas y diagramas.

Materiales

- guantes desechables
- recipiente de plástico con tapa
- hábitat de mariposa
- toalla de papel
- hojas
- ramitas
- alimento para oruga
- lupa
- cinta adhesiva transparente
- orugas

De oruga a mariposa

Procedimiento

1. En tu *Cuaderno de ciencias,* haz una tabla como la que se muestra aquí.

2. **Experimenta** Coloca una toalla de papel doblada, hojas y ramitas en un recipiente de plástico. Coloca cuidadosamente las orugas y su alimento en el recipiente y cierra la tapa. **Seguridad:** Usa guantes y trata las orugas con suavidad.

3. **Observa** Mira con atención las orugas usando la lupa. Haz un dibujo y anota tus observaciones en la tabla.

4. Repite el paso 3, dejando un día de por medio, durante siete a diez días. Cuando las orugas estén colgando del disco de papel en la parte superior del recipiente y estén encerradas en capullos, saca el disco de papel con los capullos pegados a él. Usa la cinta adhesiva para colgarlo en la pared del hábitat de la mariposa, como se muestra aquí.

5. Repite el paso 3, dejando un día de por medio, durante otros siete a diez días.

Conclusión

1. **Compara** Compara dos etapas del ciclo de vida de la mariposa.

2. **Comunica** Explica de qué manera una oruga se transforma en una mariposa.

PASO 1

Dibujo	Observación

PASO 3

PASO 4

¡Investiga más!

Investiga Escoge un animal que viva en tu área. Usa libros de la biblioteca o busca en Internet para averiguar cómo nace el animal y cómo cambia a medida que crece.

Los ciclos de vida de los animales

VOCABULARIO

crisálida	pág. A76
descendencia	pág. A78
larva	pág. A76
pupa	pág. A76
renacuajo	pág. A77

DESTREZA DE LECTURA

Secuencia Usa una tabla para mostrar el ciclo de vida de un animal.

1	
2	
3	
4	

IDEA PRINCIPAL Los diferentes animales tienen ciclos de vida diferentes, pero todos nacen, se desarrollan, se reproducen y mueren.

El ciclo de vida de los insectos

Los animales pasan por etapas similares en sus ciclos de vida. Nacen, crecen, se reproducen y mueren. Pero las mariposas y la mayoría de los otros insectos cambian más que muchos otros animales.

La primera etapa en el ciclo de vida de la mayoría de los insectos es el huevo. La segunda etapa es una etapa en la que éste parece un gusano llamado **larva.** La tercera etapa es la pupa. Durante la etapa de **pupa,** la mariposa se transforma hasta convertirse en un adulto. Las mariposas forman un capullo llamado **crisálida.** La cuarta etapa es la etapa adulta. El ciclo de vida comienza nuevamente cuando la mariposa hembra adulta pone huevos.

Ciclo de vida de una mariposa

Huevo La mariposa hembra adulta pone huevos sobre una hoja.

Larva Una larva, llamada oruga, sale del huevo.

Pupa La oruga se convierte en una pupa y fabrica un capullo.

Adulto Una mariposa adulta sale de la crisálida.

Huevos Una rana hembra adulta pone muchos huevos en el agua.

Renacuajo Los renacuajos salen de los huevos.

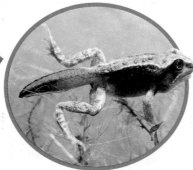

Rana La rana adulta no tiene cola y respira con los pulmones.

Rana joven El renacuajo se convierte en una rana pequeña con patas y una cola.

Los ciclos de vida de anfibios y reptiles

Al igual que los insectos, los anfibios, como las ranas, cambian de forma durante sus ciclos de vida. Después de que una rana sale de su huevo, recibe el nombre de renacuajo. Un **renacuajo** vive en el agua, tiene una cola larga y branquias y carece de patas. No se parece mucho a una rana adulta.

Los reptiles tienen un ciclo de vida diferente de los anfibios. El reptil hembra adulto pone huevos, usualmente en la tierra. Después de salir del cascarón, los reptiles jóvenes aumentan en tamaño y crecen hasta ser adultos. A diferencia de los anfibios, los reptiles no cambian de forma a medida que crecen. Un reptil joven se parece mucho a sus padres.

▶ **SECUENCIA** ¿Durante qué etapa de sus ciclos de vida ponen huevos los insectos, los anfibios y los reptiles hembras?

Los ciclos de vida de aves y mamíferos

Las aves ponen huevos, tal como lo hacen los insectos, los anfibios y los reptiles. Las aves jóvenes tienen rasgos similares a sus padres.

La descendencia de los mamíferos crece y se desarrolla dentro de los cuerpos de las hembras adultas. La **descendencia** es el ser vivo creado por un animal al reproducirse. Las crías de los mamíferos nacen vivas. No salen de huevos. Cuando nacen se parecen mucho a los mamíferos adultos. Los perros, los gatos y los seres humanos crecen y se desarrollan de esta manera.

▶ **SECUENCIA** **¿Puede un mamífero ser un adulto apenas nace? Explica tu respuesta.**

Ciclo de vida de un ave

Huevo Una codorniz adulta pone un huevo.

Pollito saliendo del huevo Un pollito de codorniz rompe el cascarón.

Codorniz adulta Las codornices adultas producen nueva descendencia cuando ponen huevos.

Pollo joven Un pollito bebé crece y obtiene más plumas a medida que se desarrolla.

Resumen visual

Algunos animales salen de huevos mientras que otros salen de sus madres.

↓

Los animales crecen en tamaño o cambian de forma a medida que se desarrollan.

↓

Los animales adultos se reproducen y hacen descendencia nueva.

ENLACES entre el hogar y la escuela

MATEMÁTICAS Calcula el número

Supón que un granjero tiene 6 gallinas. Cada gallina tiene un número igual de huevos en su nido. Cuando todos los huevos se rompen, hay 12 pollitos. ¿Cuántos huevos tenía cada gallina en su nido?

ESCRITURA Narrativa Imagina que eres una rana joven. Escribe un relato acerca de tu vida. Incluye detalles sobre cómo tu cuerpo va cambiando a medida que te desarrollas desde ser un renacuajo hasta convertirte en una rana.

Repaso

❶ **IDEA PRINCIPAL** ¿Qué tienen en común los ciclos de vida de todos los animales?

❷ **VOCABULARIO** Escribe una oración usando los términos *descendencia* y *renacuajo*.

❸ **DESTREZA DE LECTURA: Secuencia** Describe las etapas en el ciclo de vida de un ave.

❹ **RAZONAMIENTO CRÍTICO: Analiza** Supón que el Animal A es un animal adulto que ha salido de un huevo y que en algún momento de su vida tuvo branquias y una cola. ¿Qué tipo de animal es el Animal A?

❺ **DESTREZA DE INVESTIGACIÓN: Comunica** Dibuja un diagrama del ciclo de vida de un reptil.

✓ **PREPARACIÓN PARA EXÁMENES**

Un ejemplo de un animal que pone huevos pero que no cambia de forma a medida que crece es _____.

A. un insecto

B. un anfibio

C. un reptil

D. un mamífero

Jane Goodall

Soñaba con África. De niña, Jane Goodall soñaba con trabajar con animales salvajes. A los 23 años, dejó su hogar en Inglaterra y se embarcó hacia el África. El Dr. Louis Leakey, un arqueólogo famoso, la contrató para estudiar los chimpancés en la selva de Gombe.

Al principio, los chimpancés tenían miedo de Jane, quien los observó desde lejos durante meses. Finalmente, se ganó su confianza. Jane pasó horas observando los chimpancés. Con el tiempo, Jane se dio cuenta de que los chimpancés fabricaban y usaban herramientas, se comunicaban unos con otros y formaban relaciones familiares.

En 1977, Jane fundó el Instituto Jane Goodall. Esta organización trabaja para proteger la vida salvaje. Hoy en día, Jane viaja por todo el mundo, enseñando a las personas sobre los chimpancés y sobre la importancia de proteger el medio ambiente.

El Parque Nacional de Gombe está en Tanzania, un país en África Oriental.

El Parque Nacional de Gombe está lleno de selvas densas y valles profundos. Es un medio ambiente perfecto para los chimpancés.

Los chimpancés bebés dependen de sus madres para sobrevivir.

Compartir ideas

1. **REPASO DE LA LECTURA** ¿De qué manera Jane se ganó la confianza de los chimpancés?

2. **ESCRÍBELO** ¿Cuáles son algunas de las cosas que Jane aprendió sobre los chimpancés?

3. **COMÉNTALO** Comenta la importancia de proteger la selva africana.

¿Cómo varían los seres vivos?

Por qué es importante...

Estos dos animales no se parecen mucho, pero ambos son perros. Los seres vivos de la misma especie no siempre se parecen. Algunos pueden ser altos y otros pueden ser bajos. Algunos pueden tener manchas y otros un color uniforme. Los científicos estudian a los seres vivos de la misma especie para aprender en qué se parecen y en qué son diferentes.

PREPÁRATE PARA INVESTIGAR

Destreza de investigación

Usar números Usas números cuando mides, estimas y registras datos.

Materiales

- 4 vainas de guisantes
- tarjetas
- marcador
- regla métrica

Recursos de ciencias y matemáticas

Para realizar el paso 6, repasa la sección **Hacer una gráfica de barras** en la página H3.

Guisantes en vainas

Procedimiento

1. En tu *Cuaderno de ciencias,* haz una tabla como la que se muestra aquí.

2. **Experimenta** Rotula cuatro tarjetas A, B, C y D. Coloca una vaina de guisantes sobre cada una de las tarjetas rotuladas.

3. **Mide** Usa una regla para medir la longitud de cada vaina de guisantes. Anota los datos en la tabla.

4. **Registra los datos** Abre cada vaina de guisantes. Cuenta el número de guisantes que hay dentro de cada vaina. Anota los datos en la tabla.

5. **Observa** Observa el color de los guisantes de cada vaina. Anota tus observaciones en la tabla.

6. **Usa números** En tu *Cuaderno de ciencias,* copia la cuadrícula para gráfica de barras que se muestra aquí. Usa los datos de la tabla para completar la gráfica.

Conclusión

1. **Analiza los datos** Halla el número máximo y el número mínimo de guisantes en tus datos. Combina estos datos con los de tus compañeros de clase. Haz un diagrama lineal para mostrar los datos de la clase.

2. **Predice** Supón que mediste y observaste cuatro vainas de guisantes adicionales. ¿Esperarías que los datos fueran similares a los datos de la clase? Explica tu respuesta.

PASO 1

Vaina de guisantes	Longitud de la vaina	Número de guisantes	Color de los guisantes
A			
B			
C			
D			

PASO 4

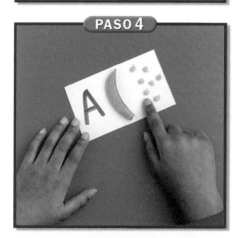

PASO 6

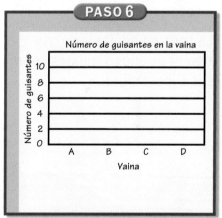

Número de guisantes en la vaina

¡Investiga más!

Investiga Usa libros o Internet para aprender sobre un tipo de manzana. Escribe un informe sobre ese tipo de manzana. Averigua si todas las manzanas de ese tipo tienen la misma cantidad de semillas.

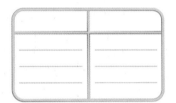

VOCABULARIO

individuo   pág. A86

DESTREZA DE LECTURA

Comparar y contrastar Usa una tabla para comparar y contrastar seres vivos de la misma especie.

Semejanzas y diferencias

IDEA PRINCIPAL La mayoría de los seres vivos se ven similares a sus padres. Esto es así porque los padres transmiten rasgos a su descendencia.

Parecido familiar

"¡Tiene los ojos de su padre!", "¡Oh!, ¡tiene la sonrisa de su madre!". A lo mejor has escuchado a la gente hablar de los niños de esta manera. En algunas familias, los niños se parecen a sus padres. Frecuentemente, las plantas y los animales jóvenes también se parecen a sus padres. Crecen hasta llegar a tener aproximadamente la misma altura que sus padres. El color de las flores de una planta generalmente es similar al de su planta madre. El color del pelaje de un animal con frecuencia es similar al pelaje de uno o de ambos padres.

La tortuga adulta y su cría tienen diseños similares sobre sus caparazones. ▼

▲ El conejo adulto y el conejo bebé se parecen mucho.

A pesar de que la descendencia y sus padres puedan parecerse, no son exactamente iguales. Un caballito puede crecer hasta ser más alto que sus padres o tener un color diferente del de sus padres. Un niño puede tener ojos de un color diferente del de cualquiera de sus padres. Un árbol adulto puede tener menos flores o frutos que el árbol del cual provino.

Las diferencias en la apariencia entre padres y descendencia no son extremas. ¿Alguna vez has visto una tortuga marina del tamaño de una casa? Una tortuga puede crecer más que cualquiera de sus padres. Pero una tortuga no puede crecer tanto como para ser del tamaño de una casa. De manera similar, un animal grande, como una jirafa, no produce descendencia de estatura muy baja.

▲ El pingüino adulto y su cría no se parecen mucho.

▶ **COMPARAR Y CONTRASTAR** **Compara las maneras en que las plantas y los animales pueden parecerse a sus padres.**

Esta ballena orca adulta y su bebé tienen un patrón similar en su piel.

Los individuos varían

En una multitud, puedes ver muchas personas diferentes (algunas son altas, otras son bajas, algunas tienen ojos azules, otras tienen ojos marrones), pero todas son seres humanos. Si bien es cierto que todas las personas son seres humanos, cada persona tiene características diferentes.

También hay muchas diferencias dentro de los grupos de plantas y de animales. Una flor de petunia puede tener pétalos rojos. Otra petunia puede tener pétalos rosados. Un perro puede tener un pelaje muy corto. ¡Otro perro puede tener tanto pelaje que apenas si puedes verle la cara! El color de los pétalos y la longitud del pelaje son solamente dos ejemplos de las diferencias entre los individuos. Un **individuo** es un solo miembro de una especie. ¿Puedes pensar en algunas otras diferencias entre los individuos?

▲ Estas petunias se presentan de muchos colores diferentes.

Todos éstos son gatos domésticos. Fíjate qué diferentes son unos de otros. ▼

Cuando los seres vivos se reproducen, transmiten sus rasgos a su descendencia. Esto explica por qué los descendientes usualmente se parecen a sus padres. Observa las tres ovejas que se muestran aquí. Los padres de la primera oveja probablemente también tenían cabezas negras. Los padres de la segunda oveja posiblemente tenían cuernos arqueados. La tercera oveja lanuda probablemente tenía padres que también eran lanudos.

El medio ambiente de un ser vivo también puede afectar sus rasgos. Por ejemplo, una planta que no recibe suficiente luz solar ni agua quizás no crezca tanto como su planta madre.

Los seres vivos también pueden adquirir rasgos de su interacción con su medio ambiente. Estos rasgos no se transmiten a su descendencia. Por ejemplo, supón que una niña se rasguña el brazo. El rasguño le deja una cicatriz. Ella no adquirió este rasgo de sus padres y no lo transmitirá a sus hijos.

▶ **COMPARAR Y CONTRASTAR** **Nombra dos rasgos que pueden ser diferentes entre los individuos.**

▲ Estos animales parecen diferentes, pero todos son ovejas.

Resumen visual

Los seres vivos usualmente se parecen, pero no son exactamente iguales a sus padres.

Los individuos de la misma especie usualmente varían en apariencia.

ENLACES entre el hogar y la escuela

MATEMÁTICAS Haz una lista organizada

Supón que un gato tiene una camada de gatitos. La mamá gato tiene pelaje largo y blanco y el papá gato tiene pelaje negro y corto. ¿Cuál podría ser la apariencia de los gatitos? Haz una lista de las combinaciones posibles del color del pelaje y de la longitud del pelaje.

TECNOLOGÍA Compara y contrasta

El fertilizante es una sustancia que se agrega al suelo para darle nutrientes adicionales. Los agricultores usan el fertilizante como una herramienta para obtener cultivos saludables. Supón que tienes dos plantas a las que les das la misma cantidad de agua y de luz. Imagina que le das fertilizante solamente a una de ellas. ¿En qué crees que serían diferentes estas plantas?

Repaso

1 IDEA PRINCIPAL ¿Por qué la mayoría de los descendientes se parecen a sus padres?

2 VOCABULARIO Define el término *individuo*.

3 DESTREZA DE LECTURA: Compara y contrasta ¿En qué se parecen las ovejas de la página A87? ¿En qué difieren?

4 RAZONAMIENTO CRÍTICO: Evalúa Tienes dos flores del mismo color. Tu amigo dice que las flores son de la misma especie. ¿Esta afirmación es correcta? Explica tu respuesta.

5 DESTREZA DE INVESTIGACIÓN: Usa números El número de pétalos de seis flores de la misma especie son: 8, 7, 9, 7, 8. ¿Qué puedes inferir acerca del número de pétalos que usualmente se observa en esta especie de flor?

PREPARACIÓN PARA EXÁMENES

¿Qué rasgo puede transmitirse de un ser humano adulto a un niño?

A. cicatriz

B. color de cabello

C. quemadura de sol

D. tobillo torcido

Ocupaciones

Asistente de veterinario

¿Te gusta cuidar animales? Como asistente de veterinario, podrías ayudar a un veterinario a vendar la pata quebrada de un perro o a calmar un gato durante un examen clínico. También alimentarías, darías de beber y llevarías de paseo a los animales. Limpiarías las jaulas y los consultorios, y tomarías notas durante los exámenes. Los asistentes de veterinarios trabajan en refugios, sociedades protectoras y hospitales de animales.

Lo que se necesita

- Un diploma de escuela secundaria.
- Cursos de biología; algunos conocimientos de medicina u odontología

Biólogo marino

Quizás creas que los biólogos marinos pasan todo su tiempo nadando en el océano mientras estudian plantas y animales. De hecho, gran parte del trabajo de un biólogo marino se realiza en un submarino o en un laboratorio. Usan computadoras para rastrear los movimientos de las criaturas marinas como las ballenas, los delfines y las tortugas de mar. Comprender los hábitos de estas criaturas puede ayudar a los científicos a protegerlas.

Lo que se necesita

- Un diploma en biología, oceanografía o zoología
- Saber trabajar con computadoras

Mamá cocodrilo

¡Esta mamá cocodrilo no se está comiendo a su bebé! Lo está transportando en su boca para mantenerlo a salvo de cualquier daño. La mayoría de los reptiles simplemente entierran sus huevos y los abandonan a su suerte. El cocodrilo protege ferozmente sus huevos enterrados de otrós depredadores.

Cuando la mamá cocodrilo escucha un sonido proveniente de los huevos enterrados, los desentierra. A veces hasta usa sus dientes inmensos para ayudar a sus bebés a salir del cascarón. Después de llevarlos al agua, los vigila y cuida hasta que son lo suficientemente grandes como para protegerse por sí mismos.

Este bebé crecerá rápidamente... y será grande. ¡Algunos cocodrilos adultos son más largos que un carro familiar y pesan más de una tonelada!

A91

Vocabulario

Completa cada oración con un término de la lista.

1. Cuando una rana sale del cascarón, recibe el nombre de _____.
2. La parte de la planta que contiene semillas es el/la _____.
3. La tercera etapa del ciclo de vida de un insecto es el/la _____.
4. La serie de cambios por los que pasa un ser vivo durante su vida se denomina _____.
5. Un solo miembro de una especie se denomina un(a) _____.
6. Los seres vivos que resultan de la reproducción de los animales se denominan _____.
7. La primera etapa en el ciclo de vida de la mayoría de las plantas es el/la _____.
8. El capullo que forman las mariposas en su etapa de pupas es un(a) _____.
9. Una planta que produce conos es un(a) _____.
10. La etapa en el ciclo de vida de un insecto en la que éste parece un gusano se denomina _____.

ciclo de vida A70
conífera A72
crisálida A76
descendencia A78
fruto A70
individuo A86
larva A76
pupa A76
renacuajo A77
semilla A70

Preparación para exámenes

Escribe la letra de la respuesta correcta.

11. Los seres vivos y sus padres _____.

   A. usualmente se parecen
   B. nunca se parecen
   C. siempre tienen el mismo tamaño
   D. no interactúan con su medio ambiente

12. La descendencia de las aves crece y se desarrolla en _____.

   A. el agua
   B. huevos
   C. el cuerpo de la hembra adulta
   D. una planta

13. Las ranas adultas _____.

   A. dan a luz crías vivas
   B. viven sólo en el agua
   C. tienen colas
   D. respiran con los pulmones

14. La parte de una planta que produce frutos y semillas es el/la _____.

   A. flor
   B. tallo
   C. plántula
   D. hoja

Destrezas de investigación

15. Observa Supón que observas un naranjo con flores en él. Describe qué debe suceder para que el árbol pueda producir frutos y semillas.

16. Comunica Un escarabajo de la hoja del álamo americano tiene un ciclo de vida que es similar al de una mariposa. Escribe un párrafo para describir el ciclo de vida de un escarabajo de la hoja del álamo.

Organiza los conceptos

Ubica los siguientes términos en el mapa conceptual para describir el ciclo de vida de un insecto.

pupa	huevo
adulto	larva

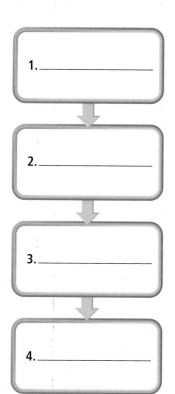

1._____

2._____

3._____

4._____

Razonamiento crítico

17. Aplica Supón que tienes un perro de pelo largo y una perra de pelo largo. A ambos les has cortado el pelo. Si estos perros se reproducen, ¿sus cachorros tendrán pelo largo o pelo corto? Explica tu respuesta.

18. Evalúa Supón que tu amigo dice que una semilla de manzana es similar a un huevo de rana. ¿Estás de acuerdo o en desacuerdo con esta afirmación? Explica tu respuesta.

19. Sintetiza Cuando caminas por el parque, ves conos de pino en el suelo. ¿Qué puedes concluir acerca de algunos de los árboles de ese parque?

20. Analiza ¿En qué se parecen los ciclos de vida de las plantas y los ciclos de vida de los animales? ¿En qué son diferentes?

Evaluación del rendimiento

Dibuja un ciclo de vida

Escoge uno de los siguientes animales: rana, halcón, ratón. Haz un diagrama del ciclo de vida de ese animal. Incluye un dibujo, rótulos y una explicación breve de cada etapa del ciclo.

Escribe la letra de la respuesta correcta.

1. ¿Qué poseen tanto las plantas como los animales?

    A. semillas

    B. ciclos de vida

    C. raíces primarias

    D. larvas

2. ¿Qué par de invertebrados son ambos artrópodos?

    A.

    B.

    C.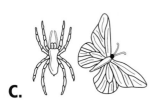

    D.

3. Una zanahoria tiene una raíz larga y gruesa. Las venas de sus hojas tienen muchas ramas. ¿Qué término describe a una zanahoria?

    A. raíz primaria, venas carradas

    B. raíz primaria, tallo leñoso

    C. raíz fibrosa, venas cerradas

    D. raíz fibrosa, hojas lisas

4. Todos los vertebrados tienen _____.

    A. pelaje

    B. escamas

    C. un caparazón

    D. una columna vertebral

5. Una especie que cada año tiene menos individuos se dice que está _____.

    A. en peligro

    B. extinta

    C. fosilizada

    D. reproduciéndose

6. ¿Qué planta almacena la mayor parte de su alimento en su tallo?

A.

B.

C.

D.

7. ¿Cuál de las siguientes opciones muestra el ciclo de vida de una rana en el orden correcto?

A.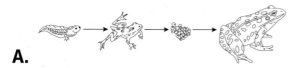

B.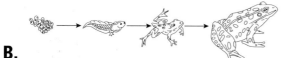

C.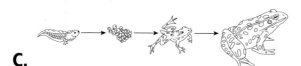

D.

8. ¿Qué NO necesita una semilla para desarrollarse hasta formar una planta nueva?

A. suelo

B. agua

C. luz solar

D. viento

Responde a lo siguiente con oraciones completas.

9. La imagen siguiente muestra una mamá jirafa y su cría. Describe en qué se parecen y en qué se diferencian AMBAS jirafas.

10. Las panteras de la Florida son una especie en peligro. Explica por qué están en peligro.

¡Descúbrelo!

Los delfines y las personas pertenecen a muchos de los mismos grupos de animales porque tienen rasgos en común. Ambos son vertebrados, lo cual significa que ambos tienen una columna vertebral. También son mamíferos. Producen leche para sus crías. Además, usan pulmones para respirar. Los delfines y las personas son considerados animales inteligentes. Tienen un cerebro grande en relación con el tamaño de su cuerpo.

Tanto las personas como los delfines tienen pulmones para respirar. Un delfín nada hasta la superficie del agua para respirar. Inhala aire a través de un orificio, llamado espiráculo, en la parte superior de su cabeza. Un ser humano respira aire a través de la nariz y la boca.

Como la mayoría de los mamíferos, los delfines nacen vivos. Esto significa que no salen de huevos. Cuando nacen, parecen delfines adultos, sólo que más pequeños. Los bebés humanos también nacen vivos y parecen adultos muy pequeños.

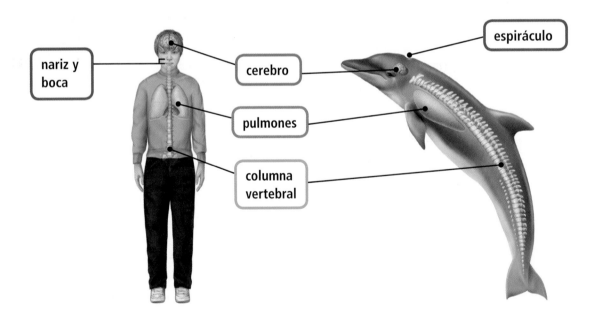

nariz y boca

cerebro

espiráculo

pulmones

columna vertebral

Los seres vivos en su medio ambiente

Los seres vivos en su medio ambiente

Lectura independiente

Un halcón rojo hambriento

Adaptaciones asombrosas

Obligado a salir

¡Descúbrelo!

Los osos polares viven en las costas heladas del Ártico. Cazan desde los bordes de las plataformas de hielo. Estos osos son muy veloces y pueden correr hasta 40 kilómetros (aproximadamente 25 millas) en una hora sin resbalarse. ¿Por qué un oso polar no se resbala sobre el hielo cuando corre? Tendrás la respuesta a esta pregunta hacia el final de la unidad.

Capítulo 4

La **supervivencia** de los **seres vivos**

Presentación de la lección

LECCIÓN 1

Agua, aire, un lugar donde vivir, ¿por qué necesitas estas cosas para sobrevivir?
Lo aprenderás en la Lección 1.

LECCIÓN 2

Tanto las águilas calvas como los osos comen peces, ¿qué les sucede a estos animales si no hay suficientes peces?
Lo aprenderás en la Lección 2.

LECCIÓN 3

Desde las hojas de una planta hasta las patas de un pato, ¿de qué manera las partes de los seres vivos los ayudan a sobrevivir?
Lo aprenderás en la Lección 3.

LECCIÓN 4

Un incendio se propaga a través de un bosque, ¿puede un incendio forestal ser bueno para los seres vivos en alguna ocasión?
Lo aprenderás en la Lección 4.

Lección 1

Qué necesidades tienen los seres vivos?

Por qué es importante...

Probablemente sepas que una tortuga está viva y que una roca no está viva. ¿Pero cómo lo sabes? ¿Qué significa estar vivo? Tú y todos los otros seres vivos comparten algunos de los mismos rasgos. Todos los seres vivos también comparten las mismas necesidades básicas.

PREPÁRATE PARA INVESTIGAR

Destreza de investigación

Colaborar Cuando colaboras, trabajas en equipo junto a otras personas para compartir ideas, datos y observaciones.

Materiales

- pecera
- agua
- grava
- pez dorado
- alimento para peces
- una planta de elodea

Recursos de ciencias y matemáticas

Para realizar el paso 2, repasa la sección **Hacer una tabla para organizar datos** en la página H10.

Supervivencia

Procedimiento

1. **Colabora** Trabaja con un compañero. Un compañero debe observar un pez dorado. El otro compañero debe observar una elodea, que es un tipo de planta acuática.

2. **Observa** Haz una tabla en tu *Cuaderno de ciencias* como la que se muestra aquí. Observa a tu ser vivo durante unos pocos minutos. Anota en la tabla el nombre del ser vivo y todo lo que observes. Incluye su entorno y todos los movimientos que haga.

3. **Infiere** Basándote en tus observaciones, escribe dos o tres cosas que creas que tu ser vivo necesita para sobrevivir.

4. **Colabora** Compara tu tabla con la de tu compañero. Encierra en un círculo las necesidades que son iguales para el pez y para la planta.

PASO 2

Observación de seres vivos	
Observaciones	Necesidades

PASO 2

PASO 4

Conclusión

1. **Compara** ¿Qué necesita el pez dorado que no necesita la planta de elodea?

2. **Plantea una hipótesis** Si colocas al sol la planta de elodea, verás que libera burbujas pequeñitas de gas. ¿De dónde crees que proviene este gas? ¿Qué hace el pez dorado que podría ser similar?

¡Investiga más!

Investiga ¿Qué animal te gustaría tener como mascota? Busca en la biblioteca libros sobre lo que necesita ese animal para sobrevivir y mantenerse saludable.

VOCABULARIO

ecosistema	pág. B10
energía	pág. B7
medio ambiente	pág. B10
organismo	pág. B8

DESTREZA DE LECTURA

Sacar conclusiones

Completa el diagrama con detalles acerca de un objeto. Concluye si el objeto está vivo o no.

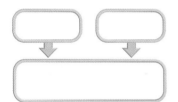

Las necesidades de los seres vivos

IDEA PRINCIPAL Hay seres vivos y hay cosas sin vida. Los seres vivos dependen tanto de otros seres vivos como de las cosas sin vida que están a su alrededor para satisfacer sus necesidades.

Seres vivos y cosas sin vida

Cuando observas la fotografía en esta página, ves muchas cosas. Hay flores, arbustos, luz solar, tierra, un perro y seres humanos. Algunas de estas cosas están vivas y otras no lo están. Un ser viviente es un ser vivo que es capaz de llevar a cabo procesos vitales.

Hay seres vivos y cosas sin vida en esta fotografía. Identifica tantas como puedas de cada clase.

¿Qué son los procesos vitales? Piensa en las cosas que hace tu cuerpo. Por ejemplo, creces y te desarrollas. También reaccionas a las cosas que te rodean. Otro proceso vital de los seres vivos es la capacidad de reproducirse, o de producir descendencia. Todos estos procesos vitales usan energía. La **energía** es la capacidad de causar cambios.

No todo tiene vida. Un cosa sin vida no está viva, por lo tanto no puede llevar a cabo procesos vitales. ¿Qué rasgos buscarías para decidir si algo está vivo o no está vivo? Los cinco rasgos de los seres vivos se describen en la tabla siguiente.

▶ **SACAR CONCLUSIONES** **¿Qué podría sucederle a un ser vivo que no recibe nada de energía?**

Rasgos de los seres vivos

Compuestos por células		Todos los seres vivos están compuestos por partes pequeñitas denominadas células. Algunos seres vivos están compuestos por una sola célula. ¡Los seres humanos están compuestos por varios millones de células!
Reciben y usan energía		Las plantas, como los manzanos, reciben energía del sol. Las manzanas contienen energía alimenticia. Los animales reciben energía de los alimentos y usan esa energía para realizar sus actividades.
Responden al entorno		Cuando una planta se inclina hacia la luz, está respondiendo a su entorno. Todos los seres vivos reaccionan a los cambios en su entorno.
Crecen y se desarrollan		Todos los seres vivos crecen y se desarrollan. Cuando tu altura aumenta, estás creciendo. Cuando tu cuerpo cambia durante tu vida, te estás desarrollando.
Se reproducen		Todos los seres vivos tienen la capacidad de reproducirse. Esto significa que pueden producir descendencia, o crías que se parecen a ellos.

Energía Las hojas capturan la energía de la luz solar. Las plantas usan esta energía para producir alimento.

Las necesidades de los seres vivos

Observas una abeja que vuela justo encima de una flor. Una abeja y una planta no parecen tener mucho en común, pero ambas son organismos. Un **organismo** es cualquier ser vivo. Todos los organismos llevan a cabo los mismos procesos vitales. También tienen necesidades básicas similares. ¿Qué necesitan las plantas, los animales y todos los otros organismos para sobrevivir?

Energía Para moverse, crecer y respirar se requiere energía. Todos los seres vivos necesitan una fuente de energía. Usan el alimento como una fuente de energía, pero consiguen este alimento de diferentes maneras. Las plantas usan la energía proveniente de la luz solar para producir alimento. Los animales no pueden producir alimentos. Reciben energía al comer plantas u otros animales.

Nutrientes Los nutrientes son sustancias que se encuentran en los alimentos y en la tierra y que los seres vivos necesitan para tener energía y crecer.

Aire El aire es una mezcla de gases que los seres vivos necesitan. Uno de los gases del aire es el oxígeno. La mayoría de los seres vivos necesitan oxígeno para sobrevivir. Cuando las plantas producen alimento, liberan oxígeno en el aire. Los animales dependen de este oxígeno para sobrevivir.

Nutrientes Las raíces y los tallos transportan nutrientes y agua desde el suelo a todas las partes de la planta.

Refugio Todos los animales necesitan un lugar donde vivir. El hogar de un animal le da refugio y le brinda protección contra sus enemigos. Algunos animales usan plantas como refugio.

Agua Los seres vivos están compuestos mayormente por agua. De hecho, más de tres cuartos de tu sangre es agua. La mayoría de los seres vivos sólo puede vivir sin agua por poco tiempo.

▶ **SACAR CONCLUSIONES** ¿Podría la mayoría de las plantas vivir en un suelo sin nutrientes? ¿Por qué sí o porque no?

Aire Cuando haces ejercicio, necesitas mucho oxígeno. El oxígeno se usa para descomponer los nutrientes.

Refugio Las cuevas brindan refugio a los murciélagos. Tanto el agua que toman los murciélagos como los insectos que se comen se encuentran en las cuevas o cerca de ellas.

Agua El cuerpo necesita agua para descomponer el alimento, para mover cosas de un lugar a otro y para fabricar células.

Interacciones

Los seres vivos se encuentran en todo tipo de medio ambiente. Un **medio ambiente** es el conjunto de todos los seres vivos y las cosas sin vida que rodean y afectan a un organismo.

Un pantano de mangles de Florida es un tipo de ecosistema. Un **ecosistema** es el conjunto de todos los seres vivos y las cosas no vivientes que existen e interactúan en un lugar. Para sobrevivir, los organismos de un ecosistema dependen unos de otros y de las cosas sin vida que comparten su ecosistema.

▶ **SACAR CONCLUSIONES** ¿Qué pasaría si en un ecosistema murieran todos los organismos de un mismo tipo?

Las garzas construyen nidos en las ramas frondosas.

Los mangles usan la luz solar para producir alimento.

Las raíces de los mangles evitan que el suelo sea arrastrado por el agua.

Los pelícanos dependen de los peces para alimentarse.

El pargo rojo y otros peces viven en el agua.

Las ostras y los cangrejos usan las raíces de los mangles como refugio.

Resumen visual

Los seres vivos están compuestos por células, reciben y usan energía, reaccionan, crecen y se desarrollan, y producen descendencia.

Los seres vivos necesitan energía, nutrientes, aire, agua y refugio.

En un ecosistema, los organismos interactúan con otros organismos y con las partes sin vida de su medio ambiente

ENLACES entre el hogar y la escuela

ARTE Diseña un mural Diseña un mural que muestre un ecosistema cercano a tu escuela. Incluye seres vivos y cosas sin vida. Intenta mostrar de qué manera interactúan los seres vivos y las cosas sin vida.

LITERATURA Escribe en tu diario Imagina que eres un explorador del espacio y que tu nave ha aterrizado en un planeta lejano. ¿Qué formas de vidas extrañas ves? ¿Cómo sabes si están vivas? Escribe en tu diario una descripción de los procesos vitales y del medio ambiente de una forma de vida.

Repaso

1 IDEA PRINCIPAL ¿Cuáles son los cincos rasgos de los seres vivos?

2 VOCABULARIO Escribe una oración usando el término *medio ambiente*.

3 DESTREZA DE LECTURA: Saca conclusiones Recibes un regalo que crece bajo el sol y que no necesita que le den alimento. ¿Concluirías que este regalo es una planta o un animal? Explica tu respuesta.

4 RAZONAMIENTO CRÍTICO: Aplica Da un ejemplo de cómo una cosa sin vida podría afectar a los seres vivos en un ecosistema del desierto.

5 DESTREZA DE INVESTIGACIÓN: Colabora Nombra una necesidad básica de los seres vivos. Explica a un compañero de clase cómo esa necesidad básica puede satisfacerse en el caso de un ratón.

PREPARACIÓN PARA EXÁMENES

Las plantas sí, pero los animales NO _____.

A. producen descendencia

B. necesitan agua

C. usan la luz solar para producir alimento

D. crecen y desarrollan

¿Cómo compiten los seres vivos?

Por qué es importante...

"¡Es mío!". "¡No, es mío!". Si los pájaros y las ardillas pudieran hablarse unos a otros, a lo mejor se dirían eso. Cuando en un medio ambiente el alimento es limitado, los animales deben competir. Un animal que pierde una competencia podría perder una comida o un lugar donde vivir.

PREPÁRATE PARA INVESTIGAR

Destreza de investigación

Usar variables Una variable es la condición que se está comprobando en un experimento. Todas las condiciones en un experimento deben mantenerse iguales, excepto la variable.

Materiales

- 4 platos desechables
- 4 hojas de papel
- pretzels (1 por estudiante)

Recursos de ciencias y matemáticas

Para realizar el paso 5, repasa la sección **Hacer una gráfica de barras** en la página H3.

Competencia

Procedimiento

PASO 2

1. **Usa variables** Tu maestro establecerá cuatro modelos de ecosistemas. Cada ecosistema está representado por un plato cubierto con una hoja de papel. Algunos platos contienen muchos pretzels, otros contienen pocos pretzels y algunos no contienen ningún pretzel.

2. **Usa modelos** Párate en el centro del salón. Cuando tu maestro diga "Adelante", escoge un ecosistema y camina hacia él. **Seguridad:** No corras ni empujes a los demás.

PASO 3

3. Mira debajo del papel. Si hay un pretzel, toma el pretzel y quédate al lado del ecosistema. Si no hay ningún pretzel, vete a otro ecosistema.

4. Repite el paso 3 hasta que encuentres un pretzel.

PASO 5

Ecosistemas visitados antes de encontrar alimento

Cantidad de estudiantes — Cantidad de ecosistemas

5. **Comunica** Cuando todos los estudiantes hayan encontrado un pretzel, haz una gráfica de barras como la que se muestra aquí. La gráfica debe mostrar cuántos ecosistemas visitó cada estudiante antes de encontrar alimento.

Conclusión

1. **Analiza los datos** ¿Cuántos ecosistemas visitaron la mayoría de las personas antes de encontrar alimento? ¿Por qué?

2. **Predice** ¿De qué manera un organismo podría verse afectado si el alimento de su ecosistema fuera ingerido por otros organismos?

¡Investiga más!

Resuelve un problema
Saca varios pretzels, después repite la actividad. Piensa en maneras en que cada estudiante podría seguir encontrando alimento. Comparte tus ideas con tus compañeros.

VOCABULARIO

comunidad	pág. B15
población	pág. B14
recurso	pág. B15

DESTREZA DE LECTURA

Idea principal y detalles
A medida que lees, anota detalles que describan las maneras en que los organismos compiten.

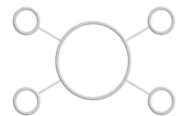

Los seres vivos compiten

IDEA PRINCIPAL Los organismos compiten por los recursos cuando viven en el mismo ecosistema y tienen necesidades similares.

La competencia por el alimento y el agua

Observa a tu alrededor. Tú, tus compañeros de clase, tus maestros, tu familia y todas las personas que viven en tu vecindario forman una población de seres humanos. Una **población** está compuesta por todos los organismos de la misma clase que viven juntos en un ecosistema. Todas las hormigas que viven en un bosque conforman la población de hormigas de ese ecosistema forestal. Cada roble de un bosque es un miembro de la población de robles de ese ecosistema.

serpiente

coyote

huevos de urogallo

zorrillo

En un ecosistema de pradera, los coyotes, las serpientes y los zorrillos compiten por los huevos del urogallo.

Todas las poblaciones de un ecosistema conforman una comunidad. Una **comunidad** es un grupo de plantas y animales que viven en la misma área e interactúan entre ellos. Las hormigas, los robles, los pájaros pechicolorados y los otros seres vivos de un ecosistema forestal son parte de la misma comunidad.

Un ecosistema de pantano es el hogar de poblaciones animales como peces, ranas e insectos. Las plantas como los nenúfares y poblaciones de algas también viven allí. Los seres vivos en la naturaleza deben contar con suficientes recursos para poder sobrevivir. Un **recurso** es un material que se encuentra en la naturaleza y que es útil para los organismos. El alimento, el agua, el refugio y el aire son recursos. Si no hay suficiente cantidad de un recurso para todos los organismos que lo necesitan, éstos organismos deben competir por ese recurso.

En una comunidad de pantano, los nenúfares y las algas compiten por los nutrientes que hay en el agua. Los miembros de la misma población también pueden competir por un recurso. Si no hay suficientes recursos para satisfacer las necesidades de todos los organismos, algunos de estos organismos morirán. Por ejemplo, si hay demasiadas ranas, algunas no atraparán suficientes insectos y no sobrevivirán.

sobre la superficie

bajo la superficie

▲ **Comunidad de pantano**
La competencia en una comunidad evita que las poblaciones se vuelvan demasiado grandes.

▶ **IDEA PRINCIPAL** ¿Cuáles son tres recursos por los cuales compiten los seres vivos?

La competencia por el espacio

Además de alimento y agua, los organismos necesitan espacio vital. Muchas aves necesitan las ramas de los árboles y los agujeros en los troncos de los árboles para construir nidos. Los árboles necesitan espacio bajo la tierra para que sus raíces se extiendan. Necesitan espacio sobre la tierra para que sus ramas frondosas capturen la energía proveniente de la luz solar.

Los lobos viven en grupos de familias llamados manadas. A veces no hay suficiente espacio para que todas las manadas de lobos en un área vivan y críen a su descendencia. Algunas de las manadas quizás abandonen el área buscando más espacio.

Los leones marinos viven en las rocas a la orilla del océano. Si una población de leones marinos en un área rocosa se vuelve demasiado grande, los animales pelearán por el espacio. Algunos leones marinos se hieren o matan como consecuencia de esas peleas.

▲ Las manadas de lobos pueden trasladarse a áreas nuevas buscando más espacio.

Los leones marinos compiten por el espacio. ▼

Los alces son animales grandes. Necesitan áreas grandes donde puedan andar en búsqueda de alimento, agua y refugio. A veces los seres humanos construyen casas en las áreas donde viven los alces. Los alces ya no tienen suficiente espacio para satisfacer sus necesidades. Cuando las poblaciones de alces crecen, los alces van a las áreas donde viven los seres humanos. Esto puede ser peligroso tanto para los alces como para los seres humanos.

Las personas también necesitan espacio. En algunas ciudades grandes donde hay demasiada gente, las personas pueden competir por el espacio. La competencia por el espacio podría tener lugar en una calle concurrida o en un autobús lleno de gente.

▶ **IDEA PRINCIPAL** **¿Qué puede suceder si una población se vuelve demasiado numerosa?**

▲ En una ciudad donde hay demasiada gente, las personas compiten por el espacio.

Los alces andan frecuentemente por áreas donde viven los seres humanos. ▼

Los recursos y el tamaño de las poblaciones

Los recursos disponibles en un área afectan el tamaño de las poblaciones que dependen de esos recursos. Hace cien años, los caballos salvajes andaban por el desierto del sur de Nevada. Comían pastos y arbustos pequeños que crecían allí. Los pumas y otros animales mataban a algunos caballos. Esto evitó que la población de caballos se volviera demasiado grande.

Cuando los seres humanos se mudaron al área, cazaron y mataron muchos pumas. Con menos enemigos, la población de caballos salvajes creció. Más caballos comieron más pastos y arbustos. Al ir desapareciendo los recursos vegetales, los caballos comenzaron a morirse de hambre. Al disminuir la cantidad de caballos, la población de plantas volvió a crecer.

Hoy en día, el número de caballos salvajes no cambia mucho. Cuando el número de caballos salvajes se vuelve demasiado grande para la cantidad de recursos vegetales, el gobierno de los Estados Unidos captura algunos caballos y busca nuevos hogares para ellos.

▶ IDEA PRINCIPAL ¿Qué causó que la población de caballos salvajes disminuyera?

El tamaño de una población de caballos salvajes está limitado por la cantidad de recursos alimenticios que están disponibles. ▼

Resumen visual

Todas las poblaciones que viven en un área e interactúan forman una comunidad.

Los organismos en una región compiten por recursos como alimentos, agua, aire y espacio.

El tamaño de una población depende de los recursos disponibles en un área.

ENLACES entre el hogar y la escuela

MATEMÁTICAS Halla el producto

Estás observando una rana en un ecosistema de pantano. Ves que la rana come 18 grillos por semana. Si hubiera 8 ranas en el pantano y cada una comiera la misma cantidad de grillos que la primera rana, ¿cuántos grillos comerían en total en una semana? ¿Qué problema resolviste para encontrar la respuesta?

ESTUDIOS SOCIALES Escribe una entrevista

Los seres humanos y los animales con frecuencia compiten por el espacio vital y los recursos. Investiga sobre la competencia entre los elefantes y los agricultores en África. Escribe una entrevista con un agricultor. Después escribe una entrevista con un elefante para mostrar el otro lado de la historia.

Repaso

1 IDEA PRINCIPAL ¿Cuándo compiten los organismos por los recursos?

2 VOCABULARIO ¿En qué se diferencia una población de una comunidad?

3 DESTREZA DE LECTURA: Idea principal y detalles Explica de qué manera las ranas compiten por los recursos en un pantano.

4 RAZONAMIENTO CRÍTICO: Aplica ¿Cómo cambiaría una comunidad de conejos, pasto y coyotes si la mayor parte del pasto muriera?

5 DESTREZA DE INVESTIGACIÓN: Usa variables Se diseñó un experimento para averiguar de qué manera la cantidad de alimento en una pecera afecta el tamaño de los peces. ¿Cuál es la variable?

✓ PREPARACIÓN PARA EXÁMENES

Si un pájaro pechicolorado y un arrendajo azul tratan de construir sus nidos en la misma rama, las aves están compitiendo por el _____.

A. alimento

B. espacio

C. agua

D. aire

¿Cómo ayuda la adaptación a los seres vivos?

Por qué es importante...

Supón que eres un insecto que vive sobre hojas verdes. ¿Cuál sería una buena manera de esconderte de las aves que quieren convertirte en su cena? Las cigarras se ven iguales a las hojas sobre las que viven. Todos los seres vivos tienen partes corporales o maneras especiales de actuar que los ayudan a sobrevivir.

PREPÁRATE PARA INVESTIGAR

Destreza de investigación

Inferir Cuando infieres, usas hechos que conoces y observaciones que has realizado para sacar una conclusión.

Materiales

- alimentos: trozos de cereal de trigo, migas de cereal de trigo ablandadas en agua, semillas de girasol, uvas
- botella con agua
- herramientas: pinzas, palillos chinos, gotero, cuchara y tenedor para servir ensaladas, alicate, colador de mano o cucharón con agujeros
- lentes protectores

Recursos de ciencias y matemáticas

Para realizar el paso 1, repasa la sección **Hacer una tabla para organizar datos** en la página H10.

El mejor pico de ave

Procedimiento

PASO 1

Material	Mejor herramienta
migas de trigo ablandadas	
trozos de trigo	
semillas de girasol	
uvas	
agua	

1. **Registra los datos** Haz una tabla como la que se muestra aquí en tu *Cuaderno de ciencias*. **Seguridad:** Usa lentes protectores durante esta actividad. No comas ninguno de los alimentos.

2. **Experimenta** Usa cada herramienta para recoger las migas de trigo ablandadas. Cada herramienta representa un tipo de pico de ave. ¿Qué herramienta funciona mejor? Escribe el nombre de esa herramienta al lado de "migas de trigo ablandadas" en la tabla.

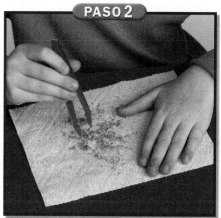

PASO 2

3. Repite el paso 2 para cada uno de los demás materiales. Anota los resultados en la tabla.

4. La botella de agua representa una flor con forma de trompeta que contiene un líquido dulce llamado néctar. Repite el paso 2 para averiguar qué herramienta funciona mejor para sacar el agua de la botella.

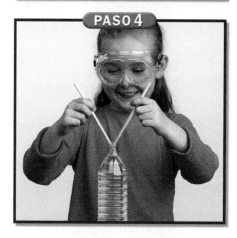

PASO 4

5. **Comunica** Comparte tus resultados con tus compañeros de clase. Después decide qué herramienta crees que es la mejor para manipular cada material.

Conclusión

1. **Usa modelos** ¿Qué herramienta sería mejor para obtener el néctar de una flor?

2. **Infiere** A partir de tus resultados, haz una inferencia acerca de cómo la forma del pico de un ave está relacionada con lo que come.

¡Investiga más!

Investiga Busca en libros, en revistas y en Internet ilustraciones de picos de aves que funcionen como las herramientas de la actividad. Trata de encontrar un pico para cada herramienta. ¿De qué manera cada pico ayuda al ave a alimentarse?

VOCABULARIO

adaptación pág. B22
comportamiento pág. B22

DESTREZA DE LECTURA

Problema y solución Usa la tabla para identificar un medio ambiente extremo. Da un ejemplo de un organismo que tenga estructuras corporales que le permitan sobrevivir en ese medio ambiente.

Problema	Solución

Las adaptaciones ayudan a los seres vivos

IDEA PRINCIPAL Las partes del cuerpo y los comportamientos son adaptaciones que ayudan a un organismo a sobrevivir.

Conseguir alimento

¿Alguna vez deseaste ser invisible para poder tomar una merienda sin ser visto? Muchos animales tienen adaptaciones que les permiten volverse casi invisibles. Pueden acercarse cuidadosamente a los alimentos o esconderse de sus enemigos. Una **adaptación** es un comportamiento o una parte del cuerpo que ayuda a un ser vivo a sobrevivir en su medio ambiente. Un **comportamiento** es la forma típica en que un animal actúa en una cierta situación.

La capacidad de un gato de acercarse cuidadosamente a un ratón es un comportamiento de adaptación. ▼

▲ Algunas arañas tiene partes del cuerpo que usan para tejer telarañas que atrapan insectos.

Muchos tipos de comportamientos animales son adaptaciones. Una abeja que baila para decirles a las otras abejas dónde puede encontrarse el alimento es un adaptación que ayuda a esa población de abejas a sobrevivir.

Las adaptaciones para conseguir alimentos ayudan a un organismo a sobrevivir. Ciertas adaptaciones permiten que un organismo obtenga alimentos que otros no pueden conseguir. Un colibrí tiene un pico delgado y largo que puede alcanzar el néctar que se encuentra dentro de una flor. Los brazos de las estrellas de mar tienen ventosas que usan para jalar y abrir las almejas.

Las plantas también tienen partes adaptadas. Algunas plantas de los bosques tropicales tienen tallos largos que les permiten llegar a las cimas de los árboles. Aunque sus raíces estén en la tierra, sus hojas están bien arriba donde la luz solar puede brillar sobre ellas.

▲ Las venus atrapamoscas viven donde el suelo tiene pocos nutrientes. Consiguen nutrientes atrapando insectos.

▶ **PROBLEMA Y SOLUCIÓN** **¿Qué dos tipos de adaptaciones ayudan a un ser vivo a sobrevivir?**

La jirafa con su largo cuello puede comerse las hojas de los árboles que están fuera del alcance de otros animales. ▶

La supervivencia en condiciones adversas

Las condiciones de vida en un ecosistema alpino, de alta montaña, son severas. Las temperaturas son bajas y nieva con frecuencia. La tierra es empinada y rocosa. Los organismos que viven allí tienen adaptaciones que los ayudan a sobrevivir.

La temporada de crecimiento es corta. El hecho de que las plantas broten, crezcan y produzcan semillas rápidamente es una adaptación. Muchas plantas son pequeñas. Las plantas pequeñas pierden poca agua cuando hace viento.

Los animales también tienen adaptaciones que los ayudan a sobrevivir en el frío. El pelaje espeso y las capas de grasa mantienen calientes a algunos animales, como las marmotas y las ovejas. Algunos animales duermen durante los períodos muy fríos.

Algunas plantas y animales tienen adaptaciones que son levemente mejores que las de los demás. Estos organismos tienen más probabilidades de sobrevivir que otros de su misma clase.

▶ **PROBLEMA Y SOLUCIÓN** Describe una adaptación que ayuda a un animal a sobrevivir en temperaturas frías.

Las hojas con forma de aguja de algunos árboles ayudan a evitar la pérdida de agua.

Las perdices blancas tienen plumas blancas en invierno que las ayudan a confundirse con la nieve. En verano, sus plumas son marrones, lo cual las ayuda a esconderse sobre el suelo rocoso.

perdices blancas

Autodefensa

La mayoría de los organismos tiene adaptaciones para la autodefensa. Éstas son estructuras o comportamientos que ayudan a un organismo a evitar que sus enemigos se lo coman. Por ejemplo, cuando un enemigo se acerca, muchos animales se irán corriendo o se esconderán. Algunas plantas tienen espinas que evitan que los animales se las coman. Algunas plantas e insectos contienen sustancias químicas de mal sabor. El sabor desagradable los convierte en una mala elección de alimento.

Algunos organismos tienen marcas, como manchas o franjas, que hacen que sea difícil verlos en su medio ambiente. Y otras plantas y animales se parecen a otros organismos que son venenosos. Estos organismos inofensivos engañan a sus enemigos haciéndoles creer que son venenosos y así no los molestan.

▶ PROBLEMA Y SOLUCIÓN **¿De qué manera una adaptación de autodefensa ayuda a un organismo a sobrevivir?**

▲ Un cactus de barril está recubierto con espinas largas y afiladas, que mantienen lejos a los animales.

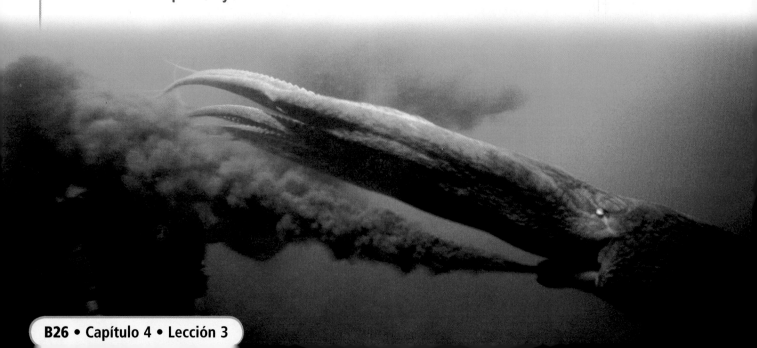

Un pulpo puede cambiar su color o liberar una nube de tinta que lo ayuda a esconderse. ▼

Resumen visual

Las adaptaciones ayudan a los organismos a:
- conseguir alimento
- sobrevivir en condiciones adversas
- defenderse de sus enemigos

Las estructuras corporales ayudan a los organismos a:
- sobrevivir
- crecer
- reproducirse

Los comportamientos ayudan a los organismos a:
- sobrevivir
- crecer
- reproducirse

ENLACES entre el hogar y la escuela

MATEMÁTICAS Convierte medidas

Ernie es un elefante macho asiático de 37 años que pesa 9,800 libras. Ernie mide 9 pies de altura y bebe 30 galones de agua por día. Hay 4 cuartos en un galón. ¿Cuántos cuartos de agua bebe Ernie por día? ¿Necesitaste usar todos los números dados en este problema?

TECNOLOGÍA Escribe un párrafo

En la naturaleza, las adaptaciones pueden tomar millones de años en desarrollarse. Pero es posible que los científicos algún día descubran una manera de adaptar un organismo en un tiempo muy corto. Escoge un organismo. ¿De qué manera ese organismo estaría mejor adaptado para lo que hace todos los días? Escribe un párrafo donde describas la adaptación y la forma cómo ella ayudaría a ese organismo.

Repaso

1 IDEA PRINCIPAL ¿Por qué las adaptaciones son importantes?

2 VOCABULARIO Usa el término comportamiento en una oración sobre las adaptaciones de los animales.

3 DESTREZA DE LECTURA: Problema y solución ¿De qué manera una planta podría adaptarse para vivir en un desierto?

4 RAZONAMIENTO CRÍTICO: Aplica Describe una adaptación que un organismo podría tener si viviera en el hielo y comiera animales que viven bajo el hielo.

5 DESTREZA DE INVESTIGACIÓN: Infiere ¿Qué puedes inferir sobre el medio ambiente de un animal si el animal tiene estructuras corporales que pueden almacenar grandes cantidades de agua?

✔ PREPARACIÓN PARA EXÁMENES

¿Cuál NO es un ejemplo de autodefensa?

A. Un pulpo lanza una nube de tinta.

B. Una abeja inyecta veneno con un aguijón.

C. Una mariposa inofensiva se ve como una mariposa venenosa.

D. Una estrella de mar usa sus ventosas para abrir una almeja.

El mundo de los wump es un cuento sobre criaturas de ficción que deben adaptarse a un medio ambiente que cambia. Los wump se ven obligados a vivir bajo tierra cuando se contamina su planeta. Lee un fragmento de *El mundo de los wump* a continuación. En *Venado, alce, ante y caribú,* lee acerca de las maneras en que los animales del mundo real se adaptan a los cambios en su medio ambiente.

EL MUNDO DE LOS WUMP
por Bill Peet

... los pobres wump permanecieron bajo tierra andando sin rumbo fijo por las cavernas, alimentándose tanto del rizado musgo verde que crecía sobre las salientes, como de los racimos de champiñones que había en las grietas. Bebían a sorbos el agua dulce de los estanques alimentados por manantiales subterráneos. Pero estaban muy tristes ya que creían que tendrían que pasar el resto de sus días allí abajo.

Venado, alce, ante y caribú
por Deborah Hodge

Para sobrevivir, la familia de los venados necesita áreas boscosas y silvestres. Cuando las personas despejan la tierra para construir casas y carreteras, las áreas silvestres se vuelven más pequeñas. La cantidad de pumas y de lobos también disminuye drásticamente. Con menos enemigos, demasiados venados terminan viviendo en una misma área. El alimento se vuelve escaso y algunos venados mueren. Otros se comen los cultivos de los granjeros para sobrevivir.

Compartir ideas

1. **REPASO DE LA LECTURA** ¿De qué manera los wump se adaptaron cuando su medio ambiente se contaminó?

2. **ESCRÍBELO** ¿Crees que los venados son capaces de adaptarse? Da razones para tu respuesta. Si crees que los venados son capaces de adaptarse, compara la manera en que se adaptaron los wump con la manera en que se adaptan los venados.

3. **COMÉNTALO** Relata un cuento sobre un grupo de personajes de ficción que deben adaptarse a un medio ambiente cambiante.

¿Qué ocurre cuando cambian los hábitats?

Por qué es importante...

A lo mejor has visto titulares de periódico sobre algún buque petrolero que ha derramado petróleo en el agua por accidente. El petróleo cubre el pelaje y las plumas de los animales acuáticos. Un animal no puede mantenerse caliente si tiene petróleo sobre su cuerpo. Las aves cubiertas de petróleo no pueden flotar ni volar y corren el riesgo de ahogarse. Los organismos se ven afectados de diversas maneras cuando su medio ambiente cambia.

PREPÁRATE PARA INVESTIGAR

Destreza de investigación

Usar modelos Puedes usar un modelo de un objeto, proceso o idea para comprenderlo mejor o describir cómo funciona.

Materiales

- pluma grande
- aceite para bebé
- balanza
- agua
- gotero
- guantes desechables
- molde de aluminio

Recursos de ciencias y matemáticas

Para realizar el paso 3, repasa la sección **Usar una balanza** en la página H9.

Colapso de plumas

Procedimiento

1. **Comunica** Trabaja con un compañero. En tu *Cuaderno de ciencias,* haz una tabla de dos columnas con los encabezados *Seca* y *Aceitosa.*

2. **Observa** Examina una pluma seca. Alísala con tus dedos. Agítala en el aire. Anota tus observaciones.

3. **Mide** Usa una balanza para hallar la masa de la pluma. Anota la masa.

4. **Experimenta** Alisa la pluma. Usando un gotero, rocía varias gotas de agua sobre la pluma. Anota tus observaciones.

5. Ponte guantes desechables. Echa aceite para bebé en un molde de aluminio. Sumerge la pluma en el aceite. Esparce el aceite sobre toda la pluma.

6. Repite los pasos 2, 3 y 4 con la pluma aceitosa.

Conclusión

1. **Usa modelos** ¿Qué características de la pluma seca podrían ayudar a un ave a sobrevivir?

2. **Plantea una hipótesis** ¿Cómo afectó el aceite a la pluma? ¿Cómo podría afectar un derrame de petróleo a la población de aves de un ecosistema?

PASO 4

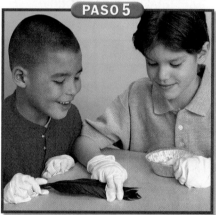

PASO 5

PASO 6

¡Investiga más!

Diseña un experimento
Haz un plan para averiguar cómo sacar el aceite de las plumas de un ave. Escoge tus materiales y pídele permiso a tu maestro para llevar a cabo tu plan. Comparte tus resultados.

VOCABULARIO

| contaminación | pág. B34 |
| hábitat | pág. B32 |

DESTREZA DE LECTURA

Causa y efecto Usa el diagrama para mostrar tres cambios en un hábitat forestal causados por un incendio forestal.

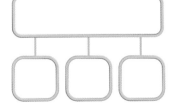

Los incendios forestales destruyen los hábitats, pero también crean condiciones que permiten que allí vivan plantas y animales nuevos. ▶

Los hábitats cambian

IDEA PRINCIPAL Los cambios en un medio ambiente pueden tener efectos buenos y malos sobre los organismos que viven allí.

Fuego y agua

¿De qué manera un incendio cambia un bosque? Se destruyen las plantas pequeñas que algunos animales comen. Los arbustos espesos que brindan refugio pueden desaparecer.

Pero un cambio que es perjudicial para algunos organismos puede ser bueno para otros. Un incendio puede crear hábitats nuevos. Un **hábitat** es el lugar donde viven los organismos.

Después de una inundación, las personas y los animales podrían perder sus hogares. Las plantas mueren cuando el agua lodosa las cubre y bloquea la luz solar. Pero cuando el agua se seca, deja atrás un suelo enriquecido en nutrientes. Nuevas plantas pueden crecer donde no habrían crecido antes de la inundación.

Plantas y animales

Los seres vivos cambian un medio ambiente de muchas formas. Cuando los castores construyen un dique a través de un arroyo, el agua se acumula detrás del dique. Se puede formar un estanque. Las plantas o los animales que vivían en la tierra que antes estaba seca, pueden morirse o tienen que buscar nuevos hogares. Sin embargo, plantas y animales nuevos pueden hacer del estanque su propio hábitat.

La kudzú es una enredadera de crecimiento rápido. Fue traída a los Estados Unidos desde Japón. Rápidamente cambió el medio ambiente en el que crece. Las enredaderas de kudzú crecen tan velozmente que pueden cubrir casas y árboles en poco tiempo. Los árboles mueren porque no pueden obtener suficiente luz solar.

> **CAUSA Y EFECTO** ¿De qué manera un incendio forestal es perjudicial para los organismos que viven en un bosque?

Los castores talan árboles para construir diques. Las áreas donde antes crecían árboles ahora obtienen más luz solar. ▼

B33

La contaminación

Algunas actividades humanas pueden dañar el medio ambiente y algunas lo benefician. Las personas siempre están construyendo. Construyen casas, carreteras, granjas y ciudades. En el proceso, pueden destruir los hábitats de plantas y animales.

Las actividades humanas pueden producir contaminación. La **contaminación** es cualquier material dañino en el medio ambiente. Por ejemplo, los productos químicos que se echan en los ríos pueden hacer que los peces se mueran. El humo puede contaminar el aire, perjudicando a los organismos que lo respiran. Los basureros contaminan la tierra cuando los materiales dañinos que hay en ellos se filtran dentro del agua o el suelo.

Sin embargo, todo no es una mala noticia para la naturaleza. Los seres humanos también pueden ayudar al medio ambiente. Las personas han aprobado leyes para proteger los recursos naturales. Las leyes que limitan la caza y la pesca pueden ayudar a proteger a las poblaciones de vida silvestre. Los hábitats silvestres también están protegidos por leyes. En algunos lugares, la tierra ha sido conservada para hacer parques y reservas naturales. Y los agricultores plantan cultivos de tal manera que mantienen el suelo saludable.

▶ CAUSA Y EFECTO ¿Qué actividades humanas dan por resultado un medio ambiente mejor?

La contaminación puede destruir los hábitats naturales. ▶

Resumen visual

Los incendios y las inundaciones destruyen los hábitats naturales, pero también crean nuevos hábitats.

Las plantas y los animales pueden causar tanto cambios positivos como cambios negativos en su medio ambiente.

Los seres humanos generan contaminación, pero también trabajan para proteger el medio ambiente.

ENLACES entre el hogar y la escuela

MATEMÁTICAS Interpreta datos

Alrededor del año 1800 en Inglaterra, había aproximadamente 2 polillas de color oscuro por cada 98 polillas de color claro. Hacia el 1900, había aproximadamente 95 polillas de color oscuro por cada 5 polillas de color claro. Piensa cuántas polillas de color oscuro y cuántas de color claro aproximadamente habrá habido en 1825, en 1850 y en 1875. Haz una gráfica para mostrar tus respuestas.

ESCRITURA Explicativa

Busca un ejemplo de contaminación en tu área. Averigua las maneras en que podría afectar a las plantas, los animales y las personas del lugar donde vives. Explica los pasos que seguirías para limpiar o impedir la contaminación. Usa tus ideas para escribir una carta a tu periódico local.

Repaso

❶ IDEA PRINCIPAL ¿De qué manera un cambio en el medio ambiente podría afectar a un organismo que vive en ese medio ambiente?

❷ VOCABULARIO Define la palabra *hábitat*.

❸ DESTREZA DE LECTURA: Causa y efecto ¿De qué manera un dique de castor puede hacer que se forme un estanque?

❹ RAZONAMIENTO CRÍTICO: Evalúa Un incendio forestal puede beneficiar a los seres vivos. Da pruebas que fundamenten esta afirmación.

❺ DESTREZA DE INVESTIGACIÓN: Usa modelos Describe un modelo que muestre cómo las enredaderas densas que cubren un árbol pueden dañarlo.

✔ PREPARACIÓN PARA EXÁMENES

Un ejemplo de contaminación del aire es _____.

A. el humo causado por la combustión de varias llantas viejas

B. echar sustancias químicas en un río

C. hacer un basurero

D. destruir un hábitat al construir una carretera

Una súper lengua

¡¿Qué es eso?! Parece una mezcla entre un ave, un zorrillo y un reptil. ¡Conoces el oso hormiguero gigante de América del Sur y de América Central!

Con siete pies de largo y 80 libras, el oso hormiguero gigante es el oso hormiguero más grande del mundo. Puede parecer raro, pero cuando llegas a conocer a esta criatura, te das cuenta de que sus inusuales partes del cuerpo tienen una lógica perfecta.

La lengua del oso hormiguero mide dos pies de largo y está cubierta de espinas pequeñitas y saliva pegajosa que lo ayudan a atrapar hormigas.

¡Un oso hormiguero gigante puede comer aproximadamente 30,000 hormigas en un día!

Cola Los osos hormigueros usan su cola larga, con forma de abanico, para cubrir su cabeza y su cuerpo cuando descansan.

Patas Las garras inmensas ayudan al oso hormiguero a desenterrar las hormigas y las termitas que adora comer. También usa sus garras para derrotar a sus enemigos.

Hocico Su hocico es largo, pero su boca es muy pequeña.

Vocabulario

Completa cada oración con un término de la lista.

1. Todos los seres vivos y las cosas sin vida que existen e interactúan en un lugar forman un(a) _____.

2. Un ser vivo también se denomina _____.

3. La capacidad para ocasionar cambios es _____.

4. Un comportamiento que ayuda a un ser vivo a sobrevivir es un(a) _____.

5. Todos los seres vivos de la misma clase que viven en un ecosistema son un(a) _____.

6. Un material que se encuentra en la naturaleza, que es útil para los seres vivos y que puede ayudarlos a satisfacer sus necesidades es un(a) _____.

7. La forma en que un animal actúa en una situación se denomina _____.

8. Las sustancias químicas dañinas en una reserva de agua son un tipo de _____.

9. El lugar donde vive una planta o un animal es su _____.

10. Las plantas y los animales que viven en la misma área y que interactúan entre sí son miembros de un(a) _____.

adaptación B22
comportamiento B22
comunidad B15
contaminación B34
ecosistema B10
energía B7
hábitat B32
medio ambiente B9
organismo B8
población B14
recurso B15

Preparación para exámenes

Escribe la letra de la respuesta correcta.

11. ¿Cuál de las siguientes opciones NO es una necesidad de todos los seres vivos?

  A. agua
  B. energía
  C. nutrientes
  D. dióxido de carbono

12. Los leones marinos sobre la misma roca, ¿por qué recurso compiten?

  A. espacio   C. agua
  B. energía   D. algas

13. Un ejemplo de un comportamiento es _____.

  A. el cuello largo de una jirafa
  B. una araña que teje una telaraña
  C. el pelaje espeso de un oso polar
  D. las espinas de un cactus

14. El medio ambiente de una ballena azul es un _____.

  A. océano   C. bosque
  B. desierto   D. pantano

15. **Infiere** Supón que una población de ratones y una población de búhos viven en un prado cubierto de pastos. Los búhos comen ratones. Aproximadamente la mitad de los ratones tiene pelaje blanco y la otra mitad tiene pelaje marrón. Hacia el final del verano, sólo quedan ratones marrones. ¿Qué puedes inferir sobre el color general del pasto del prado? Explica de qué manera esto podría afectar cuál ratón sobrevive y cuál no, según el color del pelaje.

16. **Usa variables** En un paquete de semillas de frijol dice que hay que sembrar las semillas a 5 cm de distancia una de otra. Siembras dos grupos de semillas. En un grupo siembras las semillas a 5 cm de distancia. En el otro grupo siembras las semillas a 2 cm de distancia. ¿Cómo crees que la variable del espacio afectará a cada grupo? Explica tu respuesta.

Organiza los conceptos

Escribe los términos para completar el mapa conceptual. Organiza los términos según su relación de tamaño en el medio ambiente. Las unidades más pequeñas deben ir en el óvalo más pequeño, las unidades que les siguen en tamaño deben ir en el próximo óvalo más grande y así sucesivamente.

población	organismo
ecosistema	comunidad

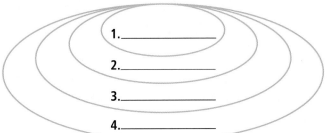

1. _____
2. _____
3. _____
4. _____

17. **Aplica** Dos poblaciones de aves viven en el mismo hábitat. Ambos tipos de aves comen insectos. Explica cómo es posible que las dos poblaciones no compitan por el alimento.

18. **Sintetiza** Los conos de algunos tipos de pinos liberan sus semillas sólo después de que se han calentado hasta alcanzar altas temperaturas. Explica cómo esta adaptación mejora las probabilidades de que el pino produzca pinos nuevos después de un incendio forestal.

19. **Evalúa** ¿Reservar tierra para parques es una buena manera de ayudar al medio ambiente? Explica tu respuesta.

20. **Analiza** Imagina que te dan una planta artificial y una planta verdadera que se parecen mucho. ¿Cómo puedes determinar qué planta es verdadera? Comenta al menos tres rasgos de los seres vivos en tu respuesta.

Evaluación del rendimiento

Cartel publicitario

Haz un cartel que explique a los demás estudiantes por qué es importante conservar los recursos del agua y de la tierra. ¿Cómo indicarás a tus compañeros de clase cómo ahorrar recursos? Exhibe tu cartel en la escuela.

Capítulo 5

Cadenas alimenticias

LECCIÓN 1

Desde las aves en el aire hasta las plantas en la tierra, ¿cómo obtienen energía los seres vivos?

Lo aprenderás en la Lección 1.

LECCIÓN 2

Una rana, un insecto, una hoja, el sol, ¿cómo se relacionan?

Lo aprenderás en la Lección 2.

LECCIÓN 3

Estrellas de mar, caracoles, medusas, ¿cómo dependen estas criaturas unas de otras?

Lo aprenderás en la Lección 3.

¿Cómo obtienen energía los seres vivos?

Por qué es importante...

Un colibrí vuela sobre una flor y chupa el néctar. Sus alas se mueven tan rápido que producen un zumbido. El colibrí necesita mucha energía para mover sus alas tan velozmente. Los colibríes, al igual que todos los seres vivos, necesitan energía para sobrevivir.

PREPÁRATE PARA INVESTIGAR

Destreza de investigación

Comparar Cuando comparas dos cosas, observas en qué se parecen y en qué se diferencian.

Materiales

- 2 vasos de plástico que contengan tierra y brotes de pasto
- marcador
- regla métrica
- papel de aluminio
- envoltura de plástico
- cuchara de plástico
- agua

Recursos de ciencias y matemáticas

Para realizar el paso 2, repasa la sección **Usar una cinta métrica o una regla** en la página H6.

Absorbe el Sol

Procedimiento

1. **Colabora** Trabaja con un compañero. Usa un marcador y rotula uno de los vasos con brotes de pasto *Luz.* Rotula el otro vaso *Oscuridad.* Dibuja una tabla como la que se muestra aquí en tu *Cuaderno de ciencias.*

2. **Mide** Mide la altura del pasto en cada vaso. Anota las medidas en la tabla.

3. Cuenta las cucharadas de agua que agregas a uno de los vasos hasta que la tierra esté mojada. Agrega la misma cantidad de agua al otro vaso.

4. **Usa variables** Usa papel de aluminio y envuelve el vaso *Oscuridad.* Usa una envoltura de plástico y envuelve el vaso *Luz.* Coloca ambos vasos en un lugar donde reciban luz solar indirecta.

5. **Registra los datos** Después de 5 días, desenvuelve ambos vasos. Observa la apariencia del pasto. Después mide y registra la altura del pasto en cada vaso.

Conclusión

1. **Compara** ¿En qué vaso aumentó la altura del pasto?

2. **Infiere** Las plantas necesitan energía para crecer. ¿De qué manera crees que las plantas de pasto recibieron la energía necesaria para crecer?

PASO 1

	Altura del pasto (Luz)	Altura del pasto (Oscuridad)
Día 1		
Día 5		

PASO 2

PASO 4

¡Investiga más!

Diseña un experimento
¿La cantidad de agua que recibe el pasto afecta su crecimiento? Escribe una hipótesis para explicar lo que crees. Luego diseña un experimento y llévalo a cabo para ver si se cumple o no la hipótesis. Comparte tus resultados.

B43

VOCABULARIO

célula pág. B45

energía solar pág. B44

DESTREZA DE LECTURA

Idea principal y detalles A medida que lees, anota una idea principal y dos detalles para cada sección.

La recepción de energía

IDEA PRINCIPAL Todos los organismos necesitan energía para crecer y sobrevivir. El sol es la fuente de energía para casi todos los seres vivos.

La energía del sol

Imagina un día de invierno soleado. El aire es frío, pero sientes que tu rostro se calienta a medida que lo inclinas hacia el sol. La luz solar se siente cálida en tu rostro porque la luz es energía. La energía es la capacidad de causar cambios.

La energía que proviene del sol se denomina **energía solar.** La energía solar le brinda a la Tierra luz y calor. La luz y el calor son energía. El sol da la energía que las plantas necesitan para fabricar alimento. La mayoría de los seres vivos no podrían existir sin energía solar.

Las plantas utilizan la luz solar para fabricar alimento.

Las plantas fabrican alimento

¿Cómo busca una planta algo para comer? No necesita buscarlo, pues las plantas fabrican su propio alimento usando agua, aire y luz solar. El alimento que fabrican se denomina azúcar. Y a pesar de que las plantas no "comen", sí usan el alimento que fabrican. Las plantas usan la energía del alimento que fabrican para sobrevivir, crecer y producir nuevas plantas. Los dientes de león usan el alimento que fabrican para producir nuevas flores. Los manzanos producen manzanas. El musgo se extiende y produce plantas nuevas.

Las plantas almacenan una parte del alimento que producen en sus células. Una **célula** es la unidad básica que forma a todos los seres vivos. Las plantas pueden usar este alimento almacenado cuando el sol no brilla.

▶ **IDEA PRINCIPAL** ¿Qué necesitan las plantas para fabricar alimento?

Casi toda la energía de la Tierra proviene del sol. ▼

Las plantas usan el alimento que fabrican para sobrevivir.

Los animales reciben energía de las plantas

A diferencia de las plantas, los animales no pueden fabricar alimento. Los animales deben ingerir alimentos para obtener la energía necesaria para sobrevivir. Cuando un animal come, la energía se transfiere desde la comida al animal. Muchos animales comen partes de plantas. Cada vez que un animal come una planta, la energía de la planta se transfiere al animal.

No toda la energía que una planta recibe del sol se transfiere al animal que se come la planta. Parte de la energía es usada por la planta para su propia supervivencia. Otra parte se almacena en las células de la planta.

▶ **IDEA PRINCIPAL** **¿De qué manera los animales reciben energía de las plantas?**

Una planta de tomate almacena energía del sol. Los animales reciben parte de esta energía cuando se comen la planta.

babosa

ser humano

marmota

cuervo

Resumen visual

La energía que proviene del Sol se denomina energía solar.

Las plantas usan la energía del Sol para fabricar alimento.

Los animales que comen plantas reciben energía de las plantas.

ENLACES entre el hogar y la escuela

ESCRITURA Expositiva Las personas han cultivado la tierra durante miles de años. Los científicos actuales usan la tecnología para mejorar los cultivos. Investiga la historia de la agricultura. Escribe un párrafo sobre una tecnología nueva que los agricultores estén usando hoy en día.

SALUD Haz una tabla Los nutrientes se encuentran en el alimento. Los nutrientes incluyen azúcares, proteínas, grasas, vitaminas y minerales. Enumera los ingredientes principales de tu comida favorita. Haz una tabla que muestre cada ingrediente, su fuente vegetal o animal y los nutrientes que proporciona.

Repaso

1 IDEA PRINCIPAL ¿Por qué los seres vivos necesitan energía?

2 VOCABULARIO Escribe una oración usando el término *energía solar.*

3 DESTREZA DE LECTURA: Idea principal y detalles Enumera tres detalles que apoyen la idea de que algunos animales reciben energía de las plantas.

4 RAZONAMIENTO CRÍTICO: Sintetiza Una población de saltamontes que come pasto vive en un campo. ¿Qué pasaría si todo el pasto del campo muriera?

5 DESTREZA DE INVESTIGACIÓN: Compara ¿Cómo se compara la manera en que las plantas reciben energía con la manera en que los animales la reciben?

PREPARACIÓN PARA EXÁMENES

Las plantas sobreviven _____.

A. recibiendo alimento del agua que se encuentra en el suelo

B. fabricando alimento a partir del agua, el aire y la luz solar

C. recibiendo alimento del aire

D. usando energía de los animales

¿Qué es una cadena alimenticia?

Por qué es importante...

¡Zip! La lengua larga y pegajosa de una rana sale rápidamente de su boca y captura un insecto: la próxima comida de la rana. ¿Qué habrá comido el insecto en su última cena? ¿Y algún otro ser vivo se comerá a la rana? Todos los animales deben comer alimento y la mayoría de los animales sirven de alimento para otros.

PREPÁRATE PARA INVESTIGAR

Destreza de investigación

Clasificar Cuando clasificas, agrupas cosas según sus propiedades.

Materiales

- tarjetas con fotos de plantas y animales
- cuerda
- tijeras
- sol de papel de construcción
- cinta adhesiva transparente

Móvil de cadena alimenticia

Procedimiento

1 **Colabora** Trabaja en grupo. Usa cinta adhesiva transparente para adherir un sol de papel a una cuerda. Recorta una serie de tarjetas con fotos.

2 **Clasifica** Busca los dos seres vivos que utilizan la luz solar para fabricar alimento. Utiliza cuerda y cinta adhesiva para colgar del sol una de estas tarjetas. Observa las tarjetas con fotos restantes. Busca los animales que comen plantas. Cuelga una de estas tarjetas de la tarjeta de planta que está colgando.

3 **Clasifica** Ahora busca los animales que comen otros animales. Cuelga una de estas tarjetas de la tarjeta del animal que come plantas que está colgando. Haz hecho un modelo de una cadena alimenticia. Una **cadena alimenticia** muestra cómo los organismos reciben energía.

4 **Usa modelos** Corta la cuerda que conecta la tarjeta de la planta con la tarjeta del consumidor de plantas.

5 Repite los pasos 2, 3 y 4 con las otras tarjetas.

Conclusión

1. **Infiere** ¿Cómo podrías organizar tu móvil usando otros grupos de tarjetas?

2. **Usa modelos** Piensa sobre el paso 4. ¿Cómo se verían afectados los animales si las plantas que comen se murieran?

PASO 2

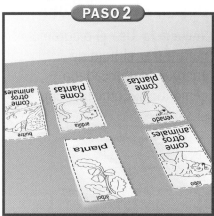

PASO 2

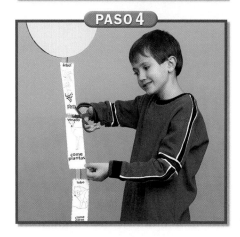

PASO 4

¡Investiga más!

Investiga Escoge uno de los animales de tu móvil que comen plantas. Investiga para aprender de qué plantas se alimenta este animal. Averigua qué animales se comen a este animal. Haz un móvil para presentar tu investigación a la clase.

Las cadenas alimenticias

IDEA PRINCIPAL Cuando un animal se come a otro animal o se come una planta, se vuelve parte del flujo de energía de una cadena alimenticia.

Los eslabones de la cadena

Supón que rotulaste cada eslabón de una cadena de papel con el nombre de un organismo. Si hubieras conectado cada organismo con otro organismo usado como alimento, tendrías un modelo de una cadena alimenticia. Una **cadena alimenticia** es el camino que recorre la energía a través de una comunidad a medida que un ser vivo se come a otro.

Todos los animales dependen de las plantas para recibir energía. Cuando un insecto se come una planta y luego una rana se come a ese insecto, la energía se transmite de un organismo a otro. La planta fabricó su propio alimento usando la energía de la luz solar. Parte de la energía del Sol capturada por la planta se transmitió al insecto y luego a la rana.

VOCABULARIO

cadena alimenticia pág. B50
carnívoro pág. B51
consumidor pág. B51
herbívoro pág. B51
omnívoro pág. B51
productor pág. B51

DESTREZA DE LECTURA

Secuencia Usa el diagrama para trazar el flujo de energía de una cadena alimenticia. Comienza por el sol.

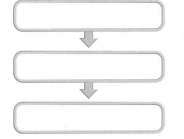

Cadena alimenticia de la sabana

Productor El pasto de la sabana usa la luz solar para fabricar alimento.

Las partes de una cadena alimenticia

Sin importar qué organismos forman parte de una cadena alimenticia, el sol siempre es el primer eslabón de la cadena. Las plantas son el segundo eslabón. Una planta se denomina **productor** porque fabrica su propio alimento.

Un animal es un **consumidor.** Un consumidor es un organismo que come otros seres vivos con el fin de recibir energía. Los consumidores se clasifican según su fuente de alimento. Un animal que sólo come otros animales es un **carnívoro.** Los leones, los halcones y las arañas son carnívoros.

Un animal que sólo come plantas, como una cebra, un caballo o un ciervo, es un **herbívoro.** Un animal que come tanto plantas como animales es un **omnívoro.** La mayoría de los humanos son omnívoros, aunque algunas personas son vegetarianas. Esto significa que no comen carne. Productores, carnívoros, herbívoros y omnívoros son todos parte de una cadena alimenticia.

▶ **SECUENCIA** **¿Por qué un consumidor no puede ser el primer eslabón de una cadena alimenticia?**

Herbívoro La cebra es un consumidor que sólo come plantas.

Carnívoro El león es un consumidor que sólo come otros animales.

Cadenas alimenticias conectadas

Una sabana africana alberga muchos productores y consumidores. Estos organismos forman eslabones en diferentes cadenas alimenticias. Los pastos, arbustos y árboles son los productores de la sabana.

Los leones son carnívoros. Cazan y comen cebras y gacelas.

Las hormigas rojas son omnívoros que comen casi todo lo que encuentran. Comen semillas de pasto, pequeños insectos y hasta pájaros pequeños.

Los avestruces son omnívoros. Comen semillas, pastos, arbustos y hojas de los árboles. Los avestruces también comen animales pequeños, como ratones.

Los rinocerontes, los hipopótamos, las jirafas y las cebras son todos herbívoros. Comen sólo plantas.

Las garcillas bueyeras son aves carnívoras. Se posan sobre el lomo del rinoceronte y se comen las garrapatas dañinas.

La energía de los alimentos

¿Cómo están conectados por un flujo de energía los seres vivos que se muestran aquí? El pasto usa la energía solar para fabricar y almacenar alimento en sus células. Cuando el ganado come pasto, parte de la energía almacenada se transfiere a las células del cuerpo del animal. Esta energía es almacenada en las células. A lo mejor estas células terminarán formando parte de un plato de albóndigas. Cuando una persona consume esta comida, parte de la energía se transfiere a las células de esa persona.

Una planta de tomate también usa energía solar para fabricar alimento. Cuando la gente come tomates, parte de la energía almacenada en el tomate se transfiere a las personas.

Los espaguetis se hacen con trigo. Las plantas de trigo usan la energía solar para fabricar alimento. Los seres humanos reciben parte de esta energía almacenada cuando comen espaguetis. Las plantas son siempre los primeros eslabones vivos de una cadena alimenticia. La persona que consume una comida es el último eslabón de la cadena alimenticia.

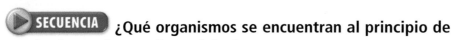 **SECUENCIA** ¿Qué organismos se encuentran al principio de todas las cadenas alimenticias?

La energía de los alimentos que hay en esta comida provino originalmente de las plantas.

ganado

trigo

tomate

Resumen visual

Las plantas son productores. Las plantas son el primer eslabón vivo de toda cadena alimenticia.

Los herbívoros sólo comen plantas. Los carnívoros sólo comen otros animales.

Los animales que comen tanto plantas como animales son omnívoros.

ENLACES entre el hogar y la escuela

MATEMÁTICAS Multiplica por

100 Un águila de 8 libras debe comer 8 conejos para recibir suficiente energía para sobrevivir. Cada conejo debe comer 100 libras de pasto. ¿Cuántas libras de pasto debe haber en la cadena alimenticia para que un águila pueda recibir suficiente energía?

LITERATURA Escribe una canción o

un poema Algunos poemas o canciones repiten versos y luego agregan un verso nuevo al final de cada estrofa. Una canción popular de este tipo es "Yo conocí una anciana que se tragó una mosca". Escribe una canción o una rima sobre una cadena alimenticia usando este estilo repetitivo.

Repaso

1 IDEA PRINCIPAL ¿Qué es una cadena alimenticia?

2 VOCABULARIO Escribe un párrafo breve usando los términos *productor* y *consumidor.*

3 DESTREZA DE LECTURA: Secuencia Describe la secuencia correcta de una cadena alimenticia que tiene un carnívoro, un productor y un herbívoro.

4 RAZONAMIENTO CRÍTICO: Analiza ¿Cuáles son las relaciones entre un carnívoro, un herbívoro y un omnívoro?

5 DESTREZA DE INVESTIGACIÓN: Clasifica Supón que un animal sólo se alimenta de mosquitos. ¿El animal es un productor o un consumidor? Si lo clasificas como consumidor, ¿qué clase de consumidor es?

✓ PREPARACIÓN PARA EXÁMENES

¿Cuál de los siguientes es un ejemplo de un herbívoro?

A. conejo

B. león

C. arce

D. halcón

Exploración submarina

En 1977, un submarino llamado *Alvin* permitió a los científicos bucear más profundamente que nunca antes. Los científicos usaron el *Alvin* para explorar el fondo del océano. Allí descubrieron muchas nuevas formas de vida, incluyendo al gusano de tubo gigante.

Los gusanos de tubo son gusanos que pueden llegar a medir hasta 2.4 m (8 pies) de largo. No tienen boca ni ojos. Hasta el descubrimiento del gusano de tubo, los científicos creían que todas las cadenas alimenticias comenzaban con la energía del sol. Cuando los científicos estudiaron a este asombroso animal, encontraron algo que los sorprendió. Los gusanos de tubo contienen bacterias que convierten las sustancias químicas que se encuentran en el agua en alimento para los gusanos de tubo.

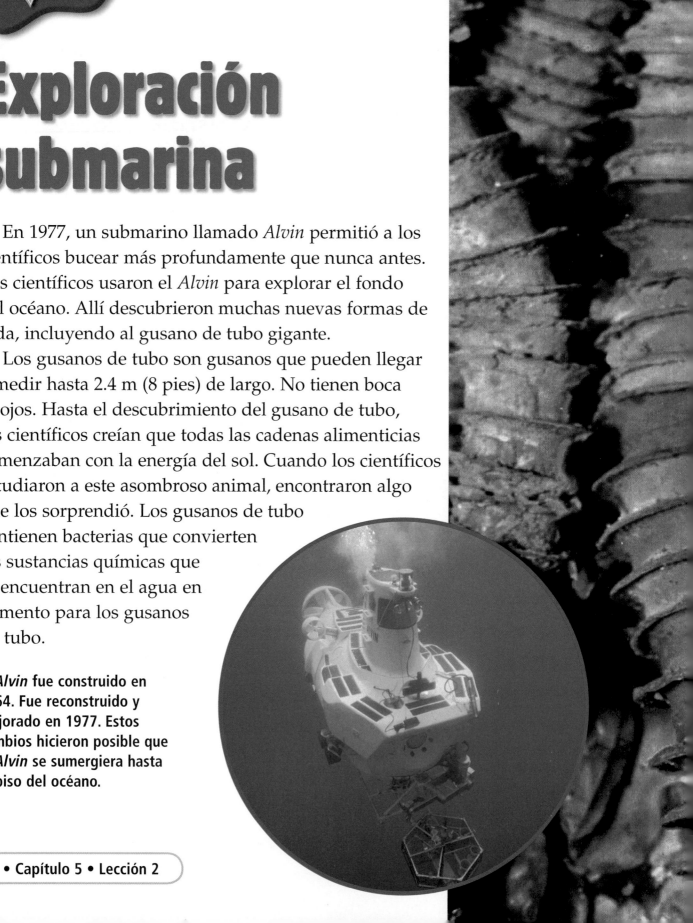

El *Alvin* fue construido en 1964. Fue reconstruido y mejorado en 1977. Estos cambios hicieron posible que el *Alvin* se sumergiera hasta el piso del océano.

Los gusanos de tubo viven a miles de metros por debajo de la superficie, donde la luz solar no puede alcanzarlos. Estos gusanos gigantes viven en las aberturas o grietas que se encuentran en el suelo del océano, denominadas conductos de ventilación hidrotermales. Los conductos de ventilación disparan agua que tiene una temperatura mayor a 400°C (752°F).

Compartir ideas

1. **REPASO DE LA LECTURA** ¿Cuál fue la importancia del *Alvin?*

2. **ESCRÍBELO** Escribe un párrafo que explique cómo se diferencia una cadena alimenticia con un gusano de tubo de una cadena alimenticia con un animal terrestre.

3. **COMÉNTALO** Comenta un invento que haya ayudado a la gente a realizar descubrimientos o a aprender cosas nuevas.

¿Cuáles son algunas de las cadenas alimenticias?

Por qué es importante...

Las cadenas alimenticias existen dondequiera que haya seres vivos. En una cadena alimenticia de un océano, las plantas flotantes pequeñas y las algas marinas usan la energía solar para fabricar alimento. Los peces comen plantas y algas marinas. Más tarde, algunos peces podrán convertirse en comida para un tiburón.

PREPÁRATE PARA INVESTIGAR

Destreza de investigación

Investigar Cuando investigas, aprendes más sobre un tema por medio de libros, investigando en Internet o preguntándole a expertos de la ciencia.

Materiales

- tarjetas con fotos de animales y plantas

Recursos de ciencias y matemáticas

Para realizar el paso 1, repasa la sección **Hacer una tabla para organizar datos** en la página H10.

¡Emparéjalas!

Procedimiento

1. **Colabora** Trabaja en grupo. Haz una tabla como la que se muestra aquí en tu *Cuaderno de ciencias.*

2. **Clasifica** Recorta una serie de tarjetas de fotos de animales y plantas preparadas por tu maestro. Busca tarjetas que muestren plantas y animales que viven en un desierto. Agrupa estas tarjetas. Escribe los nombres de estos organismos en la tabla.

3. **Investiga** Repite el paso 2 para un medio ambiente oceánico y para un medio ambiente de bosque tropical. Si es necesario, usa libros de referencia o Internet para comprobar el lugar donde vive un organismo.

4. **Usa modelos** Cuando hayas clasificado todos los organismos en la tabla, haz una cadena alimenticia para cada medio ambiente. Alinea las tarjetas en orden. Cada cadena alimenticia debe comenzar con un productor. Escribe o dibuja cada cadena alimenticia en tu *Cuaderno de ciencias.*

Conclusión

1. **Infiere** ¿Cuál es el rol del sol en cada cadena alimenticia?

2. **Comunica** Explica por qué ordenaste cada cadena alimenticia de la manera en que lo hiciste.

PASO 1

Tipos de medio ambiente		
desierto	océano	bosque tropical

PASO 2

PASO 4

¡Investiga más!

Resuelve un problema
Supón que quieres tener una pecera con varios tipos de peces. ¿Qué necesitarías saber acerca de las cadenas alimenticias de los peces?

VOCABULARIO

hábitat acuático   pág. B60
hábitat terrestre   pág. B62

DESTREZA DE LECTURA

Comparar y contrastar Usa una tabla para comparar y contrastar las cadenas alimenticias de los hábitats acuáticos y de los hábitats terrestres.

Las cadenas alimenticias y el medio ambiente

IDEA PRINCIPAL Las cadenas alimenticias existen dondequiera que haya seres vivos. Los organismos de cada cadena alimenticia varían de acuerdo con su medio ambiente.

Cadenas alimenticias en agua

Los animales viven en muchos lugares diferentes, o hábitats. Las marismas son el hábitat de algunos animales del océano. Una marisma es un área a la orilla del océano, donde el agua se acumula en los espacios entre las rocas.

Una marisma es una clase de hábitat acuático. Un **hábitat acuático** es un lugar donde viven los organismos dentro o sobre el agua. En las marismas, las algas marinas y las algas de agua dulce son los productores. Al igual que los productores de la tierra, usan la energía de la luz solar para fabricar alimento.

fragata portuguesa

bígaro

pececillo de agua dulce

camarón

cangrejo azul

alga marina carnívora

Un hábitat acuático también alberga herbívoros, carnívoros y omnívoros. Observa la foto de la marisma. ¿Qué cadenas alimenticias puedes encontrar?

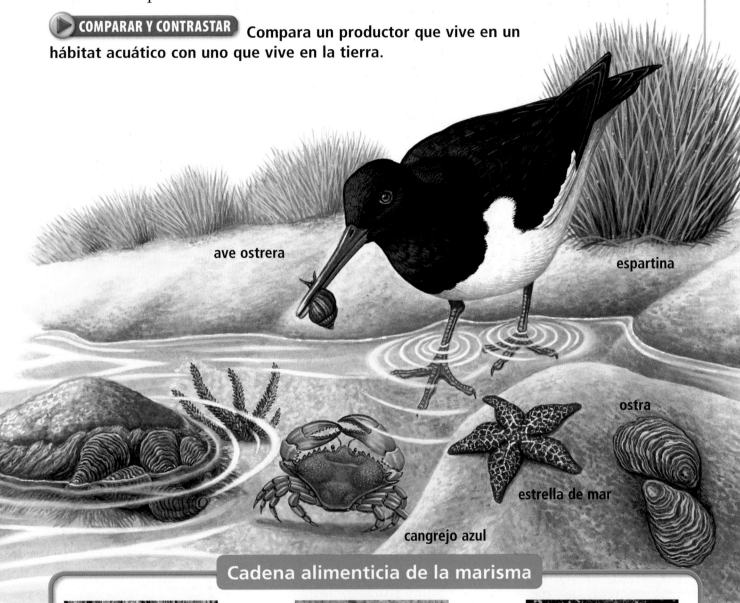

▶ **COMPARAR Y CONTRASTAR** Compara un productor que vive en un hábitat acuático con uno que vive en la tierra.

ave ostrera

espartina

ostra

estrella de mar

cangrejo azul

Cadena alimenticia de la marisma

Espartina
Este pasto captura la energía del Sol para fabricar alimento.

Caracol bígaro
Este caracol come y raspa las plantas de las rocas con su boca.

Cangrejo azul
Este cangrejo usa sus fuertes pinzas para capturar y comer caracoles.

Las cadenas alimenticias de la tierra

Las personas viven en hábitats terrestres. Un **hábitat terrestre** es un lugar en la tierra donde los organismos viven. Un desierto es un tipo de hábitat terrestre.

Las regiones desérticas usualmente reciben poca lluvia, por lo tanto son muy secas. Los organismos que viven en el desierto se adaptan a las condiciones áridas del lugar. Entre los productores del desierto se encuentran los pastos, las flores salvajes y los cactus. Los cactus almacenan grandes cantidades de agua en sus células.

Entre los herbívoros del desierto están los insectos y pequeños animales como los conejos. Los herbívoros del desierto que comen cactus pueden recibir tanta energía como agua de las plantas que se comen.

cactus de pera espinoso

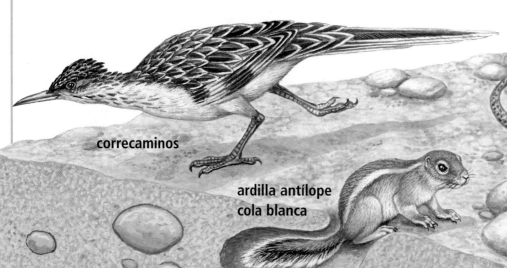

correcaminos

lagartija de cuello negro

ardilla antílope cola blanca

Cadena alimenticia del desierto

Onagra
Esta planta florece de noche, cuando las temperaturas del desierto son frías.

Ardilla antílope
Esta ardilla come onagra, semillas y pequeños animales.

Serpiente cascabel
Esta serpiente come conejos, ratones, ardillas y aves.

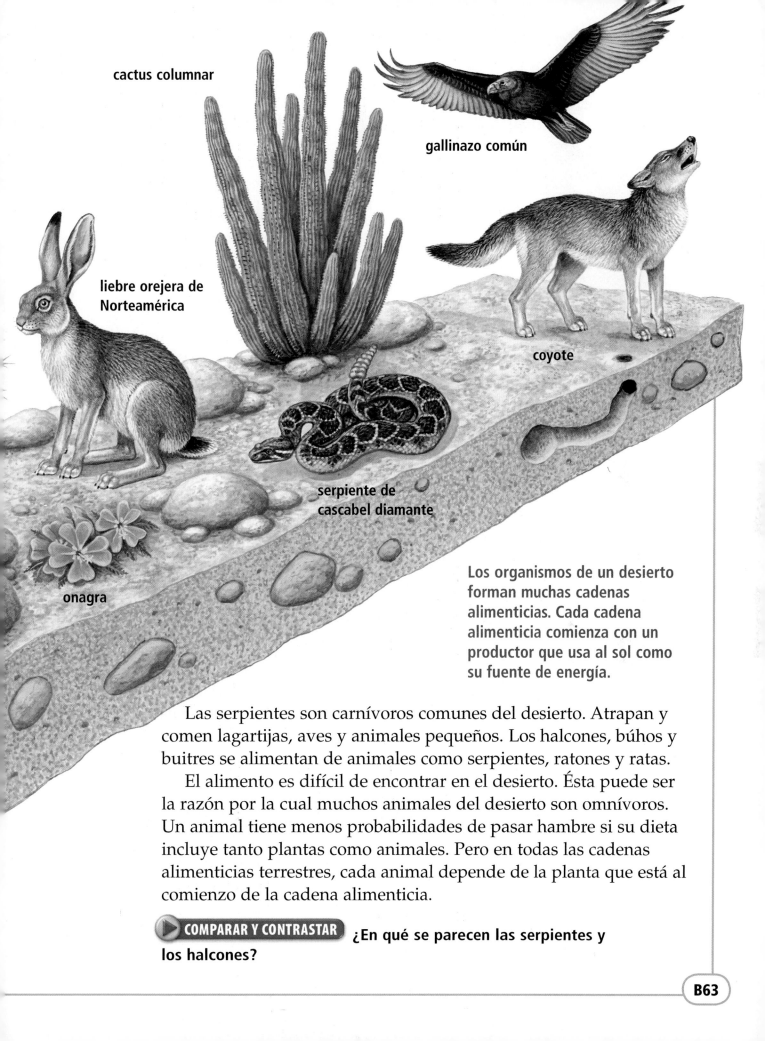

cactus columnar

gallinazo común

liebre orejera de
Norteamérica

coyote

serpiente de
cascabel diamante

onagra

Los organismos de un desierto
forman muchas cadenas
alimenticias. Cada cadena
alimenticia comienza con un
productor que usa al sol como
su fuente de energía.

Las serpientes son carnívoros comunes del desierto. Atrapan y
comen lagartijas, aves y animales pequeños. Los halcones, búhos y
buitres se alimentan de animales como serpientes, ratones y ratas.

El alimento es difícil de encontrar en el desierto. Ésta puede ser
la razón por la cual muchos animales del desierto son omnívoros.
Un animal tiene menos probabilidades de pasar hambre si su dieta
incluye tanto plantas como animales. Pero en todas las cadenas
alimenticias terrestres, cada animal depende de la planta que está al
comienzo de la cadena alimenticia.

▶ **COMPARAR Y CONTRASTAR** **¿En qué se parecen las serpientes y
los halcones?**

Resumen visual

Las cadenas alimenticias de los hábitats acuáticos están compuestas por plantas y animales que viven en o sobre el agua.

Las cadenas alimenticias de los hábitats terrestres están compuestas por plantas y animales que viven en la tierra.

ENLACES entre el hogar y la escuela

MATEMÁTICAS Dibuja líneas de simetría
Supón que una enorme estrella de mar ha sido descubierta en el Océano Pacífico. Dibuja la estrella de mar con cinco brazos. Dibuja una línea de simetría. Supón que la estrella de mar pierde un brazo y en su lugar crecen dos brazos nuevos. Dibuja la estrella de mar con sus brazos nuevos. ¿Tiene la misma línea de simetría que la primera estrella de mar que dibujaste?

ESTUDIOS SOCIALES Escribe una entrada de diario
Los esquimales son un pueblo que vive cerca del océano en el nevoso Ártico. Los yanomami viven en las calurosas selvas tropicales de América del Sur. Imagina que viajaste para visitar ambos grupos. Escribe una entrada de diario que compare las fuentes de alimento de cada grupo.

Repaso

❶ IDEA PRINCIPAL ¿Qué tienen en común las cadenas alimenticias de los hábitats terrestres y acuáticos?

❷ VOCABULARIO ¿Qué significa *hábitat terrestre*?

❸ DESTREZA DE LECTURA: Compara y contrasta ¿En qué se diferencian las cadenas alimenticias de un hábitat terrestre de las cadenas alimenticias de un hábitat acuático?

❹ RAZONAMIENTO CRÍTICO: Aplica ¿Qué sucedería con el número de herbívoros de una cadena alimenticia si la mayoría de los productores desaparecieran?

❺ DESTREZA DE INVESTIGACIÓN: Investiga ¿Cómo podrías averiguar qué alimento sería más adecuado para alimentar a una iguana que tienes como mascota?

✓ PREPARACIÓN PARA EXÁMENES

En un hábitat acuático, el productor de una cadena alimenticia _____.

A. obtiene su alimento del agua

B. es probable que sea un herbívoro

C. usa la energía solar para fabricar alimento para otros productores

D. usa la energía solar para fabricar su propio alimento

Especialista en conservación del suelo

Los especialistas en conservación del suelo son expertos en suelo. Desarrollan maneras para ayudar a los agricultores a mantener sus tierras fértiles, hidratadas y ricas en nutrientes. También se encargan de asesorar a las agencias gubernamentales y a las empresas sobre cómo usar la tierra sin dañarla.

Lo que se necesita

• Un título en estudios medioambientales, silvicultura o agricultura

• Destrezas de investigación e interrogación científica

Guía de ecoturismo

Como guía de ecoturismo, podrías encontrarte dirigiendo safaris en África, explorando las selvas tropicales de América del Sur o escalando los glaciares de Alaska. Los guías de ecoturismo llevan a los aventureros de vacaciones a zonas naturales. Enseñan a la gente a proteger la vida salvaje y el medio ambiente.

Lo que se necesita

• Un título de escuela secundaria

• Interés en la naturaleza, la ecología y la aventura

Ciencias EXTREMAS

Bocas enormes

Sus mandíbulas son tan largas como un bote de remos. La cantidad de alimento que ingiere por día puede pesar más que un carro. Por lo tanto, esta ballena jorobada debe comer muchos peces muy *grandes*, ¿correcto?

¡Incorrecto! La yubarta se alimenta principalmente de krill, criaturas que son más pequeñitas que tu dedo meñique. ¿Por qué? Porque el krill es uno de los alimentos más abundantes del océano. Forma parte de una cadena alimenticia que comienza con plantas oceánicas pequeñitas denominadas fitoplancton. Los krills se comen estas plantas microscópicas y las ballenas y muchos peces se alimentan de krill. ¡Hay tantos krills en el océano que la yubarta puede ingerirlos por toneladas!

El krill es un crustáceo, similar a un camarón. Tiene un caparazón duro y no tiene columna vertebral.

¡Sin dientes y sin problemas! En lugar de dientes, la yubarta tiene barbas. Estos pliegues semejantes a un peine cuelgan de la parte superior de la mandíbula de la ballena. La ballena recoge agua en su boca gigante y la mete con fuerza por las barbas, que atrapan el krill.

Vocabulario

Completa cada oración con un término de la lista.

1. El camino que recorre la energía a través de una comunidad a medida que un ser vivo se come a otro es un(a) _____.

2. Un animal que sólo come plantas es un(a) _____.

3. Los leones, las cebras y el pasto se encuentran en un(a) _____.

4. Un organismo que fabrica su propio alimento es un(a) _____.

5. Un animal que sólo come animales es un(a) _____.

6. Las plantas son capaces de fabricar alimento capturando el/la _____ del sol.

7. Un organismo que se come a otros seres vivos para obtener energía es un(a) _____.

8. Los peces y otros organismos acuáticos viven en un(a) _____.

9. La unidad básica que forma todo ser vivo es un(a) _____.

10. Un animal que come tanto plantas como animales es un(a) _____.

cadena alimenticia B50
carnívoro B51
célula B45
consumidor B51
energía solar B44
hábitat acuático B60
hábitat terrestre B62
herbívoro B51
omnívoro B51
productor B51

Preparación para exámenes

Escribe la letra de la respuesta correcta.

11. ¿Cuál de los siguientes es un hábitat terrestre?
    A. desierto
    B. río
    C. océano
    D. lago

12. En la siguiente cadena alimenticia el productor es el/la _____.
    planta   oruga   ave   gato
    A. ave
    B. oruga
    C. planta
    D. gato

13. En una cadena alimenticia los consumidores _____.
    A. usualmente son el primer eslabón de la cadena
    B. se comen a otros seres vivos
    C. usan la energía solar para fabricar alimento
    D. reciben energía del aire

14. El organismo que probablemente sería el último eslabón de una cadena alimenticia es un(a) _____.
    A. alga marina
    B. ser humano
    C. arce
    D. oruga

15. Clasifica Clasifica cada organismo de esta cadena alimenticia como un productor o consumidor.

pasto   vaca   ser humano

16. Compara Supón que alguien siembra un árbol en un pequeño campo cubierto de pasto. Con el pasar de los años, el árbol crece. Con el transcurso del tiempo, el pasto que se encuentra debajo del árbol se muere. ¿Por qué razón pudo haber muerto el pasto? Compara las condiciones del pasto que crece debajo del árbol con las condiciones del pasto que crece en el resto del campo.

Organiza los conceptos

La tabla muestra dos categorías. Clasifica cada organismo de la lista. Revisa que hayas ubicado cada organismo en la categoría correcta.

diente de león   cangrejo
alga marina   pasto
ardilla   cebra

Productor	Consumidor

17. Aplica Un gorrión, un halcón, un rosal y un escarabajo son eslabones de la misma cadena alimenticia. Pon las partes de la cadena alimenticia en orden para trazar el recorrido de la energía. ¿Cuál es la fuente original de la energía de la cadena alimenticia?

18. Sintetiza Una planta que se encuentra sobre tu cómoda parece estar muriéndose. Tu amigo te sugiere que muevas la planta cerca de la ventana. ¿Qué cree tu amigo que necesita la planta?

19. Evalúa Supón que tienes que preparar una exposición sobre mascotas para tu clase. Tus compañeros trajeron una tortuga, una rana, una serpiente y un hámster para la exposición. ¿Cómo decidirías qué animales podrían exponerse juntos en la misma jaula?

20. Analiza Si las condiciones de vida se volvieran difíciles, ¿por qué un omnívoro sería más capaz de sobrevivir que un herbívoro o un carnívoro?

Evaluación del rendimiento

Organiza una cena

Escoge uno de los tres tipos de consumidores: herbívoros, omnívoros o carnívoros. Planea un menú para la cena de tu consumidor. Sé creativo. Puedes incluir una sopa, una ensalada, un plato principal y un postre. Describe los ingredientes de cada plato del menú. Explica por qué tu consumidor comería cada ingrediente del menú.

Escribe la letra de la respuesta correcta.

1. ¿Cuál NO es un ejemplo de una estructura de adaptación?

   A. hojas similares a agujas

   B. ventosas en el brazo de una estrella de mar

   C. el largo y delgado pico de un ruiseñor

   D. un gato acercándose cuidadosamente a un ratón

2. ¿Cuál es la fuente de energía de las plantas?

   A.

   B.

   C.

   D.

3. ¿Por cuál recurso compiten las ardillas y las aves cuando se acercan a un bebedero?

   A. aire

   B. alimento

   C. espacio

   D. agua

4. ¿Qué organismo de esta cadena alimenticia es un herbívoro?

   A. coyote

   B. azucena

   C. rata

   D. caracol

5. TANTO las plantas como los animales _____.

   A. se reproducen

   B. liberan oxígeno

   C. buscan un refugio

   D. usan la luz solar para recibir energía

6. ¿Cuál de las siguientes opciones es MÁS probable que sea una adaptación para la autodefensa?

   A. la gruesa cubierta de pelaje de un oso

   B. un tallo grueso de una planta que almacena agua

   C. las patas palmeadas de un ave que vive en el agua

   D. un conejo que tiene pelo de color marrón en verano y pelo de color blanco en invierno

7. ¿Cuál de las siguientes opciones NO es una adaptación de un ser vivo a su medio ambiente?

A. las afiladas garras de un gato

B. la gruesa cubierta de invierno de un conejo

C. las espinas que cubren un cactus del desierto

D. el tallo muy largo de una planta de un bosque tropical

8. ¿Qué organismo podría ser un consumidor de un hábitat acuático?

A.

B.

C.

D.

Responde a lo siguiente con oraciones completas.

9. Los castores construyen un dique a través de un arroyo. ¿Quién probablemente se beneficiará MÁS del dique: el pez del arroyo o los árboles que se encuentran a lo largo del arroyo? Explica tu respuesta.

10. Los siguientes organismos viven en un hábitat desértico.

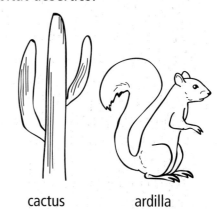

cactus   ardilla

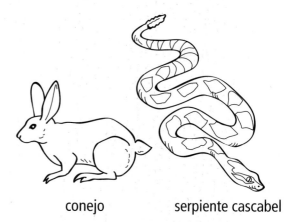

conejo   serpiente cascabel

¿Nombra los dos organismos que probablemente competirán más por el alimento? Explica el porqué de tu elección.

¡Descúbrelo!

Los osos polares se adaptan al medio ambiente frío y helado del Ártico. Un grueso pelaje y una capa de grasa los mantienen cálidos en temperaturas congeladas. Hasta sus patas están adaptadas para su medio ambiente. Estas adaptaciones permiten que los osos polares caminen sobre el hielo sin resbalarse.

Los osos polares tienen cuatro patas que pueden medir más de 25 cm (aproximadamente 10 pulg.) de ancho. Cada pata tiene cinco dedos y cada dedo tiene una garra larga y afilada. Estas garras ayudan al oso polar a sujetarse del hielo. Cada pata de oso polar tiene siete almohadillas. Las almohadillas están compuestas por una gruesa capa de piel negra y están cubiertas por pequeñas protuberancias. Las protuberancias en las

almohadillas del oso son como las bandas de un calzado deportivo. Se sujetan del hielo y evitan que el oso se resbale cuando corre. El largo pelaje que se encuentra entre las almohadillas y los dedos también evita que el oso se resbale. El tejido que está debajo del pelaje y entre los dedos ayuda a los osos polares a nadar.

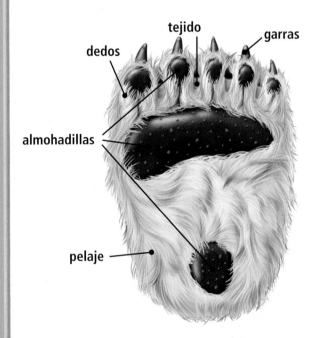

La superficie de la Tierra

La superficie de la Tierra

Lectura independiente

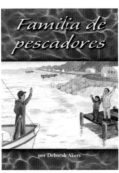

Familia de pescadores

¡Aún en pie!

El volcán St. Helens

¡Descúbrelo!

Los diques son estructuras construidas a través de los ríos para controlar el curso del agua. Cuando un dique se construye en un río, el medio ambiente a lo largo de ese río probablemente cambiará. ¿Cómo afecta a los animales y a las plantas la construcción de un dique? Tendrás la respuesta a esta pregunta hacia el final de la unidad.

Capítulo 6

La corteza terrestre

LECCIÓN

1

Montañas altas y océanos enormes, ¿qué otras características de la superficie de la Tierra puedes encontrar en un mapa?

Lo aprenderás en la Lección 1.

LECCIÓN

2

Un palo de golf de hierro, lingotes de oro y la sal de un pretzel, ¿qué tienen estas cosas en común?

Lo aprenderás en la Lección 2.

LECCIÓN

3

Desde desiertos arenosos hasta selvas exuberantes, ¿cómo se forma el suelo en estos lugares tan diferentes?

Lo aprenderás en la Lección 3.

¿Cómo es la superficie de la Tierra?

Por qué es importante...

Esta isla que se encuentra al sur del Océano Pacífico se parece a un hongo gigante. Por supuesto, está compuesta de rocas. A medida que el agua del océano que la rodea desgasta los bordes de la roca, la isla va adquiriendo forma de champiñón. Al igual que esta isla en el océano, la superficie de la Tierra está hecha de rocas.

PREPÁRATE PARA INVESTIGAR

Destreza de investigación

Comparar Cuando comparas dos cosas, observas en qué se parecen y en qué se diferencian.

Materiales

- 4 vasos de plástico transparente
- taza métrica para medir
- agua
- arena
- marcador

Recursos de ciencias y matemáticas

Para realizar los pasos 2, 3 y 4, repasa la sección **Medir volumen** en la página H7.

La superficie de la Tierra

Procedimiento

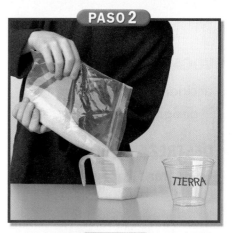
PASO 2

1. **Usa modelos** Trabaja con un compañero. Usa un marcador y escribe la palabra *Agua* sobre cada uno de los tres vasos de plástico transparente. Escribe la palabra *Tierra* sobre otro vaso de plástico transparente.

2. **Mide** Mide 150 mL de arena. Echa la arena en el vaso rotulado *Tierra.* La arena que se encuentra en este vaso representa la cantidad de superficie terrestre de la Tierra.

3. **Mide** Mide 150 mL de agua. Echa el agua en un vaso rotulado *Agua.*

PASO 4

4. Repite dos veces el paso 3, agregando agua a los dos vasos restantes rotulados *Agua.* El agua en estos tres vasos representa la cantidad de agua de la superficie de la Tierra.

5. **Usa modelos** Observa los vasos de arena y de agua. Compara la cantidad de arena con la cantidad de agua. Anota tu comparación en tu *Cuaderno de ciencias*.

PASO 5

Conclusión

1. **Compara** ¿Cómo se compara la cantidad de tierra con la cantidad de agua de la Tierra?

2. **Usa números** Usa números para completar esta oración: La superficie de la Tierra tiene _____ partes de agua y _____ parte de tierra.

¡Investiga más!

Investiga Usa libros de consulta o Internet para averiguar qué cantidad del agua de la superficie de la Tierra es agua dulce y qué cantidad es agua salada. Escribe dos fracciones para mostrar estas cantidades en centésimas.

La superficie de la Tierra

VOCABULARIO

accidente
  geográfico   pág. C8

DESTREZA DE LECTURA

Comparar y contrastar
Usa la tabla para comparar
tres tipos de accidentes
geográficos.

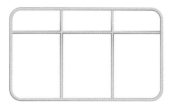

IDEA PRINCIPAL La superficie de la Tierra está
compuesta de agua y de tierra. Diferentes accidentes
geográficos, como las montañas y los valles, pueden
encontrarse en la superficie de la Tierra.

El agua de la superficie de la Tierra

Algunas personas piensan que, vista desde el
espacio, la Tierra se ve como una enorme canica
azul. A veces a la Tierra se le llama el planeta azul
porque aproximadamente tres cuartas partes de su
superficie están cubiertas por agua. La cuarta parte
restante es tierra.

La mayor parte del agua de la Tierra es agua
salada. El agua salada se encuentra en los océanos
y mares. Los lagos, ríos y arroyos tienen un tipo de
agua diferente, llamada agua dulce. El agua que
usas para beber, lavar y cocinar es agua dulce.

Las cataratas del Niágara son un grupo de
cascadas situadas en el río Niágara. ▼

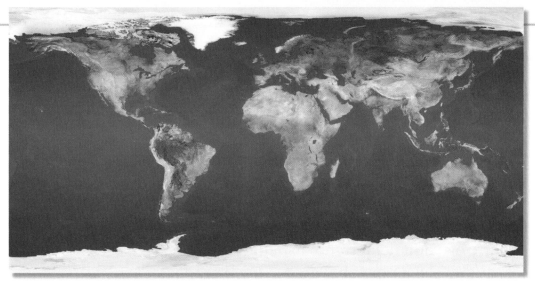

▲ Las fotos satelitales muestran que casi tres cuartos de la superficie de la Tierra es agua.

Sólo una pequeña cantidad del total del agua que se encuentra en la Tierra es agua dulce. Y sólo una pequeñísima cantidad de esta agua dulce puede ser usada por los seres vivos. El resto del agua dulce no es aprovechable. No puede usarse porque está congelada en inmensas masas de hielo llamadas glaciares.

Ya has aprendido que el agua dulce se encuentra en ríos, lagos y arroyos. También se encuentra en el suelo, en el aire y en grandes espacios en rocas subterráneas.

▶ **COMPARAR Y CONTRASTAR** ¿Hay más agua salada o más agua dulce en la superficie de la Tierra?

El agua de la Tierra

3 por ciento de agua dulce

97 por ciento de agua salada

Los accidentes geográficos de la Tierra

   Probablemente has visto varias características diferentes de la tierra. Tal vez has escalado una montaña hasta llegar a su cima. Una montaña es un accidente geográfico. Un **accidente geográfico** es una parte de la superficie de la Tierra que tiene una cierta forma y que se ha formado naturalmente. La Tierra tiene varios tipos de accidentes geográficos.

   El accidente geográfico más visible es una montaña. Una montaña es una parte elevada del terreno, usualmente con lados empinados, que se eleva por sobre el área que la rodea. Algunas montañas son altas, rocosas y están cubiertas de nieve en la cima. Otras son más bajas y están cubiertas de árboles.

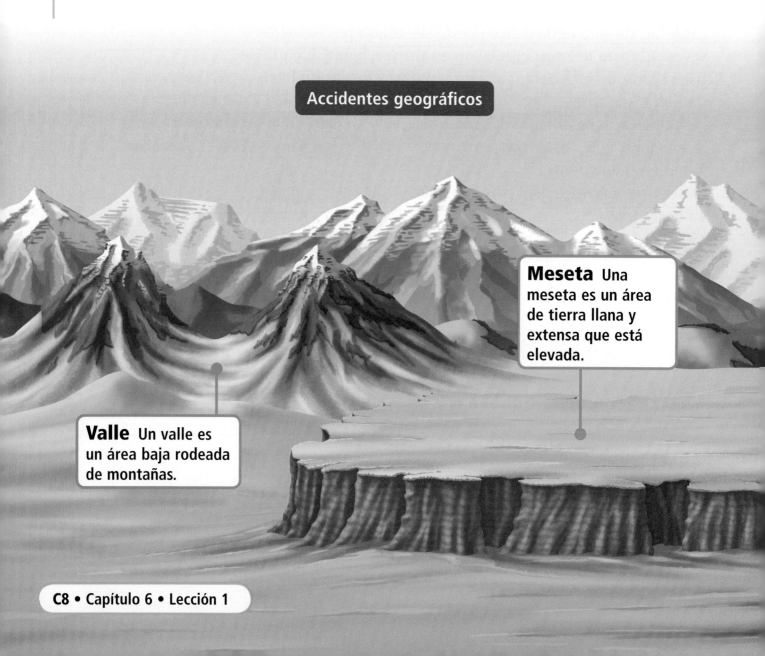

Accidentes geográficos

Meseta Una meseta es un área de tierra llana y extensa que está elevada.

Valle Un valle es un área baja rodeada de montañas.

El área baja de tierra entre las montañas, colinas u otras áreas altas se denomina valle. Algunos valles son extensos y llanos. Otros son angostos con lados empinados. Un cañón es un valle profundo y angosto, que con frecuencia tiene un arroyo o un río que fluye a través de él.

Una llanura es un área de terreno extenso mayormente plano. La parte central de los Estados Unidos es una gran llanura. A veces, las llanuras tienen suelos fértiles buenos para el cultivo. Otra clase de accidente geográfico es una meseta. Las mesetas son áreas de tierra llana que se encuentran a mayor altura que el suelo que las rodea. Los lados de una meseta frecuentemente son empinados.

▶ **COMPARAR Y CONTRASTAR** **¿En qué se diferencian las mesetas de las llanuras?**

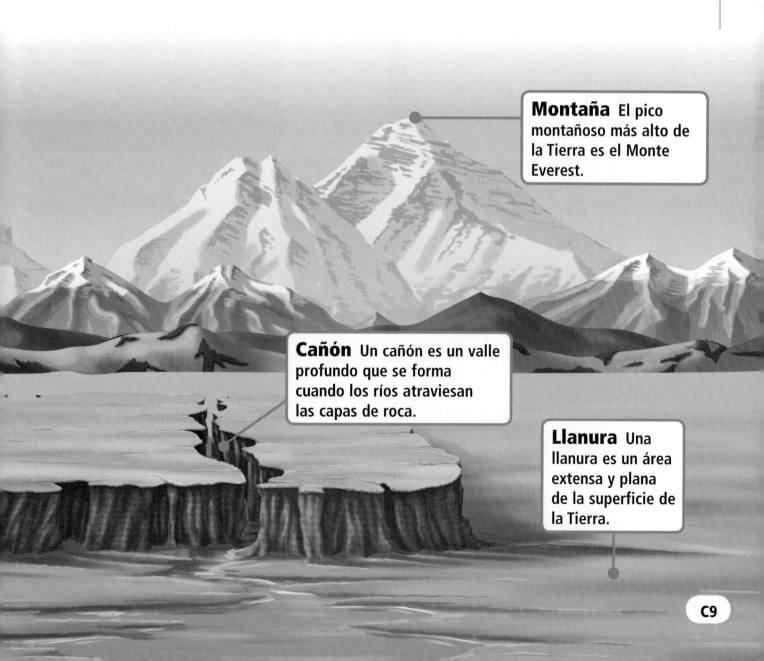

Montaña El pico montañoso más alto de la Tierra es el Monte Everest.

Cañón Un cañón es un valle profundo que se forma cuando los ríos atraviesan las capas de roca.

Llanura Una llanura es un área extensa y plana de la superficie de la Tierra.

Mapas topográficos

Si quieres saber qué tipos de accidentes geográficos se encuentran en un área, puedes observar un mapa. Muchos mapas muestran ríos, montañas y valles. Un mapa de accidentes geográficos, o topográfico, te indica la forma de la superficie de la tierra. Las montañas se dibujan para que se vean como montañas y los valles se dibujan para que se vean como valles.

Algunos mapas usan símbolos para representar distintos tipos de accidentes geográficos. En estos mapas, una clave indica qué representa cada símbolo.

▶ **COMPARAR Y CONTRASTAR** Cuáles son dos maneras diferentes en las que los mapas muestran los accidentes geográficos?

Virginia Occidental tiene una variedad de accidentes geográficos.

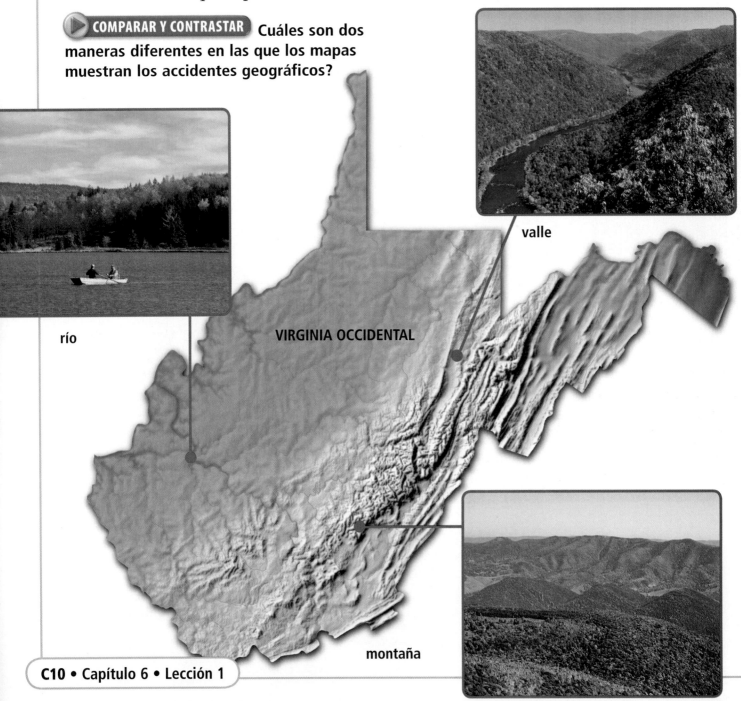

río

VIRGINIA OCCIDENTAL

valle

montaña

Resumen visual

97%

Aproximadamente tres cuartos de la superficie de la Tierra están cubiertos por agua. Y el 97% de esa agua es agua salada.

La superficie de la Tierra tiene montañas, valles, cañones, llanuras y mesetas.

Algunos mapas muestran la forma de la superficie de la Tierra.

ENLACES entre el hogar y la escuela

MATEMÁTICAS Haz gráficas

circulares Alrededor de ¾ de la superficie de la Tierra está cubierta por agua, el otro ¼ de la superficie de la Tierra es suelo. Aproximadamente $^{97}/_{100}$ del agua de la Tierra es agua salada y $^{3}/_{100}$ es agua dulce. Haz un cartel con dos gráficas circulares que muestren estos datos.

ARTE Haz un mapa
Inventa un nombre para un país imaginario. Dibuja un mapa de ese país. Usa distintos colores para mostrar océanos, ríos, montañas, llanuras y otros accidentes geográficos. Rotula cada accidente geográfico con un nombre inventado. Asegúrate de incluir una clave para tu mapa.

Repaso

❶ IDEA PRINCIPAL ¿Cómo se compara la cantidad de tierra con la cantidad de agua de la superficie de la Tierra?

❷ VOCABULARIO ¿Qué significa el término *accidente geográfico*?

❸ DESTREZA DE LECTURA: Compara y contrasta ¿Cuál es la diferencia entre un valle y un cañón?

❹ RAZONAMIENTO CRÍTICO: Aplica Cuando tu amigo se asoma por las ventanas, ve montañas que se elevan a ambos lados. Identifica el tipo de accidente geográfico donde es probable que tu amigo se encuentre.

❺ DESTREZA DE INVESTIGACIÓN: Compara Compara las características de una montaña con las de un valle.

 PREPARACIÓN PARA EXÁMENES

Un valle muy estrecho y profundo se llama ____.

A. meseta

B. llanura

C. montaña

D. cañón

¿Cómo cambia la corteza terrestre?

Por qué es importante...

Los científicos que estudian los volcanes se denominan volcanólogos. Visten trajes diseñados para protegerse de la roca fundida caliente que fluye desde los volcanes. Cuando la roca derretida alcanza la superficie de la Tierra, se enfría y se endurece rápidamente. Cuando un volcán hace erupción, la superficie de la Tierra cambia.

PREPÁRATE PARA INVESTIGAR

Destreza de investigación

Usar modelos Puedes usar un modelo de un objeto para comprenderlo mejor o para describir cómo funciona.

Materiales

- vaso de plástico pequeño
- arcilla
- pasto, hojas, ramitas
- colorante vegetal rojo y amarillo
- detergente líquido para lavar platos
- gotero
- bicarbonato de sodio
- vinagre
- taza métrica para medir
- cuchara de plástico
- lentes protectores

¡Erupción volcánica!

Procedimiento

1. **Colabora** Trabaja en grupos pequeños para construir un volcán. Coloca un vaso de plástico sobre una superficie plana. Usa arcilla para construir un volcán alrededor del vaso. Deja una abertura en el volcán, directamente sobre la boca del vaso.

PASO 1

2. Coloca pasto, hojas y ramitas alrededor del volcán. Pon algunas ramitas de pie para que parezcan árboles. **Seguridad:** Usa lentes protectores durante esta actividad.

3. Pon cuidadosamente 2 cucharadas de bicarbonato de sodio en el interior del vaso. Agrega una gota de colorante vegetal rojo y una gota de colorante vegetal amarillo. Usa un gotero y agrega 6 gotas de detergente para lavar platos. Revuelve la mezcla.

PASO 3

4. **Observa** Echa 125 mL de vinagre dentro de una taza métrica para medir. Para hacer que tu modelo de volcán "erupcione", agrega lentamente el vinagre a la mezcla. Anota tus observaciones en tu *Cuaderno de ciencias.*

PASO 4

Conclusión

1. **Usa modelos** ¿Qué sucedió con el pasto, las hojas y las ramitas que se encontraban a los lados del volcán durante la erupción?

2. **Plantea una hipótesis** ¿Cómo crees que un flujo de lava real afectaría a la tierra cercana a un volcán real?

¡Investiga más!

Diseña un experimento
Utiliza más arcilla para cambiar la forma del volcán. Luego haz que el volcán erupcione nuevamente. ¿Cómo afecta la forma al flujo de la lava?

DESTREZA DE LECTURA

Clasificar Usa la tabla para enumerar y describir las principales capas de la Tierra.

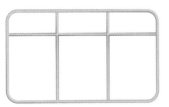

Los cambios en la corteza terrestre

IDEA PRINCIPAL La Tierra está formada por tres capas. La superficie de la Tierra puede cambiar lenta o rápidamente.

Las capas de la Tierra

La Tierra está formada por tres capas. Imagina que usas un durazno como un modelo de la Tierra. La piel del durazno representa la capa más delgada y superficial de la Tierra, llamada **corteza.** La pulpa de la fruta debajo de la piel representa el manto de la Tierra. El **manto** es la capa gruesa e intermedia de la Tierra. La semilla del durazno representa el **núcleo,** la capa más interna de la Tierra.

La corteza de la Tierra es la que mejor conoces. Es el lugar donde viven los seres humanos y otros organismos. Las cuevas subterráneas y el fondo del océano también forman parte de la corteza.

La corteza terrestre es la capa de la Tierra sobre la cual vivimos. Esta cueva es parte de la corteza terrestre. ▶

El manto es la capa más gruesa. Está compuesto de rocas. Parte de la roca del manto es un fluido espeso que se moverá si se ejerce presión sobre él.

El núcleo se extiende hasta el centro de la Tierra. Está compuesto principalmente por dos metales: hierro y níquel. Una parte del núcleo, llamada núcleo interno, es sólida. El núcleo externo es metal derretido.

A lo mejor te preguntas por qué algunos de los materiales en el interior de la Tierra están derretidos. La temperatura de la Tierra aumenta hacia el centro. En las profundidades de la Tierra hace suficiente calor como para derretir rocas y metales.

▶ **CLASIFICAR** **¿En qué capa de la Tierra se encuentran los seres vivos?**

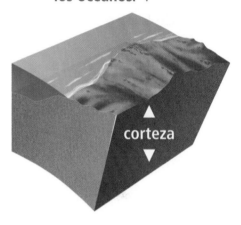

La corteza es mucho más gruesa debajo de la tierra que debajo de los océanos. ▼

corteza

El interior de la Tierra

Corteza La corteza es la piel fina y externa de la Tierra.

Manto El manto es la capa más gruesa.

Núcleo externo El núcleo externo es metal derretido.

Núcleo interno El núcleo interno es como una pelota de metal sólido

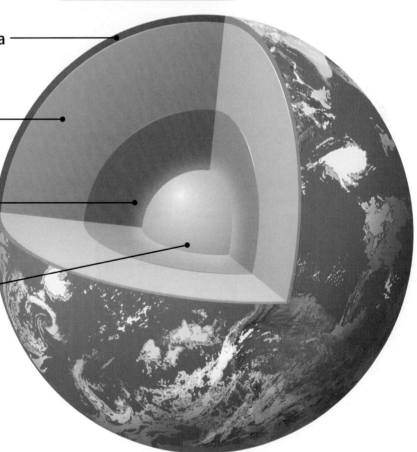

Los minerales

¿Alguna vez has jugado a adivinar un objeto desconocido? La primera pregunta que podrías hacer es si el objeto es un animal, un vegetal o un mineral. Un **mineral** es un material que se encuentra en la naturaleza y que nunca ha estado vivo. Existen muchos tipos de minerales. Los metales, como el oro y el hierro, son minerales. El grafito de tu lápiz es un mineral. La sal que le pones a la comida también es un mineral.

Los minerales tienen ciertas propiedades que pueden usarse para identificarlos. El color, la dureza y la textura son algunas de las propiedades de los minerales. El oro es amarillo y brillante. El grafito es negro, blando y al tocarlo se siente grasiento. El talco mineral es tan blando que puedes rasparlo con una uña.

▶ **CLASIFICAR** ¿Qué propiedades se pueden usar para clasificar minerales?

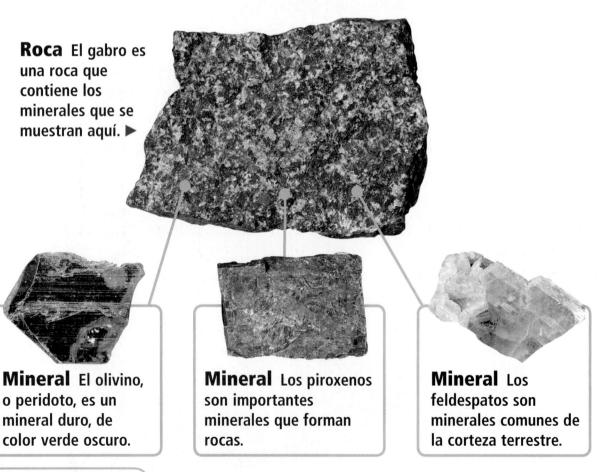

Roca El gabro es una roca que contiene los minerales que se muestran aquí. ▶

Mineral El olivino, o peridoto, es un mineral duro, de color verde oscuro.

Mineral Los piroxenos son importantes minerales que forman rocas.

Mineral Los feldespatos son minerales comunes de la corteza terrestre.

¿Cómo se usan los minerales?

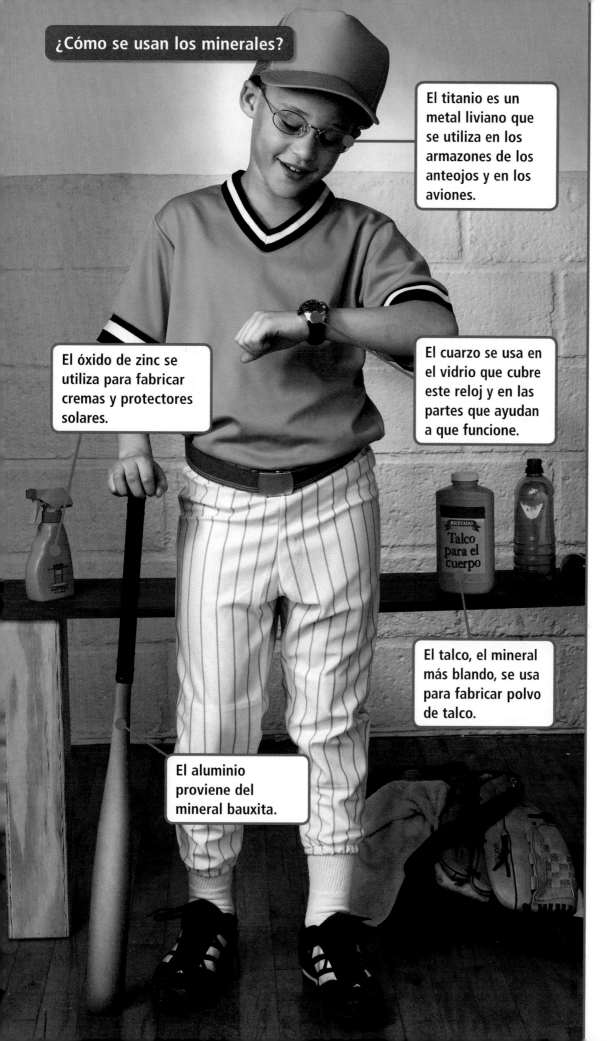

El titanio es un metal liviano que se utiliza en los armazones de los anteojos y en los aviones.

El óxido de zinc se utiliza para fabricar cremas y protectores solares.

El cuarzo se usa en el vidrio que cubre este reloj y en las partes que ayudan a que funcione.

El talco, el mineral más blando, se usa para fabricar polvo de talco.

El aluminio proviene del mineral bauxita.

titanio

bauxita

cuarzo

óxido de zinc

talco

Cómo se forman las rocas

Las rocas forman la corteza terrestre. Una roca es un material sólido formado por minerales. Una roca puede contener un mineral o varios minerales. El granito es una roca que contiene cuarzo, feldespato, mica y hornablenda.

Las rocas se agrupan de acuerdo con la manera en que se forman. Existen tres tipos de rocas. La **roca ígnea** se forma cuando la roca fundida del interior de la tierra se enfría y se endurece. La **roca sedimentaria** se forma cuando el sedimento, o arena con pedacitos de piedra, se cementa, o se pega. La **roca metamórfica** se forma cuando otra roca cambia por el calor y la presión. Cada tipo de roca tiene rasgos específicos.

Rasgos de las rocas

	Ígnea	Sedimentaria	Metamórfica
Roca	obsidiana	arenisca roja	pizarra
Textura	vidriosa, suave, sin granos	arenosa, granos medianos	lisa, granos pequeños, hojas onduladas
Color	negra	marrón rojiza	gris oscuro
Presencia de capas	no	sí	sí

Tipos de rocas

Roca ígnea	Roca sedimentaria	Roca metamórfica
obsidiana	arenisca roja	pizarra
granito	aglomerado	cuarcita
piedra pómez	yeso	mármol

Ígnea Si la roca fundida se enfría en el interior de la corteza terrestre, se endurece lentamente. Luego se forman granos minerales grandes. Si la roca se enfría sobre la superficie de la Tierra, se endurece rápidamente. Después, si se forman granos minerales, éstos son pequeños.

Sedimentaria La roca sedimentaria se forma a partir de capas de sedimento que se depositan, usualmente en el fondo de ríos, lagos y océanos. Las capas se comprimen y se endurecen para formar roca. Frecuentemente puedes ver capas de diferentes colores en las rocas sedimentarias.

Metamórfica Las rocas metamórficas se forman cuando la roca del interior de la Tierra se calienta y está bajo presión. A pesar de que el calor y la presión no son suficientes para derretir la roca, la transforman en un tipo diferente de roca.

▶ **CLASIFICAR** ¿Qué determina que una roca sea clasificada como ígnea, sedimentaria o metamórfica?

Cambios lentos

¿Alguna vez has construido un castillo de arena en la playa que las olas han destruido y arrastrado con ellas? El agua cambia la corteza terrestre rompiendo y arrastrando las rocas. A diferencia de la arena arrastrada por el agua en la playa, el proceso de descomposición de la roca es lento.

El viento que arrastra la arena también puede descomponer la roca. El viento, que es aire en movimiento, sopla contra la roca. Con el tiempo, la arena que el viento transporta desgasta, o erosiona, la roca.

El hielo también cambia la forma de la superficie de la Tierra. Un glaciar es una gran masa de hielo que se mueve lentamente. Los glaciares que transportan rocas pequeñas desgastan las rocas grandes. A medida que los glaciares se desplazan sobre algunas rocas, las recogen. Cuando el glaciar se detiene o se derrite, suelta las rocas.

▲ Con el tiempo, la acción del agua sobre la roca provoca cambios en la roca.

Las capas de roca sedimentaria del Gran Cañón se formaron durante millones de años. ▼

Cambios rápidos

A pesar de que es poco común sentir que se mueven, algunas partes de la corteza terrestre están siempre en movimiento. Una grieta en la corteza, llamada falla, puede formarse donde se mueve la corteza.

Cuando algunas partes de la corteza se mueven unas contra otras, puede producirse presión. Con el tiempo, la presión puede volverse tan grande que de repente la corteza responde bruscamente. Un **terremoto** es causado por un movimiento repentino de grandes secciones de roca debajo de la superficie de la Tierra. Los terremotos provocan cambios rápidos en la superficie terrestre. Las montañas pueden formarse a medida que la corteza se dobla, se pliega y se levanta.

Si dos secciones de corteza se separan, la roca fundida puede elevarse a la superficie. En la superficie, a esta roca fundida se le llama lava. Un volcán es una abertura en la corteza a través de la cual ceniza caliente, gases y roca fundida se mueven desde las profundidades de la Tierra hasta la superficie.

▲ Cuando un volcán hace erupción, pueden formarse nuevos accidentes geográficos y los viejos pueden quedar destruidos.

▲ La lava forma corteza nueva cuando se enfría y se endurece.

▶ **CLASIFICAR** ¿Cuáles son dos causas de los cambios rápidos en la superficie de la Tierra?

Los fósiles y el pasado de la Tierra

Un **fósil** es el conjunto de los restos antiguos de una planta o animal que alguna vez estuvo vivo. Los fósiles pueden contarnos historias sobre los seres vivos de hace mucho tiempo, y contarnos cómo han cambiado con el transcurso del tiempo. Los fósiles también pueden decirnos cómo era la superficie de la Tierra hace mucho tiempo.

Los científicos estudian los fósiles para encontrar pistas sobre el medio ambiente en el cual vivió la planta o el animal fósil. Por ejemplo, los fósiles de árboles y de una mosca encontrados cerca del Polo Sur han ayudado a los científicos a comprender que esta área fue alguna vez mucho más cálida de lo que es hoy en día.

Mediante el examen de los fósiles de plantas o animales que ya no existen, los científicos pueden determinar cómo era su apariencia. Al determinar la edad de las capas de roca que se encuentran alrededor de un fósil, pueden decir cuándo vivió la planta o el animal fósil.

▶ CLASIFICAR **¿Cómo pueden los científicos usar un fósil para determinar cuándo vivió un animal?**

La mayoría de los fósiles se forman de seres vivos que tuvieron partes duras, como huesos, caparazones y madera. ▼

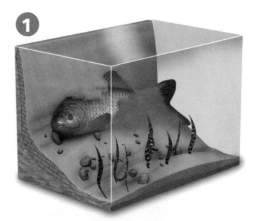

1 Un ser vivo muere y queda enterrado bajo capas de arena y suelo.

2 Durante un largo período de tiempo, la arena y el suelo se endurecen y se convierten en roca.

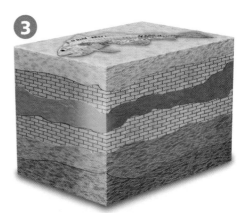

3 A medida que la corteza se mueve, la roca que contiene el fósil se traslada lentamente más cerca de la superficie.

Resumen visual

Los minerales pueden clasificarse según su color, dureza y textura.

Los tres tipos de rocas son ígneas, sedimentarias y metamórficas.

Cambios lentos y rápidos tienen lugar sobre la superficie de la Tierra.

ENLACES entre el hogar y la escuela

ESCRITURA **Persuasiva** Supón que encuentras un cañón rocoso y profundo con un arroyo en el fondo. ¿Crees que el cañón fue creado por cambios graduales o por un cambio repentino? Escribe un ensayo persuasivo para explicar tu elección. Asegúrate de incluir evidencia detallada.

ESTUDIOS SOCIALES

Entrevista histórica El 18 de abril de 1906, a las 5:12 a.m., uno de los peores terremotos de la historia estadounidense sacudió a San Francisco. Escribe una emisión de noticias como si fueras un periodista en el lugar de los hechos.

Repaso

❶ **IDEA PRINCIPAL** ¿Cuáles son las tres capas de la Tierra?

❷ **VOCABULARIO** ¿Cómo se forman las rocas ígneas? Da un ejemplo de una roca ígnea.

❸ **DESTREZA DE LECTURA:** **Clasifica** ¿Cuáles son los tres tipos de rocas?

❹ **RAZONAMIENTO CRÍTICO:** **Analiza** ¿Qué tipo de roca es más probable que contenga fósiles? ¿Por qué?

❺ **DESTREZA DE INVESTIGACIÓN:** **Usa modelos** ¿Qué materiales podrías usar para hacer el modelo de las capas de la Tierra? Explica tus elecciones.

✔ **PREPARACIÓN PARA EXÁMENES**

¿Cuál de los siguientes NO es un mineral?

A. granito

B. grafito

C. oro

D. feldespato

Visita al volcán:
Observar cómo la lava forma tierra

¿A qué se parece la lava? La familia Méndez está a punto de averiguarlo. Están haciendo una excursión a pie cerca de Kilauea, un volcán activo del Parque Nacional de Volcanes de Hawái. La lava está haciendo erupción desde una abertura en el lado sudeste del volcán. Un guardabosques los está guiando al lugar perfecto para observar este acontecimiento.

Personajes

Alana Smith: guardabosques

Andre: 8 años

Kim: 10 años

Margaret Méndez: madre de Andre y Kim

Bill Kato: volcanólogo

Guardabosques Smith: Muy bien, casi llegamos al flujo de lava. ¿Están todos listos para caminar hasta el área de observación?

Kim: ¡Tengo muchas ganas de ver lava real! ¿A qué distancia estaremos?

Andre: ¿Estás segura de que estaremos a salvo?

Guardabosques Smith: Sólo síganme. He guiado excursiones aquí durante 15 años. Quedarán a una distancia del flujo donde estarán a salvo. Sin embargo, igual sentirán el calor de la lava y olerán los gases volcánicos.

Andre: ¡Caramba!, ya hace más calor. ¿Siempre es así?

Guardabosques Smith: Hoy hace un calor extraordinario porque hay un gran arroyo de lava que proviene de una abertura en el lado sudeste del volcán.

Kim: Pero yo creía que la lava salía a chorros del orificio grande que se encuentra en la cima.

Guardabosques Smith: Ese gran orificio, o cráter, se llama caldera. La lava sí fluyó desde la caldera en 1983, cuando Kilauea comenzó a hacer erupción. Pero la lava también fluye de las aberturas, los conductos y los cráteres pequeños del volcán. Los volcanes hawaianos son famosos por sus arroyos de lava suaves y serenos. Se los llama flujos pahoehoe. *Pahoehoe* es una palabra hawaiana que significa "algo que gotea".

Margaret Méndez: ¡Esa lava parece un río de fuego!

Kim: ¿Qué temperatura tiene?

Guardabosques Smith: Cuando la lava erupciona, su temperatura es aproximadamente de 1,100 grados Celsius.

Andre: Oiga, ¡huele horrible! ¿Qué es eso? [*Andre se aprieta la nariz.*]

Guardabosques Smith: Es dióxido de azufre, un gas volcánico. Ayuda a que la lava haga erupción.

Kim: ¿Cómo?

Guardabosques Smith: Combinado con la presión y el calor del interior de la Tierra, empuja la lava hacia arriba y hacia fuera de la superficie.

Margaret Méndez: *[señalando]* ¿Quién es ese hombre con traje de astronauta?

[Entra el Sr. Kato]

Guardabosques Smith: Es Bill Kato. Es volcanólogo. Bill trabaja en el observatorio del volcán. Lleva puesto ese traje resistente al calor y una máscara para protegerle la cara cuando trabaja cerca de la lava. Hola, Bill. ¿En qué estás trabajando hoy?

Bill Kato: Aloha, guardabosques. He estado recogiendo muestras de lava y midiendo los cráteres. Estoy buscando pistas que ayudarán a predecir erupciones. Mientras más sepan los científicos sobre los volcanes, más seguras estarán las personas.

Margaret Méndez: ¡Mira! ¡La vista de esa lava que fluye hacia el mar es impresionante!

Andre: Hay mucho vapor abajo cerca del agua. ¿Por qué?

Bill Kato: Cuando la lava caliente toca el agua fría, se crean unas nubes de vapor grandes y abombadas.

Guardabosques Smith: ¿Qué otra cosa has estado estudiando últimamente, Bill?

Bill Kato: Bueno, estoy escribiendo un reporte sobre la manera en que el volcán ha afectado nuestra costa. En los últimos 20 años, Kilauea ha agregado casi 550 acres de suelo a la gran Isla de Hawái. ¡Eso es casi 550 campos de fútbol!

Margaret Méndez: ¿Cómo ocurre eso?

Bill Kato: Cuando el flujo de lava se enfría, se endurece y forma una nueva corteza sobre la superficie de la Tierra. Cuando la lava fluye hacia abajo hasta el océano, extiende la costa y hace más grande la isla.

Guardabosques Smith: Bueno, se está haciendo tarde y tenemos una larga caminata de regreso. Mejor nos vamos, amigos. ¡Gracias por toda la información, Bill!

Bill Kato: Cuando gustes. ¡Aloha!

Guardabosques Smith, Margaret Méndez, Andre and Kim: ¡Aloha!

Compartir ideas

1. **REPASO DE LA LECTURA** ¿De qué partes de un volcán puede salir la lava?

2. **ESCRÍBELO** Describe lo que pasa cuando la lava fluye dentro del océano.

3. **COMÉNTALO** Comenta por qué los volcanólogos estudian la actividad volcánica.

¿De dónde viene el suelo?

Por qué es importante...

Cuando comes una zanahoria, tu cuerpo absorbe nutrientes como vitaminas y minerales. ¿De dónde obtuvo los nutrientes la zanahoria? Los obtuvo del suelo en el cual creció. Sin el suelo, la mayoría de las zanahorias, tomates y otras plantas que las personas utilizan como alimentos no podrían crecer.

PREPÁRATE PARA INVESTIGAR

Destreza de investigación

Inferir Cuando infieres, utilizas hechos y datos que conoces y observaciones que has hecho para sacar una conclusión.

Materiales

- pedazos de arenisca
- 2 hojas de papel encerado
- cuchara de plástico
- agua
- lupa
- arena
- lentes protectores

Recursos de ciencias y matemáticas

Para realizar los pasos 1 y 4, repasa la sección **Usar una lupa** en la página H2.

Piedras y arena

Procedimiento

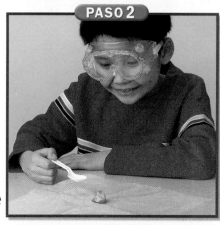
PASO 2

① **Observa** Trabaja con un compañero. Coloca un pedazo de arenisca sobre una hoja de papel encerado. Examina la roca con tu lupa. En tu Cuaderno de ciencias, haz un dibujo de lo que ves. **Seguridad:** Usa lentes protectores durante esta actividad. Ten cuidado cuando manipules la arenisca.

② **Registra los datos** Echa una cucharada de agua sobre el pedazo de arenisca. Anota tus observaciones debajo de tu dibujo.

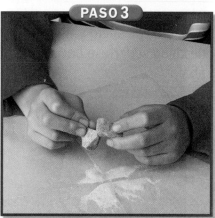
PASO 3

③ **Experimenta** Coloca otra hoja de papel encerado sobre la mesa. Frota dos pedazos secos de arenisca sobre el papel encerado.

④ **Observa** Examina lo que ves sobre el papel encerado con tu lupa. Dibújalo en tu *Cuaderno de ciencias*.

PASO 5

⑤ Agrega dos cucharadas de arena a lo que ves sobre el papel de cera. Agrega una cucharada de agua a la arena. Anota tus observaciones.

Conclusión

1. **Infiere** ¿Cuál absorbió más agua, la arenisca o la arena? Basándote en tus observaciones, ¿una planta crecería mejor en arenisca o en arena?

2. **Plantea una hipótesis** ¿Qué procesos naturales podrían ocasionar que la arenisca se convirtiera en arena?

¡Investiga más!

Diseña un experimento
¿El suelo es similar en cualquier sitio que se recoja? Haz un plan para encontrar una respuesta. Enumera los materiales que necesitarás. Luego pide permiso para llevar a cabo tu investigación.

Aprender leyendo

VOCABULARIO

desgaste	pág. C30
erosión	pág. C31
humus	pág. C32
suelo	pág. C30

DESTREZA DE LECTURA

Secuencia Usa el diagrama para mostrar la secuencia de las capas de suelo y de roca desde la superficie hacia abajo.

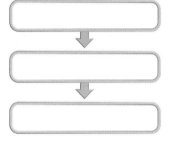

El agua cae frecuentemente dentro de pequeñas grietas en la roca. Cuando el agua se congela, se expande y amplía la grieta. ▶

El suelo

IDEA PRINCIPAL El agua, el viento, el hielo, las raíces de las plantas y la gravedad pueden romper las rocas y llevarse el material suelto.

El suelo y el desgaste

Si alguna vez has cultivado una planta, sabes que las plantas necesitan suelo. El **suelo** es el material suelto que cubre gran parte de la superficie de la Tierra. El suelo está compuesto por partículas de roca, minerales y material que perteneció a seres vivos.

El suelo se forma cuando las rocas se desgastan. La ruptura o erosión de la roca es un proceso llamado **desgaste.** Las rocas grandes se convierten en rocas más pequeñas. Las rocas pequeñas se convierten en grava y arena. Después de miles de años de desgaste, las rocas se convierten en suelo. Las cinco causas de desgaste son el agua, el viento, el hielo, las raíces de las plantas y la gravedad.

A medida que una roca se desgasta, pequeños pedazos son transportados a otros lugares. Este proceso de acarrear una roca desgastada de un lugar a otro se llama **erosión.**

A veces la erosión transporta los materiales rápidamente. El agua y el viento pueden recoger arena y suelo y llevarlos rápidamente a otros lugares. La erosión también puede ocurrir de forma lenta. En un río o arroyo, el agua fluye sobre el suelo del fondo. Pequeñas cantidades de suelo son acarreadas constantemente.

La gravedad también causa erosión. La gravedad es la fuerza que atrae a los objetos hacia el centro de la Tierra. Debido a la gravedad, el suelo de una colina se mueve lentamente hacia el pie de la colina. Los glaciares también transportan materiales hacia abajo.

▲ Las raíces de las plantas con frecuencia crecen dentro de las grietas de la roca y hacen que la roca se fracture.

SECUENCIA **¿De qué manera el desgaste ocasiona que las rocas grandes se conviertan en suelo?**

Este arco es roca que se ha ido quebrando por el desgaste y que ha sido arrastrada por la erosión.

Capa superficial La capa superior del suelo se llama capa superficial. La capa superficial fértil contiene mucho humus. Las partículas, o partes, que componen la capa superficial son oscuras y pequeñas. Las plantas crecen mejor en la capa superficial.

- -

Subsuelo La capa inferior del suelo, llamada subsuelo, contiene poco humus. Las partículas del subsuelo son más grandes y de colores más claros que en la capa superficial. El subsuelo también contiene pedacitos de roca.

- -

Lecho de roca La roca sólida que yace debajo de la capa inferior del suelo es el lecho de roca. Algunos de los materiales en el suelo de arriba pueden haber provenido del lecho de roca.

Las capas del suelo

Cuando el viento, el agua en movimiento y el hielo en movimiento reducen la velocidad o se detienen, dejan caer los materiales que transportan. La arena, el suelo y los pedazos de roca se apilan y forman capas.

Además de roca desgastada, el suelo también contiene humus, aire y agua. El **humus** es el conjunto de los restos descompuestos de plantas y animales. Los tipos de materiales en los suelos y sus cantidades varían de un lugar a otro. Los diferentes tipos de suelos contienen diferentes tipos de rocas desgastadas, minerales, humus, aire y agua.

Algunos tipos de suelos pueden contener más agua que otros. El suelo arenoso de los desiertos puede contener sólo una pequeña cantidad de agua. Los suelos que contienen mucha arcilla pueden contener mucha agua.

▶ **SECUENCIA** Comenzando por la superficie, enumera tres capas de suelo y roca.

Resumen visual

Las rocas son desgastadas por el viento, el agua en movimiento, el hielo, las raíces de las plantas y la gravedad.

El viento, el agua que fluye, los glaciares y la gravedad transportan los materiales desgastados de un lugar a otro.

La capa superficial y el subsuelo son capas de suelo que descansan sobre el lecho de roca.

ENLACES entre el hogar y la escuela

MATEMÁTICAS Cuenta las caras
Supón que una piedra con forma de cubo se rompe en dos pedazos. Los dos pedazos son prismas rectangulares. ¿Cuántas caras tenía el cubo? ¿Cuántas caras tiene cada prisma? ¿Cuántas caras tienen los dos prismas en total?

ESTUDIOS SOCIALES Escribe una carta
Los colonos ingleses que llegaron a Massachussets en el siglo diecisiete encontraron suelo rocoso. Los pioneros fueron hacia el oeste en el siglo diecinueve en busca de suelo fértil para cultivar. Imagina que eres un pionero del siglo diecinueve. Escribe una carta para tus parientes del este, contándoles acerca de las condiciones del suelo.

Repaso

1 IDEA PRINCIPAL ¿Cómo causa el viento el desgaste de la roca?

2 VOCABULARIO Escribe una oración usando el término *humus*.

3 DESTREZA DE LECTURA: Secuencia Describe los pasos por los que atraviesa una partícula de roca durante el proceso de desgaste y erosión.

4 RAZONAMIENTO CRÍTICO: Sintetiza Supón que visitas un lugar donde el tiempo es húmedo y muy frío. Notas rocas enormes rodeadas de pedazos de roca más pequeños. ¿De dónde habrán venido estos pedazos de roca?

5 DESTREZA DE INVESTIGACIÓN Infiere ¿Por qué la capa superficial tiene más probabilidades de contener más humus que el subsuelo?

PREPARACIÓN PARA EXÁMENES
Los suelos viscosos que pueden contener mucha cantidad de agua están mayormente compuestos por ____.

A. arena
B. aire
C. arcilla
D. rocas

El glaciar galopante

¡Imagina un río hecho de hielo! Eso es un glaciar: un río de hielo enorme que avanza lentamente cuesta abajo. La mayoría de los glaciares se mueven sólo unas pocas pulgadas o pies en un año. Sin embargo, ¡algunos glaciares galopan! El glaciar Hubbard en Alaska, que se muestra aquí, es un ejemplo. Los glaciares como éste pueden moverse entre 10 y 100 veces más rápido que el promedio. Los científicos están estudiando el glaciar Hubbard para comprender por qué se mueve tan rápido en comparación con otros glaciares.

El Hubbard es el glaciar más grande de América del Norte. Esta fotografía sólo muestra su parte frontal de seis millas de ancho. El resto de este río de hielo extremo se extiende 76 millas hacia atrás, hasta las montañas donde comienza.

Los glaciares típicos se mueven desde unas pocas pulgadas a unos pocos pies por año. ¡El glaciar Hubbard puede moverse 100 pies en un solo día!

Vocabulario

Completa cada oración con un término de la lista.

1. Cuando la arena y los pequeños pedazos de piedra se endurecen, el/la _____ se forma.

2. La capa más interna de la Tierra es el/la _____.

3. Los restos descompuestos de plantas y animales que se encuentran en la capa superficial es el/la _____.

4. El material suelto compuesto por partículas de roca, minerales y materiales de seres que alguna vez vivieron es el/la _____.

5. El calor y la presión pueden convertir diferentes tipos de roca en _____.

6. El movimiento repentino de la roca debajo de la corteza terrestre puede causar un(a) _____.

7. Un cañón o una llanura son ejemplos de un(a) _____.

8. Un material que se encuentra en la naturaleza y que nunca ha estado vivo es un(a) _____.

9. El proceso de acarrear roca desgastada de un lugar a otro se llama _____.

10. Los restos de algo que alguna vez estuvo vivo es un(a) _____.

accidente geográfico C8

corteza C14

desgaste C30

erosión C31

fósil C22

humus C32

manto C14

mineral C16

núcleo C14

roca ígnea C18

roca metamórfica C16

roca sedimentaria C18

suelo C30

terremoto C21

Preparación para exámenes

Escribe la letra de la respuesta correcta.

11. La capa de la Tierra en la cual se encuentran los seres vivos es el/la _____.

   A. corteza
   B. manto
   C. núcleo externo
   D. núcleo interno

12. La capa intermedia de la Tierra se llama _____.

   A. corteza   C. suelo
   B. manto   D. humus

13. ¿Cuál de los siguientes es una causa de cambios lentos en la superficie de la Tierra?

   A. volcanes   C. desgaste
   B. terremotos   D. inundaciones

14. Cuando la roca fundida se enfría y endurece, ¿cuál de las siguientes rocas se forma?

   A. roca sedimentaria   C. roca pizarra
   B. roca ígnea   D. roca metamórfica

Destrezas de investigación

15. Infiere Un fósil de una almeja que sólo pudo vivir en el océano se encuentra en la tierra. Infiere cómo era el terreno de esta área en el pasado.

16. Compara Encuentras una roca negra que se parece al vidrio. No tiene capas y tampoco parece contener ningún grano de minerales. También encuentras una roca marrón rojiza que tiene capas de diferentes colores. Compara la manera en la que probablemente se formó cada una de estas rocas.

Organiza los conceptos

Usa los siguientes términos para completar el diagrama:

desgaste
erosión
volcán
terremoto
glaciar

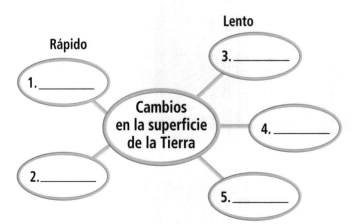

Razonamiento crítico

17. Aplica ¿Crees que la mayoría de las plantas son capaces de crecer bien en la arena? Explica por qué sí o por qué no.

18. Sintetiza Una isla de barrera es una isla larga y angosta cerca de una costa. En el lado de la isla que da al océano, hay frecuentemente grandes olas y fuertes vientos. ¿En qué se diferenciarían los cambios del suelo en el lado que da al océano de los cambios en el lado que da a la tierra?

19. Evalúa Supón que un amigo te dice que el núcleo entero de la Tierra está compuesto de metal sólido. ¿Cómo evaluarías esta afirmación?

20. Analiza Una fábrica recibe grandes cargas de grafito. ¿Qué producto podría elaborarse en la fábrica?

Evaluación del rendimiento

Colección de rocas

Colecciona rocas. Recoge varias rocas en tu vecindario. Usa una guía de identificación de rocas de la biblioteca para clasificar tus rocas como sedimentarias, metamórficas o ígneas. Si es posible, intenta averiguar el nombre de cada roca.

Capítulo 7

Proteger los recursos de la Tierra

LECCIÓN 1

Una piedrita en el suelo, la gasolina de un carro, el agua de un lago, ¿cuál de estos materiales se remplaza naturalmente?
Lo aprenderás en la Lección 1.

LECCIÓN 2

Desde las luces de tu salón de clases hasta el autobús que lleva los estudiantes a la escuela, ¿de dónde proviene la energía para utilizar estas cosas?
Lo aprenderás en la Lección 2.

LECCIÓN 3

Reducir, reutilizar, reciclar, ¿cómo pueden ayudar estos tres pasos a ahorrar recursos?
Lo aprenderás en la Lección 3.

¿Qué son los recursos naturales?

Por qué es importante...

¿Qué tienen en común un carro, un par de anteojos y una casa para perros? Todos están construidos con materiales como metal, vidrio y madera que provienen de la naturaleza. Estos materiales naturales se utilizan para fabricar objetos que las personas usan a diario.

PREPÁRATE PARA INVESTIGAR

Destreza de investigación

Clasificar Cuando clasificas, agrupas objetos de acuerdo con sus propiedades.

Materiales

- conjunto de objetos

Recursos de ciencias y matemáticas

Para realizar el paso 2, repasa la sección **Hacer una tabla para organizar datos** en la página H10.

¿De qué está hecho?

Procedimiento

1. **Colabora** Trabaja con un compañero. Pídele a tu maestro varios objetos. Ubícalos sobre un escritorio.

2. **Registra los datos** En tu *Cuaderno de ciencias,* dibuja una tabla como la que se muestra aquí.

3. **Clasifica** Examina cada objeto. Agrupa los objetos hechos de metal. Después agrupa los objetos hechos de madera. Finalmente, agrupa los objetos que no son de metal o de madera.

4. **Registra los datos** Anota tus agrupaciones en la tabla.

Conclusión

1. **Comunica** Explica por qué agrupaste los objetos de la manera en que lo hiciste.

2. **Usa números** ¿Cuántos objetos están hechos de metal? ¿Cuántos están hechos de madera? ¿Cuántos están hechos de otros materiales?

3. **Infiere** Basándote en tus datos, ¿cuál es el material con que están hechos la mayoría de los objetos de tu conjunto? Haz una inferencia sobre los efectos que una escasez de este material tendría sobre la Tierra.

PASO 2

Metal	Madera	Otro material

PASO 3

PASO 4

¡Investiga más!

Investiga Haz una lista de todos los materiales con los que se hacen cucharas. Usa la biblioteca o Internet para averiguar de dónde proviene cada material. Comparte tus resultados con tus compañeros.

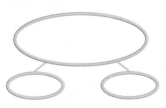

Los recursos naturales

IDEA PRINCIPAL Los seres humanos dependen de los recursos naturales para todas sus actividades diarias.

Los recursos naturales de la Tierra

Una tienda de artículos para el hogar vende todo aquello que podrías necesitar para construir o reparar una casa. Tiene madera para pisos y paredes, metal para cañerías e instalaciones eléctricas y vidrio para puertas y ventanas. ¿De dónde provinieron todos estos materiales?

Casi todo lo que nos rodea proviene de los recursos naturales. Un **recurso natural** es un material de la Tierra que le es útil a la gente. La madera que se vende como leña en una tienda de artículos para el hogar proviene de los árboles. El metal que se utiliza para fabricar tubos y cables proviene de las menas. Una **mena** es una roca que contiene metal u otros minerales útiles. El vidrio para las ventanas se hace con arena fundida.

Los recursos naturales te proporcionan el aire, el agua, el alimento, la ropa y el refugio que necesitas para vivir. Los materiales para los libros, juguetes y equipos deportivos provienen de los recursos naturales. Los recursos naturales ayudan a proveer electricidad para la televisión y gasolina para los carros.

▶ **IDEA PRINCIPAL** ¿De dónde provienen los recursos naturales?

El uso de los recursos naturales

Recursos naturales	Usos	Ejemplo
Plantas	alimento, madera, muebles, papel, cartón, goma, corcho, productos de belleza, algodón, medicinas	
Animales	alimento, vestimenta, lana, cuero, fertilizante	
Rocas, suelo y minerales	concreto, ladrillos, agricultura, jardinería, sal, talco, piedras preciosas, vidrio (arena fundida), cerámica (arcilla cocida)	
Petróleo	plásticos, fabricación de telas, envases para alimentos, equipos de seguridad, combustible, grasa para motores y máquinas, productos de belleza	
Agua	beber, bañarse, lavar, cocinar, agricultura, jardinería	
Metales	herramientas, materiales de construcción, plomería, transporte, cableado, latas, monedas, joyas	

Los recursos renovables y no renovables

Imagina que cortas flores de una planta de margaritas. Con el paso del tiempo, crecerán nuevas flores en la planta. Ahora imagina que recoges algunas piedritas del suelo. A diferencia de las flores, las piedras no pueden volver a crecer.

Algunos recursos, como las flores, son recursos renovables. Un **recurso renovable** es un recurso natural que la naturaleza puede reemplazar. Otros, son recursos no renovables. De un **recurso no renovable** hay una cantidad limitada. Este recurso no puede ser reemplazado o se requiere miles de años para ser reemplazado.

Este velero es impulsado por el viento, un recurso renovable. ▶

Los árboles son recursos renovables. La madera se obtiene de los árboles. Se utiliza para construir edificios y fabricar muebles. ▶

▲ El carbón se extrae de las minas de la Tierra, como la que se muestra aquí.

Las plantas son ejemplos de recursos renovables. Pueden volver a crecer. El agua y el aire también son renovables. El agua dulce se renueva cada vez que llueve. El aire puede usarse una y otra vez.

Las menas de metales y el carbón son ejemplos de recursos no renovables. El carbón se usa para producir electricidad y para fabricar hierro y acero. Una vez que las menas de metales y el carbón se extraen de la Tierra y se utilizan, no se pueden reemplazar.

 **IDEA PRINCIPAL** ¿Qué son los recursos renovables?

Comparar recursos

Los artículos que usan las personas provienen tanto de los recursos renovables como de los recursos no renovables. Entre los recursos renovables se incluyen el agua, las plantas, los animales y el aire. Los primeros tres se pueden reemplazar en unas pocas semanas, meses o años. Si el aire se torna sucio, no le lleva mucho tiempo limpiarse nuevamente.

Los recursos no renovables incluyen materiales de la Tierra como el petróleo, los metales y los minerales. El uso prudente de estos recursos es importante. Esto se debe a que toma muchos miles de años que se formen.

▶ **IDEA PRINCIPAL** **Nombra un recurso renovable y un recurso no renovable.**

Recursos renovables

| agua | plantas | animales |

Recursos no renovables

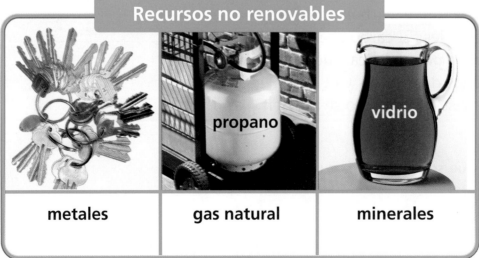

| metales | gas natural | minerales |

propano

vidrio

Resumen visual

Todo aquello que usan las personas proviene de los recursos naturales.

Algunos recursos naturales son renovables. Se pueden reemplazar.

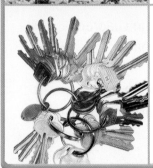

Algunos recursos son no renovables. No se pueden reemplazar.

ENLACES entre el hogar y la escuela

MATEMÁTICAS Escribe números mixtos

Cada estadounidense usa alrededor de $\frac{5}{3}$ de toneladas de papel cada cinco años. Si usaras sólo papel reciclado durante un año, ahorrarías aproximadamente $\frac{17}{3}$ árboles. Halla las fracciones impropias de este problema. Escríbelas en forma de números mixtos.

TECNOLOGÍA Haz un cartel

Algunos recursos, especialmente los minerales y los metales, pueden encontrarse en otros lugares de nuestro sistema solar. Investiga sobre la Luna y otro planeta. Diseña un cartel que muestre algunos recursos que los científicos creen que podrían encontrarse allí.

Repaso

1 **IDEA PRINCIPAL** ¿Por qué son importantes los recursos naturales?

2 **VOCABULARIO** ¿Cuál es la diferencia entre un recurso renovable y un recurso no renovable?

3 **DESTREZA DE LECTURA: Idea principal y detalles** Escribe dos detalles que apoyen la idea principal de que un recurso natural es renovable o no renovable.

4 **RAZONAMIENTO CRÍTICO: Aplica** Una embarcación puede hacerse de metal o de madera. ¿Cuál usarías para ahorrar recursos no renovables? Explica tu respuesta.

5 **DESTREZA DE INVESTIGACIÓN: Clasifica** Escoge diez artículos de tu salón de clases. Determina si cada uno de los artículos proviene de un recurso renovable o de un recurso no renovable.

✔ PREPARACIÓN PARA EXÁMENES

Los recursos naturales ____.

A. son siempre renovables

B. son materiales que se encuentran en la Tierra

C. nunca pueden agotarse

D. son fabricados por las personas

¿Qué son los recursos energéticos?

Por qué es importante...

Una brisa constante gira las aspas de las turbinas de viento.Las turbinas de viento son máquinas que convierten el movimiento del viento en electricidad. La electricidad se usa en los hogares, las escuelas y los lugares de trabajo todos los días. Sólo una pequeña cantidad de esta electricidad se produce mediante la energía eólica. Sin embargo, este tipo de turbinas se está volviendo cada vez más común.

PREPÁRATE PARA INVESTIGAR

Destreza de investigación

Colaborar Cada miembro de cada grupo debe tener la libertad de llegar a sus propias conclusiones.

Materiales

- caja de pizza con un cuadrado recortado en la tapa
- papel de aluminio
- papel de construcción negro
- envoltura de plástico muy resistente
- cinta adhesiva
- regla
- plastilina
- termómetro
- reloj

Recursos de ciencias y matemáticas

Para realizar el paso 4, repasa la sección **Usar un termómetro** en la página H8.

Horno solar

Procedimiento

PASO 2

1. **Colabora** Trabaja en grupo. Usa papel de aluminio para cubrir el interior del corte de la caja de pizza. Asegúrate de que el lado más brillante del papel de aluminio esté a la vista. Pega el papel en su lugar con cinta adhesiva.

PASO 3

2. Abre la caja y cubre el fondo del interior con papel de aluminio. Pega el papel con cinta adhesiva. Adhiere hojas de papel de construcción negro sobre el papel de aluminio del fondo para que quede recubierto.

3. Pega envoltura de plástico a lo ancho del interior de la tapa de la caja de pizza, así se forma un sello tirante sobre el corte.

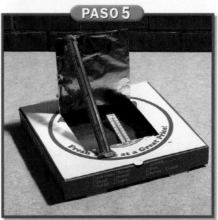
PASO 5

4. **Mide** Coloca un termómetro en la caja. Anota la temperatura en tu *Cuaderno de ciencias.*

5. **Observa** Pon el horno al aire libre. Ajusta el corte de modo que refleje la luz solar en el termómetro. Usa una regla con plastilina en ambos extremos para mantener el corte abierto. Después de 2 horas, registra la temperatura nuevamente. **Seguridad:** No toques el papel de aluminio. El horno puede estar caliente.

Conclusión

1. **Predice** ¿Qué le podría suceder a una rebanada de queso colocada en tu horno solar?

2. **Infiere** ¿Durante qué estación del año funcionará mejor tu horno solar?

¡Investiga más!

Diseña un experimento
¿Cómo funciona tu horno solar en diferentes momentos del día? Pruébalo en la mañana y en la tarde. Usa una gráfica de barras para mostrar las temperaturas que mediste.

Recursos energéticos

IDEA PRINCIPAL Las personas usan combustibles fósiles y recursos de energía alternativa para satisfacer sus necesidades energéticas.

Los combustibles fósiles

El petróleo se utiliza para fabricar productos como los plásticos y el asfalto para las carreteras. Es un importante recurso energético. Un recurso energético es todo aquello que puede usarse para producir la energía que usan las personas. Por ejemplo, el petróleo se usa para producir gasolina, la cual propulsa los carros.

El petróleo, el carbón y el gas natural son combustibles fósiles. Un **combustible fósil** es un combustible que se forma a lo largo del tiempo a partir de los restos de plantas y animales. Estos combustibles se queman para producir calor, hacer funcionar motores y producir electricidad.

Un conducto de esta plataforma petrolera llega hasta el petróleo que se encuentra debajo del suelo oceánico. Se usa una bomba para extraer el petróleo hasta la superficie. ▶

▲ La mayoría de los carros queman gasolina, la cual se fabrica a partir del petróleo.

Las personas usan combustibles fósiles para satisfacer muchas necesidades energéticas. Los camiones y autobuses funcionan con combustible diésel hecho de petróleo. Muchas personas usan gas natural para cocinar y calentar sus hogares. Gran parte de la electricidad de los hogares y de las empresas proviene de la combustión del carbón.

Los combustibles fósiles son recursos no renovables. Una vez que se agotan, les toma millones de años volver a formarse. Es posible que las personas agoten todos los combustibles fósiles de la Tierra. Los científicos han estudiado la rapidez con la que se están gastando los combustibles fósiles. Han llegado a la conclusión de que los combustibles fósiles que hay en la Tierra podrían agotarse en los próximos cien años. A medida que los combustibles fósiles empiecen a escasear, se volverán más y más costosos.

▲ El gas natural se usa para cocinar en las estufas.

▶ **ESTRUCTURA DEL TEXTO** Si hubiera un título en esta página, ¿cuál sería?

▲ La Laguna Azul, un área de natación en Islandia, se calienta mediante energía geotérmica.

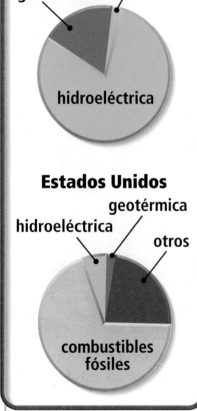

Fuentes de electricidad

Islandia

- combustibles fósiles
- geotérmica
- hidroeléctrica

Estados Unidos

- geotérmica
- hidroeléctrica
- otros
- combustibles fósiles

▲ ¿Qué país utiliza mayor cantidad de combustibles fósiles para producir electricidad?

Los recursos de energía alternativa

Un recurso de energía obtenido de otro elemento que no sea un combustible fósil se llama **recurso de energía alternativa.** La mayoría de estos recursos son renovables. **La energía geotérmica** es calor que proviene del interior de la Tierra. En algunos lugares, como ciertos sectores de Islandia, este calor se encuentra muy cerca de la superficie terrestre. Las personas pueden utilizar esta energía para cocinar y calentar sus hogares. Las centrales eléctricas como la que se muestra aquí utilizan energía geotérmica para producir energía.

La **energía hidroeléctrica** es la electricidad obtenida a partir de la fuerza del agua en movimiento. El agua en movimiento es el recurso de energía alternativa más comúnmente usado. Muchas centrales hidroeléctricas se construyen cerca de diques y cascadas.

Cuando los diques se construyen en los ríos, se crean lagos. A veces, el agua de los lagos se usa para abastecer a las ciudades. La construcción de diques también puede causar inundaciones en ciertos terrenos.

El Sol es un recurso importante de energía alternativa. Los paneles solares son dispositivos que transforman la luz solar en electricidad. Es probable que hayas visto paneles solares en los techos de algunos hogares o en cabinas telefónicas a lo largo de las carreteras. Tal vez hayas visto pequeños paneles solares en una calculadora.

Los carros usan enormes cantidades de combustibles fósiles. Muchas personas están trabajando para inventar carros que funcionen con recursos de energía alternativa. Los carros que funcionan parcialmente con electricidad ya están en las calles. Los carros solares experimentales son propulsados por la luz solar. El hidrógeno es un gas que puede usarse como combustible. Su único producto de desecho es el agua. Los carros propulsados con hidrógeno están siendo probados por varios fabricantes de automóviles.

▲ Un panel solar proporciona energía para este teléfono.

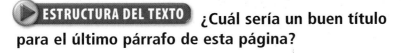 **ESTRUCTURA DEL TEXTO** ¿Cuál sería un buen título para el último párrafo de esta página?

Las fuentes de energía alternativa usadas para propulsar carros, como el metanol, producen una combustión más limpia que la de la gasolina. ▼

Molino de viento La energía eólica se ha utilizado durante cientos de años.

Turbina de viento Las turbinas de viento modernas se sitúan en lugares donde los vientos son continuos y fuertes.

La energía eólica

La energía eólica es uno de los recursos de energía alternativa más prometedores. El viento es una fuente de energía limpia que puede encontrarse en casi todas partes. La fabricación y la puesta en funcionamiento de las turbinas de viento cuesta menos dinero que antes. Sin embargo, algunas personas creen que las turbinas de viento son ruidosas y feas, y que pueden ser dañinas para las aves y otras especies.

Existen tanto beneficios como problemas en el uso de cada tipo de recurso de energía alternativa. Pero la mayor desventaja de los combustibles fósiles es que no son renovables. Debido a que la mayoría de los recursos de energía alternativa son renovables, son las fuentes de energía del futuro.

▶ **ESTRUCTURA DEL TEXTO** ¿Qué sugieren las fotos de esta página sobre la energía eólica?

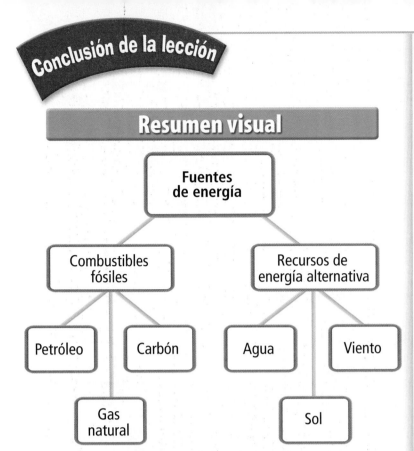

Conclusión de la lección

Resumen visual

Fuentes de energía

Combustibles fósiles

Recursos de energía alternativa

Petróleo

Carbón

Agua

Viento

Gas natural

Sol

ENLACES entre el hogar y la escuela

MATEMÁTICAS **Usa centésimas** En los Estados Unidos, 0.39 de la energía que se utiliza proviene del petróleo. Las otras fuentes de energía se muestran a continuación. Haz una tabla cuadriculada de 100 cuadrados. Usa un color diferente para sombrear los cuadrados de la tabla que representan cada fuente de energía.

FUENTE DE ENERGÍA	CANTIDAD UTILIZADA
Gas natural	0.24
Carbón	0.23
Energía nuclear	0.08
Energía hidroeléctrica	0.03
Todas las otras fuentes	0.03

ESTUDIOS SOCIALES **Haz una lista** Piensa en todas las actividades que realizas cotidianamente en las que usas combustibles fósiles. Escoge una actividad. Enumera todas las maneras en que creas que esos combustibles fósiles se usaron en esa actividad.

Repaso

❶ **IDEA PRINCIPAL** ¿Qué usan las personas para satisfacer sus necesidades energéticas?

❷ **VOCABULARIO** Define el término *combustibles fósiles.*

❸ **DESTREZA DE LECTURA: Estructura del texto** Repasa la sección titulada *La energía eólica.* ¿Debajo de cuál de los otros títulos podrías ubicar este texto? Explica tu respuesta.

❹ **RAZONAMIENTO CRÍTICO: Aplica** Piensa en el lugar donde vives. ¿Existe algún recurso de energía alternativa que tu comunidad podría usar?

❺ **DESTREZA DE INVESTIGACIÓN: Colabora** Trabaja con un compañero. Piensen cómo podrían ir a la escuela y volver a la casa de una manera en la que ahorren combustibles fósiles.

 PREPARACIÓN PARA EXÁMENES

¿Cuál de los siguientes es un recurso de energía renovable?

A. Carbón

B. Energía geotérmica

C. Petróleo

D. Gas natural

ATRAPAR EL SOL

Las personas han utilizado la energía del Sol durante miles de años. Hoy en día, debido a que los recursos no renovables de la Tierra se agotan, la energía solar es más importante que nunca. Puedes ver cómo a lo largo de la historia las personas han atrapado el Sol.

Los antiguos griegos construyeron ciudades diseñadas como tableros de ajedrez para que todas las casas estuvieran orientadas hacia el sur. De este modo, aun durante el invierno, las casas recibían el calor del Sol.

En 1948, la Dra. María Telkes diseña el sistema de calefacción para la primera casa solar.

Los Indios Pueblo construyeron la "Ciudad del cielo" en el siglo catorce. Los pisos están apilados de manera que los rayos del Sol puedan calentar todos los niveles.

Los hornos solares modernos se utilizan para cocinar alimentos en todo el mundo.

Compartir ideas

1. **REPASO DE LA LECTURA** ¿Por qué los antiguos griegos diseñaron sus ciudades con un diseño de tablero de ajedrez?

2. **ESCRÍBELO** ¿Por qué el Sol es un recurso natural importante?

3. **COMÉNTALO** ¿Cuál invento de energía solar mostrado en la lección crees que es el más importante? Comenta tus ideas con tus compañeros de clase.

C57

¿Cómo se pueden conservar los recursos?

Por qué es importante...

Para la mayoría de las personas, los envases de leche viejos son basura. Y podrían serlo, si no fueran reutilizados. Estos niños usaron envases de leche viejos para construir un bote. Hacer cosas nuevas utilizando materiales viejos ahorra recursos.

PREPÁRATE PARA INVESTIGAR

Destreza de investigación

Comparar Cuando comparas, describes en qué se parecen y en qué se diferencian dos cosas.

Materiales

- 4 recipientes de plástico
- agua
- marcador
- reloj
- pedacitos de anime
- pedazos de papel de periódico arrugado
- envoltorio de plástico con burbujas
- trocitos de envase de celulosa

Recursos de ciencias y matemáticas

Para realizar los pasos 3 y 4, repasa la sección **Medir el tiempo transcurrido** en la página H13.

Viva la Basura

Procedimiento

1. **Colabora** En tu *Cuaderno de ciencias*, dibuja una tabla como la que se muestra aquí. Trabaja con un compañero. Usa un marcador para rotular cada uno de los cuatro recipientes con el nombre de uno de los distintos materiales de embalaje enumerados en la tabla.

2. **Experimenta** Llena con agua cada recipiente hasta la mitad. Pon unos cuantos pedacitos de cada material de embalaje dentro del recipiente rotulado con su nombre.

3. **Registra los datos** Después de 1 hora, observa el material de embalaje en cada recipiente. Siente si el material se ha ablandado o si ha comenzado a desintegrarse. Anota tus observaciones en la tabla.

4. **Observa** Repite el paso 3 cada dos o tres horas durante el resto del día.

Conclusión

1. **Compara** Al final del día, ¿qué materiales de embalaje se han comenzado a desintegrar? ¿Qué materiales no lo han hecho?

2. **Infiere** Supón que cada material de embalaje fuera botado a la basura y enterrado bajo el suelo de un relleno sanitario cavado en la tierra. ¿Qué materiales de embalaje no se descompondrían?

PASO 1

Materiales de embalaje	Observación			
	1	2	3	4
trocitos de celulosa				
papel de periódico				
pedacitos de anime				
envoltorio de burbujas				

PASO 2

PASO 3

¡Investiga más!

Diseña un experimento
¿Cómo podrías descomponer el periódico y los trozos de material biodegradable de una manera más rápida? Diseña un experimento para probar tus ideas. Pídele permiso a tu maestro para llevar a cabo tu plan.

VOCABULARIO

conservación   pág. C62

contaminación   pág. C60

reciclar   pág. C62

DESTREZA DE LECTURA

Problema y solución A medida que lees, escribe tres maneras de reducir la contaminación.

Problema	Solución

Conservar los recursos de la Tierra

IDEA PRINCIPAL Las personas pueden reducir la contaminación y ahorrar recursos poniendo en práctica la conservación.

La contaminación del suelo

Un avión pequeño fumiga con insecticida un campo de cultivos. Después de cosechar los cultivos, parte de las sustancias químicas quedan en el suelo donde pueden continuar dañando a los seres vivos.

Otras actividades humanas también causan contaminación. La **contaminación** es el agregado de material dañino al medio ambiente. Después de extraer los metales en los trabajos de minería, muchas veces se dejan atrás materiales dañinos. Algunos materiales que se botan a la basura también pueden ser una fuente de contaminación. Entre éstos se incluyen las pinturas, los productos de limpieza y las baterías. Cuando estos materiales se botan, pueden causar contaminación del suelo.

Un avión que fumiga los cultivos puede causar contaminación al rociar sustancias químicas sobre la tierra.

Agua contaminada El agua contaminada afecta a las personas, a otros animales y a las plantas.

Agua saneada La contaminación del agua se puede limpiar mejorando la calidad del agua.

La contaminación del aire y del agua

Las sustancias químicas que contaminan el suelo pueden también convertirse en una fuente de contaminación del agua. Esto sucede cuando el agua de lluvia arrastra las sustancias químicas dentro de arroyos y ríos. Estas sustancias químicas pueden envenenar peces, insectos y plantas acuáticas. También pueden dañar a los seres vivos que beben el agua o que se alimentan de los peces del agua.

La contaminación del aire proviene de una variedad de fuentes. La quema de combustibles fósiles es la principal fuente de contaminación del aire. La contaminación del aire puede dañar a las personas, a la fauna y a las plantas.

Muchas personas están tratando de reducir la cantidad de basura que se coloca en los rellenos sanitarios cavados en la tierra. Las personas también están trabajando para limpiar zonas que ya han sido contaminadas.

▶ **PROBLEMA Y SOLUCIÓN** ¿Cuáles son las dos maneras en las que las personas están tratando de resolver el problema de la contaminación?

Conservar los recursos

Hay algunas buenas noticias sobre cómo las personas afectan al medio ambiente. Muchas personas están ahora poniendo en práctica la conservación. La **conservación** es la protección y el uso correcto de los recursos naturales.

Una manera de practicar la conservación es limpiar la basura, el suelo contaminado y el agua. Algunas personas compran productos envueltos en papel en vez de plástico. El papel se desintegra en los rellenos sanitarios cavados en la tierra. El plástico no lo hace. Reservar suelo como un área segura para la fauna es una manera de practicar la conservación. Otra manera es ahorrar recursos mediante el uso de recursos de energía alternativa.

Tú también puedes practicar la conservación. Para ayudar a ahorrar recursos y a reducir la contaminación, usa las tres R: Reducir, Reutilizar y Reciclar. **Reciclar** significa recoger materiales viejos, procesarlos y usarlos para hacer nuevos objetos. Cuanto más puedas conservar, más recursos ahorrarás para el futuro.

▶ **PROBLEMA Y SOLUCIÓN** ¿Cómo ayuda el reciclaje a reducir la contaminación?

El reciclaje ayuda al medio ambiente al reducir la cantidad de basura.

OFFICE PAPER PLEASE!

Reducir, reutilizar, reciclar

Reutilizar Cuando reutilizas los objetos, produces menos basura y ayudas a ahorrar recursos. Las llantas viejas pueden convertirse en juguetes. En tu hogar, puedes lavar las bolsas y los recipientes de plástico ya utilizados y reutilizarlos.

Reducir
Reciclar
Reutilizar

Reciclar Las botellas y los jarros de plástico pueden convertirse en fibras. Estas fibras se pueden hilar para fabricar un tejido sintético llamado polar, que se usa para hacer mantas y ropa.

Reducir Cuando reduces, utilizas menos recursos. Reduce el uso de energía apagando las luces cuando no las necesitas. Reduce la cantidad de basura comprando productos con menos envoltorio y con envoltorios que se descompongan con el tiempo.

Resumen visual

Las actividades humanas a menudo causan contaminación del aire, del agua y del suelo.

Las personas practican la conservación para mantener a salvo los recursos naturales.

La reducción, la reutilización y el reciclaje son tres pasos fáciles para ayudar a ahorrar recursos.

ENLACES entre el hogar y la escuela

ESCRITURA **Cuento** Imagina que estamos a 150 años en el futuro. ¿Las personas están derrochando los recursos de la Tierra o están siguiendo las reglas de Reducir, Reutilizar, Reciclar? Escribe un cuento de ciencia ficción para contar cómo crees que será el futuro del medio ambiente de la Tierra.

SALUD **Haz un cartel** A menudo los agricultores usan pesticidas para proteger sus cultivos. Sin embargo, los pesticidas pueden ser dañinos si se ingieren. Investiga maneras de producir frutas y verduras que sean seguras para el consumo. Haz un cartel que incluya fotos de estos alimentos e instrucciones de cómo asegurarte de que son seguros.

Repaso

❶ IDEA PRINCIPAL ¿Cómo pueden las personas reducir la contaminación?

❷ VOCABULARIO Escribe una oración usando el término *conservación*.

❸ DESTREZA DE LECTURA
Problema y solución Describe algo que puedas hacer para ayudar a resolver el problema de la contaminación.

❹ RAZONAMIENTO CRÍTICO:
Evalúa ¿Qué le dirías a alguien que piensa que la conservación no es importante?

❺ DESTREZA DE INVESTIGACIÓN
Compara ¿En qué se parecen la contaminación de la tierra y la contaminación del agua? ¿En qué se diferencian?

✔ **PREPARACIÓN PARA EXÁMENES**

¿Cuál NO es una manera de practicar la conservación?

A. apagar una luz cuando no se necesita

B. reciclar botellas de plástico

C. reservar terrenos para la fauna

D. botar una lata de pintura en un relleno sanitario cavado en la tierra

Geólogo

Los geólogos estudian la Tierra, cómo se forman las rocas y cómo cambian. Existen muchos trabajos para los geólogos. Algunos geólogos asesoran a los constructores sobre la construcción de rascacielos, puentes, diques y túneles. Ciertos geólogos buscan nuevas fuentes de gas y de petróleo. Existen también geólogos que estudian fósiles, volcanes y terremotos.

Lo que se necesita

- Un título en geología, ciencias de la tierra o geofísica

- Interés por el medio ambiente

Agrimensor

Cuando observas un edificio, un parque o una carretera en construcción, puedes estar seguro de que un agrimensor estuvo allí primero. Los agrimensores miden la tierra para marcar los límites de una propiedad. Preparan mapas para documentos legales como escrituras y contratos.

Lo que se necesita

- Un diploma de escuela secundaria

- Entrenamiento en este trabajo

- Destrezas de matemáticas y cursos de diseño, dibujo y agrimensura

Ave de basura

¿Creerías que esta escultura de 20 pies de alto y 40 pies de largo está completamente hecha de basura? Un artista encontró una manera inusual y divertida de reciclar la basura, pero la basura es un serio problema. La mayor parte de la basura simplemente se arroja, se bota o se entierra. Pero se nos están agotando los lugares donde ubicarla. Sin el reciclaje, ¡estaremos enterrados en nuestra propia basura! Tú puedes ayudar siguiendo las tres R: Reducir la cantidad de basura que botas. Reutilizar todo aquello que puedas. Reciclar el resto.

¿SABÍAS?

En 1960, una familia americana promedio de cuatro miembros desechaba aproximadamente 10 libras de basura por día. Para el año 2000, la cantidad se duplicó a aproximadamente 18 libras de basura por día.

Vocabulario

Completa cada oración con un término de la lista.

1. Un(a) _____ se forma a partir de los restos de plantas y animales.
2. Un recurso que no puede ser reemplazado por la naturaleza es un(a) _____.
3. El agregado de materiales dañinos al medio ambiente causa _____.
4. La energía eólica y la energía solar son ejemplos de _____.
5. El calor que proviene del interior de la Tierra y que puede usarse para producir electricidad es _____.
6. Un recurso que puede ser reemplazado por la naturaleza se llama _____.
7. Un material de la naturaleza que es útil a la gente es un(a) _____.
8. Una roca que contiene metal u otros minerales útiles es un(a) _____.
9. Cuando las personas protegen los recursos naturales, practican el/la _____.
10. La electricidad obtenida a partir de la fuerza del agua en movimiento es el/la _____.

combustible fósil C50
conservación C62
contaminación C60
energía geotérmica C52
energía hidroeléctrica C52
mena C42
reciclaje C62
recurso de energía alternativa C52
recurso natural C42
recurso no renovable C44
recurso renovable C44

Preparación para exámenes

Escribe la letra de la respuesta correcta.

11. Hoy en día, los Estados Unidos obtienen la mayor parte de su electricidad de _____.
    A. los recursos no renovables
    B. los combustibles fósiles
    C. la energía eólica
    D. los recursos de energía alternativa

12. Todos los siguientes son ejemplos de recursos de energía EXCEPTO el/la _____.
    A. petróleo   C. arena
    B. viento   D. carbón

13. Una manera de practicar la conservación es _____.
    A. utilizar recursos no renovables
    B. utilizar combustibles fósiles
    C. contaminar
    D. reciclar

14. ¿Cuál de los siguientes NO es un recurso renovable? _____.
    A. madera   C. metal
    B. agua   D. aire

15. Compara Digamos que puedes utilizar madera nueva, un plástico que se puede reciclar o un metal usado para construir una casa para tu perro. ¿Cuáles son algunas de las ventajas y desventajas del uso de cada uno de estos materiales?

16. Clasifica Haz una tabla como la que se muestra a continuación. Clasifica cada una de las siguientes fuentes de energía: carbón, viento, gas natural, gasolina, energía solar y petróleo. Para cada una, ubica una marca de verificación en la columna de *Combustible fósil* o de *Fuente de energía alternativa*.

Fuente de energía	Combustible fósil	Fuente de energía alternativa
carbón		

Organiza los conceptos

Escoge un objeto o un material que uses todos los días. Escríbelo o dibújalo en la casilla del centro de tu mapa conceptual. Al lado de cada número, escribe una manera en la que podrías reutilizar el material, reciclar el material y reducir el uso que le das a ese material.

REDUCIR

1. _____

RECICLAR

REUTILIZAR

3. _____   2. _____

17. Sintetiza Puedes practicar la conservación antes de utilizar un material y después de hacerlo. ¿Qué aspectos deberías considerar acerca del material antes de usarlo? ¿Y después de usarlo?

18. Aplica Haz una lista de tres medios de transporte. Después haz una lista del recurso de energía que se usa para cada medio. Escribe si el recurso energético es renovable o no renovable.

19. Evalúa Algunas personas dicen que la apariencia de las turbinas eólicas no es atractiva y que son ruidosas. ¿Qué solución sugerirías para responder a esta objeción?

20. Analiza Los agricultores pueden hacer crecer cultivos en el mismo suelo año tras año. Pero si el suelo se quema o se lava, podría tomar miles de años en reemplazarse. ¿Crees que el suelo es un recurso renovable o no renovable? Explica tu respuesta.

Evaluación del rendimiento

Escribe una ley de conservación

La mayoría de los gobiernos tienen leyes que ayudan a que las personas ahorren recursos, reduzcan la contaminación y protejan el mundo natural. Usa la biblioteca o Internet para investigar sobre algunas de estas leyes. Después piensa en tu propia ley de conservación. Escribe un párrafo que describa tu ley y cómo las personas pueden obedecerla.

Escribe la letra de la respuesta correcta.

1. ¿Cuál cubre la mayor parte de la superficie terrestre?

A.

B.

C.

D.

2. ¿Qué recurso natural ayuda a que las plantas crezcan?

  A. humus
  B. combustibles fósiles
  C. menas de metal
  D. energía geotérmica

3. Un cañón es un tipo de _____ .

  A. glaciar
  B. montaña
  C. llanura
  D. valle

4. ¿Cuál de estos recursos energéticos NO proviene de la Tierra?

  A. combustibles fósiles
  B. energía solar
  C. energía geotérmica
  D. energía hidroeléctrica

5. La mayor parte del agua dulce que se encuentra en la Tierra está en los _____ .

  A. glaciares
  B. lagos
  C. océanos
  D. ríos

6. ¿Cuál es un ejemplo de erosión?

  A. El viento sopla la arena dentro de las rocas.
  B. Las raíces de las plantas dividen una roca enorme.
  C. La lluvia arrastra el suelo dentro de un arroyo.
  D. El agua fluye dentro de las grietas de las rocas y se congela.

7. ¿Cuál representa un recurso no renovable?

A.

B.

C.

D.

8. ¿Cuál causaría el cambio más rápido de las rocas sobre la superficie de la Tierra?

A. terremoto

B. glaciar

C. lluvia

D. viento

Responde a lo siguiente con oraciones completas.

9. El uso de las tres R de la conservación puede ayudar a ahorrar recursos naturales y a reducir la contaminación. Este bidón de agua está hecho de plástico reciclado.

Para cada una de las otras dos R, describe una manera en que podrías practicar la conservación usando el bidón.

10. Las condiciones del tiempo en los días calurosos y secos del verano pueden incrementar la contaminación del aire. Algunas ciudades ofrecen viajes gratis en autobús durante estos días. Explica cómo podrían reducir la contaminación del aire los viajes gratis en autobús.

Viajes gratis
Día del aire puro

¡Descúbrelo!

La construcción de un dique ayuda a algunas plantas y animales, pero puede dañar a otros. Cuando se construye un dique, éste puede causar inundaciones y crear un lago donde antes había tierra seca. El lago se convierte en un hábitat para peces, aves y otros animales. También puede ser una fuente de agua que los agricultores pueden usar para sus cultivos.

La inundación causada por un dique también tiene efectos dañinos. El agua puede cubrir áreas de tierra que son el hogar de plantas y animales. Algunas plantas morirán y muchos animales deberán encontrar nuevos hogares.

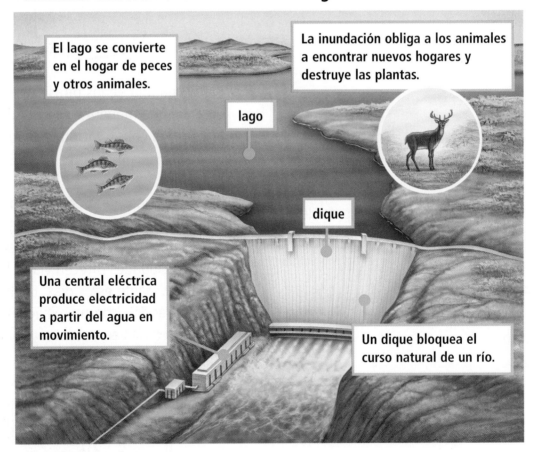

El lago se convierte en el hogar de peces y otros animales.

La inundación obliga a los animales a encontrar nuevos hogares y destruye las plantas.

lago

dique

Una central eléctrica produce electricidad a partir del agua en movimiento.

Un dique bloquea el curso natural de un río.

La tierra en el espacio

La tierra en el espacio

Lectura independiente

El hombre en la Luna y otros cuentos de la luna

15 datos sobre el sistema solar

Robbie Hood: Cazadora de huracanes

Cada planeta tiene características que lo diferencian de sus vecinos en el espacio. Venus es el planeta más caliente. Júpiter es el más grande. Varios planetas tienen volcanes. ¿En qué planeta se encuentra el volcán más grande de nuestro sistema solar? Tendrás la respuesta para esta pregunta al final de la unidad.

Capítulo 8

Patrones en la atmósfera de la Tierra

LECCIÓN 1

Un charco, una nube, la nieve sobre una montaña, el agua en una bañera, ¿cómo se relacionan todas estas cosas?

Lo aprenderás en la Lección 1.

LECCIÓN 2

Sol, nieve o lluvia, ¿cómo predicen el tiempo los científicos?

Lo aprenderás en la Lección 2.

LECCIÓN 3

En enero, las personas en Hawái están practicando surf mientras que en Maine están patinando sobre hielo, ¿cómo varían los patrones del tiempo alrededor del mundo?

Lo aprenderás en la Lección 3.

¿Qué es el ciclo del agua?

Por qué es importante...

La niebla cubre una costa rocosa. Un faro envía un poderoso rayo de luz para advertirle a los barcos que hay peligro. El mal tiempo, como la niebla espesa o las tormentas violentas, no es sólo una molestia. Puede ser mortal. Comprender cómo cambia el tiempo puede ayudar a salvar vidas.

PREPÁRATE PARA INVESTIGAR

Destreza de investigación

Predecir Cuando predices, dices lo que crees que ocurrirá en base a tus observaciones y experiencias.

Materiales

- 2 recipientes de plástico
- cubitos de hielo
- agua caliente y agua fría
- reloj

Recursos de ciencias y matemáticas

Para realizar el paso 3, repasa la sección **Medir el tiempo** transcurrido en las páginas H12 y H13.

Hielo y agua

Procedimiento

1. **Colabora** Trabaja con un compañero. En tu *Cuaderno de ciencias,* haz una tabla como la que se muestra aquí.

2. **Experimenta** Llena un recipiente de plástico con agua tibia hasta la mitad. Llena el segundo recipiente de plástico con agua fría hasta la mitad. Rotula cada recipiente.

3. **Usa variables** Ubica cuatro o cinco cubitos de hielo en el recipiente que contiene agua fría. Coloca ambos recipientes con agua en un lugar cálido durante 20 minutos.

4. **Predice** Predice lo que crees que les pasará a los recipientes con agua después de 20 minutos. Anota tus predicciones en la tabla.

5. **Observa** Después de 20 minutos, observa atentamente ambos recipientes con agua. En la tabla, anota cualquier cambio que haya habido dentro y fuera de los recipientes.

Conclusión

1. **Plantea una hipótesis** Escribe una hipótesis que explique qué sucedió con los cubitos de hielo en el recipiente de agua fría.

2. **Compara** Observa la tabla. ¿Qué diferencia hubo en la parte externa de los recipientes después de 20 minutos?

PASO 1

	Agua tibia	Agua fría y hielo
Predicción		
Observación		

PASO 2

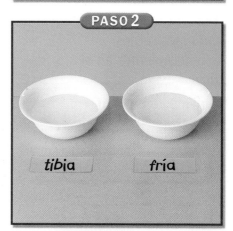

tibia   fría

PASO 3

tibia   fría

¡Investiga más!

Sé un inventor Durante algunos veranos, la lluvia no es suficiente para el crecimiento de algunos cultivos. Basándote en lo que aprendiste en este experimento, inventa una manera de obtener agua para los cultivos durante un verano seco.

El movimiento del agua

VOCABULARIO

ciclo del agua	pág. D8
condensación	pág. D7
evaporación	pág. D7
precipitación	pág. D8
vapor de agua	pág. D6

DESTREZA DE LECTURA

Secuencia Usa el diagrama para mostrar los acontecimientos en el ciclo del agua.

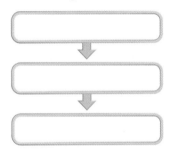

IDEA PRINCIPAL En el ciclo del agua, el agua cambia de forma y se mueve entre el aire y la superficie de la Tierra.

El agua que cambia

¿Qué tienen en común el hielo, el agua líquida y el agua en forma de gas? Todos son diferentes formas de agua. Ya sabes que el hielo es la forma sólida y el agua es la forma líquida. El **vapor de agua** es agua en forma de gas invisible.

El agua es uno de los pocos materiales de la Tierra que puede encontrarse en las tres formas, o estados, bajo condiciones normales. Probablemente has visto o sentido agua en estado sólido, líquido y gaseoso en tu vida diaria.

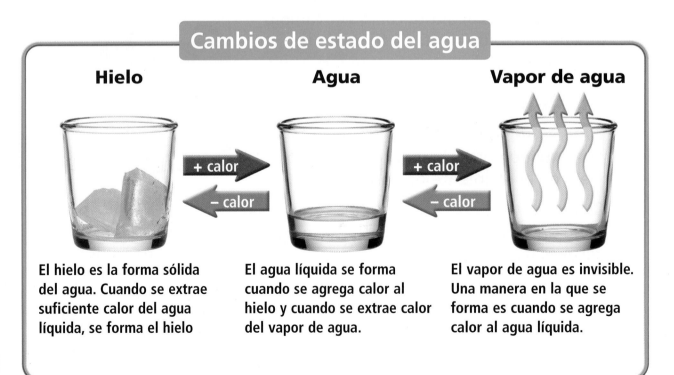

Cambios de estado del agua

Hielo   **Agua**   **Vapor de agua**

+ calor   − calor   + calor   − calor

El hielo es la forma sólida del agua. Cuando se extrae suficiente calor del agua líquida, se forma el hielo

El agua líquida se forma cuando se agrega calor al hielo y cuando se extrae calor del vapor de agua.

El vapor de agua es invisible. Una manera en la que se forma es cuando se agrega calor al agua líquida.

¿Por qué un charco podría evaporarse más rápido en un día cálido? ▶

¿Alguna vez has visto los charcos de agua en las calles después de una tormenta? A veces, en pocas horas, los charcos desaparecen. El agua líquida en el charco se transforma en el gas llamado vapor de agua. El cambio de estado de líquido a gaseoso se llama **evaporación.**

En una fría mañana habrás notado gotas de agua sobre las hojas de las plantas o en el parabrisas de un carro. Esta agua es rocío. El rocío no cae como la lluvia. Se forma sobre superficies frías a partir de la condensación del vapor de agua en el aire. La **condensación** es el cambio de estado gaseoso a estado líquido.

Al calentar o al enfriar el agua la podemos cambiar de un estado a otro. Cuando se agrega calor al hielo, el hielo se derrite y se convierte en agua líquida. Cuando se agrega calor al agua líquida, el agua se evapora. Ésta es la razón por la cual la ropa mojada en un tendedero se seca rápidamente en un día cálido.

Cuando se extrae el calor del vapor de agua, ésta se condensa y se forma agua líquida. Si se extrae suficiente calor, el agua líquida se congela y se convierte en hielo.

▶ **SECUENCIA** ¿Qué pasa cuando se agrega calor al hielo

En algunas zonas secas, los animales y las plantas usan el rocío como una fuente de agua. ▶

D7

El ciclo del agua

El movimiento del agua entre el aire y la Tierra a medida que cambia de estado se llama **ciclo del agua.** El agua está siempre en movimiento a través del ciclo del agua. Este proceso renueva la provisión de agua que hay en la Tierra.

Cuando el agua líquida que se encuentra sobre la Tierra se evapora, forma vapor de agua en el aire. Cuando el vapor de agua en el aire se enfría, se condensa en forma de gotitas pequeñitas. Estas gotitas pequeñitas forman nubes. Las gotitas de agua más grandes caen de regreso a la Tierra en forma de precipitación. La **precipitación** es cualquier forma de agua que cae desde las nubes a la superficie de la Tierra. La precipitación incluye lluvia, nieve, aguanieve y granizo.

Parte de la precipitación se absorbe en la tierra y se convierte en agua subterránea. El agua que la tierra no absorbe fluye hacia abajo como agua de desagüe. El agua de desagüe se junta en arroyos y ríos. Los arroyos y ríos desembocan en lagunas, lagos y océanos.

▶ **SECUENCIA** **¿Qué pasa después de que el agua cae a la superficie de la Tierra en forma de precipitación?**

Sol

océano

Condensación Ocurre cuando el vapor de agua en el aire se enfría. El vapor de agua se convierte en gotitas pequeñitas de agua líquida. Las nubes están hechas de estas pequeñas gotitas.

Precipitación Mientras más cantidad de vapor de agua se condensa, las gotitas en las nubes se vuelven más grandes y más pesadas. Estas gotas de agua caen a la superficie de la Tierra en forma de precipitación.

vapor de agua en el aire

lago

agua de desagüe

Evaporación Ocurre cuando el calor del Sol hace que el agua líquida se transforme en vapor de agua, un gas. El agua de los océanos, lagos y ríos se evapora.

agua subterránea

Los seres vivos y el ciclo del agua

Los seres vivos son parte del ciclo del agua. Todos los seres vivos necesitan agua para sobrevivir. Las plantas absorben agua a través de sus raíces. Los animales beben el agua.

Los seres vivos también devuelven el agua al ciclo del agua. Las plantas liberan grandes cantidades de agua a través de sus hojas. Los animales, incluyendo a las personas, liberan el agua como desecho. El ciclo del agua renueva esta agua de tal manera que se convierte en agua dulce nuevamente. La gráfica muestra algunas de las muchas maneras en que las personas usan el agua.

▶ **SECUENCIA** **¿De qué manera los seres vivos devuelven el agua al ciclo del agua?**

El uso del agua en los Estados Unidos

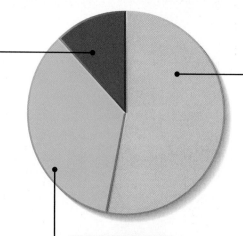

Uso doméstico

Las personas usan agua en sus casas para beber, lavar, bañarse y cocinar.

Agricultura

Las personas usan grandes cantidades de agua para cultivar alimentos. La mayoría de esta agua se usa para los cultivos de plantas.

Industria

Las fábricas, las centrales eléctricas y otras industrias usan agua para enfriar máquinas, fabricar productos y producir electricidad.

Resumen visual

El agua cambia de estado entre sólido, líquido y gaseoso cuando se agrega o se quita calor.

El ciclo del agua es un proceso en el cual el agua cambia de estado y se mueve entre el aire y la Tierra.

Los seres vivos toman el agua del ciclo del agua y la devuelven al ciclo del agua.

ENLACES entre el hogar y la escuela

MATEMÁTICAS Ordena números naturales
Escribe en orden los nombres de las ciudades. Comienza por la ciudad que tiene el promedio anual de nevadas más bajo.

Ciudad, Estado	Promedio anual de nevadas
Anchorage, Alaska	71 pulgadas
Boston, Massachusetts	42 pulgadas
Olympia, Washington	17 pulgadas
Syracuse, New York	116 pulgadas

ESTUDIOS SOCIALES Escribe un párrafo
A principios del siglo XX, muchas familias usaban refrigeradores de madera para conservar los alimentos fríos. Escribe un párrafo sobre cómo sería tu vida sin un refrigerador eléctrico.

Repaso

❶ IDEA PRINCIPAL Describe qué le pasa al agua a medida que se mueve a través del ciclo del agua.

❷ VOCABULARIO Define el término *vapor de agua.*

❸ DESTREZA DE LECTURA: Secuencia En el ciclo del agua, ¿qué acontecimiento tiene lugar entre la evaporación y la precipitación?

❹ RAZONAMIENTO CRÍTICO: Sintetiza Explica cómo el agua que hoy bebes puede haber estado alguna vez dentro del cuerpo de un dinosaurio.

❺ DESTREZA DE INVESTIGACIÓN: Predice ¿Qué pasaría con el ciclo del agua si el Sol no proveyera calor?

PREPARACIÓN PARA EXÁMENES

La precipitación incluye todos los siguientes EXCEPTO ___.

A. nieve

B. rocío

C. granizo

D. lluvia

¿Cómo cambia el tiempo cada día?

Por qué es importante...

¿Cómo crees que estaba el tiempo cuando esta niña salió de su casa? Un paraguas mojado y algunos charcos son señales de que estuvo lloviendo más temprano. El tiempo afecta tu manera de vestirte y tus actividades. Hacer un picnic, jugar un deporte al aire libre o viajar en avión son todos acontecimientos que pueden ser afectados por el tiempo.

PREPÁRATE PARA INVESTIGAR

Destreza de investigación

Comunicar Cuando comunicas, compartes información usando palabras, acciones, esquemas, gráficas, tablas y diagramas.

Materiales

- termómetro
- indicador de nieve y lluvia
- mapa del área local

Recursos de ciencias y matemáticas

Para realizar el paso 4, repasa la sección **Hacer una gráfica de barras** en la página H13.

Informe meteorológico

Procedimiento

PASO 1

1. **Colabora** Trabaja en grupos de cuatro. Coloca un termómetro en un lugar al aire libre, en un sitio donde haya sombra. Ubica un indicador de nieve y lluvia en un espacio abierto al aire libre.

2. **Comunica** En tu *Cuaderno de ciencias*, haz una tabla como la que se muestra aquí. Cada miembro del grupo debe llevar un control de una de las condiciones del tiempo enumeradas en la tabla.

PASO 2

Condición del tiempo	Día 1	Día 2	Día 3	Día 4	Día 5
Cielo					
Viento					
Precipitación					
Temperatura					

3. **Observa** Anota las condiciones del tiempo todos los días durante cinco días. Observa los tipos de nubes que hay en el cielo. Observa si cubren más de la mitad o menos de la mitad del cielo. Clasifica el viento como suave, con brisa o fuerte. Mide y registra la temperatura y cualquier tipo de precipitación.

4. **Comunica** En tu *Cuaderno de ciencias*, haz una gráfica de barras como la que se muestra aquí, para mostrar tus datos sobre la temperatura diaria.

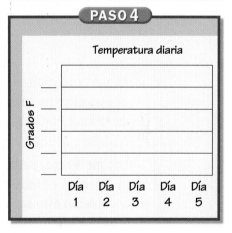

PASO 4

Temperatura diaria

Grados F

Día 1 · Día 2 · Día 3 · Día 4 · Día 5

Conclusión

1. **Analiza los datos** ¿Cuál fue el cambio más grande en el tiempo durante la semana?

2. **Comunica** Usa un mapa de tu área para hacer el mapa del tiempo de un día. Usa símbolos como un sol, una gota de lluvia o una nube para representar las condiciones del tiempo.

¡Investiga más!

Diseña un experimento
Continúa registrando los datos del tiempo durante el resto del mes. Al finalizar el mes, entrega a tu maestro un resumen de tus datos para cada condición del tiempo.

El tiempo

IDEA PRINCIPAL El tiempo es la condición local de la atmósfera de la Tierra. El tiempo incluye la temperatura, el viento y el agua en el aire.

La atmósfera de la Tierra

Respira profundamente. El aire que acabas de inhalar es parte de la **atmósfera** de la Tierra. La atmósfera es el conjunto de capas de aire que cubren la superficie de la Tierra. El aire que hay en la atmósfera es una mezcla de gases incoloros e insípidos.

Puedes pensar en la atmósfera como una manta que rodea la Tierra. Al igual que una manta, la atmósfera mantiene caliente a la Tierra. Y al igual que una manta, la atmósfera tiene peso, por los tanto presiona la superficie de la Tierra hacia abajo.

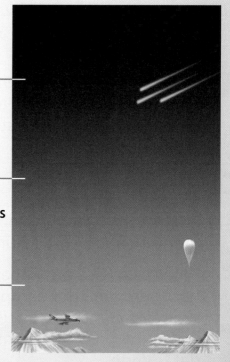

La parte más alta de la atmósfera se extiende al espacio. Los satélites orbitan en esta capa en la cual hay muy poco aire.

Los meteoros, pedazos de roca del espacio, se queman cuando la atmósfera comienza a volverse espesa. Vemos estas rocas resplandecientes como "estrellas fugaces".

Algunos globos meteorológicos pueden flotar por encima de las nubes y medir las condiciones de la atmósfera. Muchos aviones vuelan justo por encima de las nubes.

El tiempo ocurre en la capa más baja de la atmósfera. La atmósfera comienza en la superficie de la Tierra.

Las nubes

Las nubes pueden tener muchas formas y tamaños diferentes. El tipo de nube depende de su temperatura y de su altura. La tabla en la parte inferior de la página describe cuatro tipos de nubes. Muchas nubes en el cielo son combinaciones de dos o más tipos de nubes.

▶ IDEA PRINCIPAL **¿En qué lugar de la atmósfera ocurre el tiempo?**

Las nubes y el tiempo

Tipo de nube	Descripción	Tiempo probable
Cúmulo	**Cúmulo** Los cúmulos son nubes blancas y densas cuya parte superior es suave y esponjosa y su base es plana.	Las nubes cúmulos pequeñas usualmente anuncian buen tiempo.
Estrato	**Estrato** Los estratos son nubes planas en forma de capas.	Las nubes estratos, elevadas y delgadas, anuncian tiempo seco y nublado. Las nubes estratos, bajas y pesadas, anuncian lloviznas.
Cirro	**Cirro** Los cirros son nubes elevadas, finas y tenues, en forma de filamentos.	Estas nubes anuncian buen tiempo.
Cumulonimbo	**Cumulonimbo** Los nimbos son nubes pesadas de color gris.	Estas nubes anuncian mal tiempo con precipitaciones. Los cumulonimbos muy elevados pueden anunciar tormentas eléctricas.

El tiempo cambia

El **tiempo** es la condición de la atmósfera en un determinado lugar y tiempo. El tiempo ocurre en la capa más baja de la atmósfera.

El tiempo puede cambiar a diario, a cada hora o de un minuto a otro. El aire en la parte más baja de la atmósfera está en continuo movimiento. El aire en movimiento, o viento, puede traer consigo nubes, cambios en la temperatura y cambios en la humedad de un área. La humedad es la cantidad de vapor de agua invisible en el aire.

Una parte importante del tiempo es la temperatura del aire. La **temperatura** es la medida que determina qué tan caliente o qué tan frío está un objeto. Usas un termómetro para medir la temperatura en grados Celsius o en grados Fahrenheit.

Otra parte del tiempo es la precipitación. El tipo de precipitación (lluvia, aguanieve, nieve o granizo) depende de la temperatura del aire. Puedes medir la cantidad de la precipitación según su profundidad en el suelo.

El viento es una parte importante del tiempo. El viento es aire en movimiento. Puede medirse por su dirección y velocidad.

Los científicos usan diferentes herramientas para medir las distintas partes del tiempo. Algunas de estas herramientas, o instrumentos meteorológicos, se muestran en la próxima página.

 **IDEA PRINCIPAL** Nombra dos partes del tiempo

Termómetro Un termómetro mide la temperatura del aire.

Pluviómetro Un pluviómetro mide la profundidad de la precipitación que ha caído.

Veleta Una veleta muestra la dirección desde la que sopla el viento.

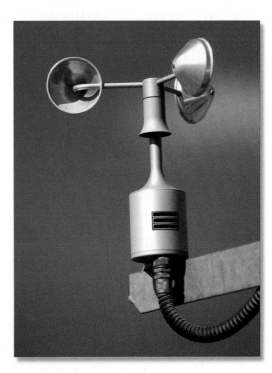

Anemómetro Un anemómetro mide la velocidad del viento.

Este satélite puede usarse para hacer un mapa meteorológico.

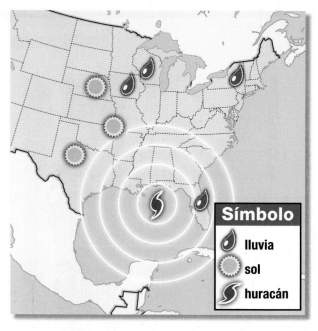

Los símbolos de este mapa muestran información sobre el tiempo.

Símbolo

💧 lluvia

⚙ sol

🌀 huracán

Los mapas meteorológicos

A los científicos que estudian el tiempo se les llama meteorólogos. Utilizan diversos tipos de instrumentos y herramientas que los ayudan a comprender y a predecir el tiempo.

Una de las herramientas usadas por los meteorólogos es un mapa del tiempo, o mapa meteorológico. Este tipo de mapa usa símbolos para mostrar los patrones del tiempo. Los mapas meteorológicos pueden mostrar la temperatura, el viento y la humedad.

Los mapas meteorológicos se hacen usando la información proveniente de los instrumentos meteorológicos y de los satélites. Los meteorólogos usan los mapas del tiempo para dar pronósticos del tiempo diariamente. También usan los mapas meteorológicos y las computadoras para ayudarse a predecir y seguir el rastro de las tormentas peligrosas, como los huracanes.

▶ **IDEA PRINCIPAL** ¿Para qué usan los mapas del tiempo los meteorólogos?

Resumen visual

La atmósfera es la capa de aire que cubre la superficie de la Tierra.

El tiempo es la condición de la atmósfera en un determinado lugar y tiempo.

Los meteorólogos estudian y predicen el tiempo mediante el uso de mapas meteorológicos y de computadoras.

Símbolo
- lluvia
- sol
- huracán

ENLACES entre el hogar y la escuela

MATEMÁTICAS Haz una gráfica de barras
La época más lluviosa y ventosa del año en la India se llama la estación de los monzones. Usa la siguiente información para hacer una gráfica de barras que muestre las lluvias en Nueva Delhi, India, durante la estación de los monzones. Junio: 7 pulgadas; julio: 9 pulgadas; agosto: 9 pulgadas; septiembre: 4 pulgadas.

MÚSICA Investiga instrumentos musicales
Los instrumentos de viento de madera usan aire en movimiento o "viento" para producir sonidos musicales. Las flautas, oboes y flautas dulces son ejemplos de instrumentos de viento de madera. Encuentra el nombre de otros seis instrumentos de viento de madera.

Repaso

1 IDEA PRINCIPAL ¿Qué es el tiempo?

2 VOCABULARIO Define el término *temperatura*.

3 DESTREZA DE LECTURA: Idea principal y detalles Da tres detalles sobre las partes del tiempo.

4 RAZONAMIENTO CRÍTICO: Aplica Identifica un tipo de nube. Describe el tipo de tiempo que usualmente anuncia este tipo de nube.

5 DESTREZA DE INVESTIGACIÓN: Comunica Diseña una tabla, un diagrama, un esquema o un mapa para describir cómo está el tiempo afuera. Asegúrate de que otros estudiantes puedan decir el estado del tiempo usando la información de tu material visual.

✓ PREPARACIÓN PARA EXÁMENES

La atmósfera es ____.

A. un instrumento que mide la velocidad del viento

B. el agua que cae desde una nube a la superficie de la Tierra

C. la capa de aire que rodea la Tierra

D. un tipo de nube que produce fuertes lluvias

¿De dónde provienen los truenos y los relámpagos? El pueblo ibibio del sur de Nigeria relata un cuento folklórico sobre el trueno y el relámpago. Lee un fragmento a continuación. En la selección de no-ficción, *Los huracanes tienen ojos pero no pueden ver*, aprenderás algunos hechos y datos científicos sobre truenos y relámpagos.

Cuentos del por qué y el cómo

por Martha Hamilton y Match Weiss

El trueno y el rayo

Una oveja llamada Trueno, y su hijo, Rayo, vivían en una aldea. A menudo Rayo se portaba mal y quemaba los cultivos de los agricultores. Cada vez que hacía esto, su madre se enojaba y su retumbante voz estremecía a toda la aldea.

Una vez, los aldeanos se quejaron con el rey, quien se enojó tanto que expulsó de la Tierra a Trueno y a Rayo. Los mandó a vivir en el cielo…

Y así ha sido desde aquel día. Cuando hay una tormenta eléctrica, se debe a que Rayo se ha enojado y ha lanzado sus chispas hacia la Tierra. Poco tiempo después, escucharás a Trueno, regañando a Rayo con su retumbante voz.

Los huracanes tienen ojos pero no pueden ver

por Melvin y Gilda Berger

El **rayo** es una chispa gigante y brillante de electricidad, que salta entre una nube y el suelo, entre dos nubes o dentro de una nube.

Dentro de las nubes cumulonimbus, los vientos poderosos pueden provocar que las gotas de agua y los cristales de hielo se froten entre sí. Esto crea una carga eléctrica que se hace cada vez más intensa. Pronto, esta carga se vuelve lo suficientemente fuerte como para producir el salto de electricidad de un lugar a otro. Esto produce una gigante chispa zigzagueante acompañada de luz: un relámpago.

El **trueno** siempre sigue al rayo. A medida que el rayo destella en el aire, instantáneamente calienta el aire a 54,000°F (30,000°C). El aire caliente explota y produce un fuerte estruendo, llamado trueno.

Compartir ideas

1. **REPASO DE LA LECTURA** En el cuento folklórico ibibio, ¿cuál es la causa del trueno y del rayo?

2. **ESCRÍBELO** ¿Qué datos nuevos aprendiste sobre el trueno y el rayo después de leer la selección de no-ficción?

3. **COMÉNTALO** Comenta un factor meteorológico que hayas aprendido con tus compañeros de clase.

¿Qué es el clima?

Por qué es importante...

En muchos lugares, los niños disfrutan al deslizarse en trineo durante el invierno. En otros lugares, nunca cae nieve. Conocer las condiciones meteorológicas promedio de muchos años permite que las personas planeen sus actividades. También las ayuda a construir viviendas apropiadas y a plantar aquellos cultivos que crecerán mejor.

PREPÁRATE PARA INVESTIGAR

Destreza de investigación

Investigar Cuando investigas, aprendes más sobre un tema por medio de libros, buscando en Internet o preguntándole a expertos en ciencias.

Materiales

- postales
- globo terráqueo
- mapa del mundo
- materiales de investigación

El tiempo en el mundo

Procedimiento

PASO 2

1. **Colabora** Trabaja en un grupo de tres. Tu maestro le dará a cada estudiante del grupo una postal. Tu grupo compartirá un mapa del mundo.

2. **Observa** Encuentra la ubicación del lugar que se muestra en tu foto en un globo terráqueo. Para ayudarte, usa el mapa del mundo que te dio tu maestro.

PASO 3

3. **Investiga** Usa libros de referencia o Internet para encontrar la latitud del sitio que aparece en tu postal. La latitud indica la distancia a la que te encuentras hacia el norte o hacia el sur en relación con el punto medio de la Tierra. Cuando hayas encontrado la latitud, escríbela junto al sitio en el mapa del mundo. Además, encuentra la temperatura promedio de verano y la de invierno de tu sitio.

PASO 4

Sitio	Latitud	Temperatura promedio de verano	Temperatura promedio de invierno
Belem, Brasil			
Tucson, Arizona, Estados Unidos			
Inuvik, Canadá			

4. **Registra los datos** Trabaja con tu grupo para hacer una tabla como la que se muestra aquí. Los miembros del grupo deberán anotar sus datos.

Conclusión

1. **Usa números** ¿Qué sitio tiene la mayor diferencia entre su temperatura promedio de verano y su temperatura promedio de invierno?

2. **Infiere** ¿Cómo afecta la latitud a la temperatura promedio de verano? ¿Cómo afecta a la temperatura promedio de invierno?

¡Investiga más!

Investiga Usa libros o Internet para encontrar los lugares que hayan tenido la temperatura más alta, la temperatura más baja y la precipitación anual más baja. Rotula estos lugares en tu mapa.

Clima

VOCABULARIO

clima	pág. D25
clima polar	pág. D27
clima templado	pág. D26
clima tropical	pág. D26
ecuador	pág. D26
latitud	pág. D26

DESTREZA DE LECTURA

Comparar y contrastar
A medida que leas, compara y contrasta la temperatura de diferentes climas.

IDEA PRINCIPAL El clima son las condiciones promedio del tiempo en un área determinada y en un período prolongado. El clima varía de un lugar y otro.

La temperatura y la precipitación

Supón que estás por hacer un viaje a Alaska en noviembre. ¿Pondrías en tus maletas shorts y camisetas? ¿Pondrías en tus maletas un abrigo de invierno y guantes si fueras a Hawai en junio? Probablemente no lo harías. Esto se debe a que Alaska tiene un clima frío y Hawai tiene un clima cálido. Conocer el clima de un lugar puede ayudarte a empacar la ropa correcta para un viaje.

Una selva tropical tiene un clima cálido y húmedo. ▼

Saludos desde la
SELVA TROPICAL

El **clima** son las condiciones promedio del tiempo en un área durante un período de tiempo prolongado. El clima no es lo mismo que el tiempo. En Alaska hace frío durante muchos meses, año tras año. Por tanto, el clima allí puede describirse como frío. Sin embargo, en un día de verano, el tiempo en Alaska puede ser lo suficientemente cálido como para usar shorts. El clima depende de la temperatura media y del promedio de precipitaciones. En Hawai, la temperatura promedio es cálida. Usualmente hay mucha precipitación. Podrías describir el clima de Hawai como cálido y húmedo. Podrías decir que el clima de Alaska es frío y húmedo.

▶ **COMPARAR Y CONTRASTAR** **¿En qué se parecen el tiempo y el clima?**

◀ Un clima de tundra es muy frío y presenta veranos muy cortos.

SALUDOS DESDE LA
Tundra

Saludos desde el
DESIERTO

Un desierto es un lugar con un clima extremadamente seco. Muchos desiertos son calurosos. ▶

La latitud

El clima depende de la **latitud,** la cual es la distancia al norte o al sur desde el ecuador. El **ecuador** es una línea imaginaria alrededor de la Tierra, a mitad de camino entre el Polo Norte y el Polo Sur. Los lugares cercanos al ecuador son más cálidos que aquellos lugares que están más alejados del ecuador.

Las áreas inmediatamente al norte y al sur del ecuador tienen un clima tropical. Un **clima tropical** es un clima muy cálido y húmedo durante todo o casi todo el año.

Los lugares que se encuentran a mitad de camino entre el ecuador y los polos tienen un **clima templado.** En estos lugares, los veranos son cálidos o calurosos y los inviernos son frescos o fríos.

Dos lugares en la misma zona climática pueden ser muy diferentes. Monte Shasta y París se encuentran ambos en la zona templada, pero la altura del Monte Shasta sobre el nivel del mar lo hace más frío.

Monte Shasta

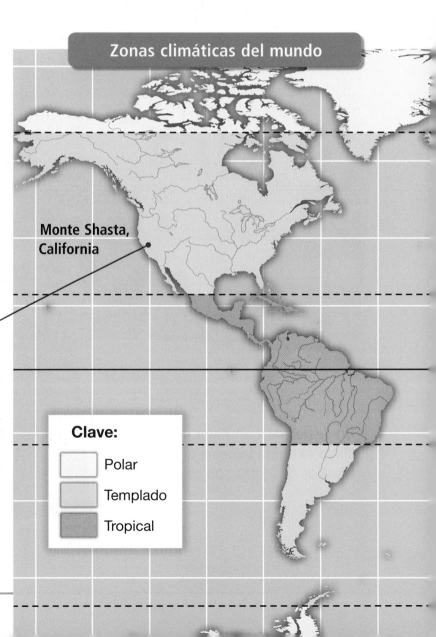

Zonas climáticas del mundo

Monte Shasta, California

Clave:

- Polar
- Templado
- Tropical

Las zonas más próximas a los polos presentan un clima muy frío. Con frecuencia es bastante seco. Los lugares con un **clima polar** tienen inviernos largos y fríos, y veranos cortos y frescos.

Las áreas dentro de las mismas zonas climáticas pueden presentar diferentes climas. Por ejemplo, la zona templada incluye climas secos, como en los desiertos, y climas húmedos, como en los pantanos. Los climas también pueden ser diferentes dependiendo de la altura a la que se encuentre el suelo. Las montañas tienen climas más fríos que las áreas bajas.

▶ **COMPARAR Y CONTRASTAR** **¿En qué se diferencia un clima templado de un clima polar?**

París

París, Francia

Círculo Ártico

Trópico de Cáncer

Ecuador

Trópico de Capricornio

Círculo Antártico

Los patrones del tiempo y del clima

No puedes determinar el clima de un lugar observando el tiempo durante un solo día. Incluso si observas el tiempo durante un año completo, no podrías saber el clima. Ese año puede haber sido más cálido, más fresco, más seco o más húmedo que lo usual.

Para conocer el clima de un lugar, los científicos observan los datos meteorológicos de muchos años. Las gráficas muestran la temperatura máxima promedio y la lluvia promedio de Tampa, Florida, durante un período de cuatro meses. La información fue recogida a lo largo de muchos años.

▶ **IDEA PRINCIPAL** ¿Cómo aprenden los científicos el clima de un lugar?

Los datos del tiempo de Tampa, Florida Estas gráficas dan una idea precisa sobre el clima de Tampa.

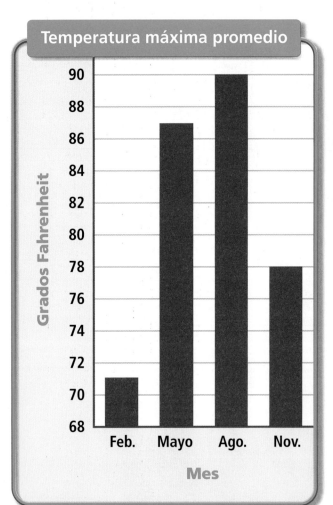

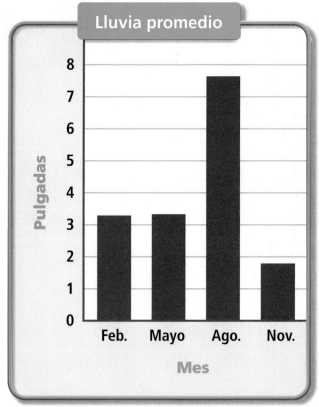

Resumen visual

El clima son las condiciones promedio del tiempo en un área durante muchos años.

Las zonas climáticas cambian con la latitud, desde tropical a templada y a polar.

Las temperaturas dentro de una misma zona climática pueden variar.

ENLACES entre el hogar y la escuela

MATEMÁTICAS Halla la diferencia

Los Juegos Olímpicos de verano de 2004 tuvieron lugar en Atenas, Grecia, en agosto. La temperatura promedio en Atenas durante el mes de agosto es de 82°F. Los Juegos Olímpicos de Invierno de 2002 se llevaron a cabo en la ciudad de Salt Lake, UTA, en febrero. La temperatura promedio en la ciudad de Salt Lake durante febrero es 37°F. Halla la diferencia de temperatura.

ESCRITURA Escribe un cuento

El libro *Nublado con probabilidad de albóndigas*, por Judi Barret, es un cuento exagerado sobre un pueblo con un tiempo inusual. "Llovía cosas como sopa y jugo. Nevaba puré de papas y guisantes. Y con frecuencia el viento soplaba en tormentas de hamburguesas". Escribe tu propio cuento exagerado sobre un pueblo con un tiempo inusual. Dibuja una imagen que acompañe tu cuento.

Repaso

❶ IDEA PRINCIPAL ¿En qué se diferencian el tiempo y el clima?

❷ VOCABULARIO ¿Qué es el ecuador?

❸ DESTREZA DE LECTURA
Compara y contrasta Describe en qué se parecen y en qué se diferencian el clima de un desierto caluroso y el clima de una selva tropical.

❹ RAZONAMIENTO CRÍTICO:
Analiza Una persona nunca ha visto nieve. ¿Qué puedes concluir sobre el clima del lugar donde vive?

❺ DESTREZA DE INVESTIGACIÓN
Investiga Encuentra los datos del tiempo de tu área. ¿Cómo son los patrones anuales del tiempo? ¿Cómo describirías el clima de tu área?

✓ PREPARACIÓN PARA EXÁMENES

El clima ___ es usualmente muy cálido y húmedo todo el año.

A. templado

B. desértico

C. polar

D. tropical

Súper tormentas

Los huracanes son enormes y poderosas tormentas de viento. ¿Qué tan grandes son? Observa esta fotografía del huracán Iván tomada desde el espacio. ¿Qué tan grande era Iván? ¡Cubría todo Alabama y partes de Georgia y Florida!

Cuando los huracanes llegan rugiendo a la tierra, pueden ocasionar daños terribles con viento, lluvia, mareas altas y olas gigantes. Afortunadamente, la mayoría de los huracanes no alcanzan tierra firme, sino que permanecen en el mar. Pero el año 2004 fue una excepción. Florida fue golpeada por cuatro huracanes poderosos en menos de dos meses. El huracán Charley fue de categoría 4. El huracán Frances fue de categoría 2. El huracán Iván fue de categoría 3. El huracán Jeanne fue de categoría 3. ¿Qué te indica esta tabla sobre estas tormentas?

Fuerza	Daño	Vientos	Elevación de la tormenta
Categoría 1	Leve	74 a 95 mi./h	4 a 5 pies
Categoría 2	Moderado	96 a 110 mi./h	6 a 8 pies
Categoría 3	Extenso	111 a 130 mi./h	9 a 12 pies
Categoría 4	Extremo	131 a 155 mi./h	13 a 18 pies
Categoría 5	Catastrófico	>155 mi./h	>18 pies

Los meteorólogos dividen los huracanes en categorías basadas en la velocidad del viento.

¡Los vientos de los huracanes más fuertes se mueven tres veces más rápido que los carros en una autopista!

Vocabulario

Completa cada oración con un término de la lista.

1. La capa de aire que rodea la Tierra es el/la _____.

2. El cambio de estado líquido a gaseoso es el/la _____.

3. La condición de la atmósfera en un determinado lugar y tiempo es el/la _____.

4. El/La _____ es la medida que determina qué tan caliente o qué tan frío está un objeto.

5. Un lugar que tiene inviernos largos y fríos y veranos cortos y frescos tiene un(a) _____.

6. El cambio de estado gaseoso a estado líquido es el/la _____.

7. El agua cambia de estado y se mueve entre la atmósfera y la Tierra en un proceso que se llama el/la _____.

8. La línea imaginaria alrededor de la Tierra a mitad de camino entre el Polo Norte y el Polo Sur se llama _____.

9. El agua en la forma de un gas invisible es _____.

10. La distancia al norte o al sur desde el ecuador es el/la _____.

atmósfera D14

ciclo del agua D8

clima D25

clima polar D27

clima templado D26

clima tropical D26

condensación D7

ecuador D26

evaporación D7

latitud D26

precipitación D8

temperatura D16

tiempo D16

vapor de agua D6

Preparación para exámenes

Escribe la letra de la respuesta correcta.

11. Las áreas cercanas al ecuador tienen un _____.

   A. clima templado
   B. clima seco
   C. clima tropical
   D. clima polar

12. Las condiciones promedio del tiempo en un área y en un período de tiempo es el/la _____.

   A. latitud   C. clima
   B. precipitación D. tiempo

13. Un lugar que tiene veranos cálidos o calurosos e inviernos frescos o fríos tiene un _____.

   A. clima templado
   B. clima tropical
   C. clima húmedo
   D. clima polar

14. Cualquier forma de agua que cae desde las nubes a la superficie de la Tierra se llama _____.

   A. clima   C. evaporación
   B. latitud   D. precipitación

15. Investiga Muchos climas desérticos se forman en un área llamada "sombra pluviométrica". Investiga las sombras pluviométricas y explica cómo crean áreas áridas.

16. Predice Imagina que estás en un barco navegando desde el ecuador hacia el Círculo Polar Ártico. ¿Cómo irá cambiando el tiempo a lo largo del camino? Utiliza como referencia el diagrama que está en la parte inferior de la página.

Organiza los conceptos

Coloca los términos siguientes en los lugares correspondientes del mapa. Puedes usar algunos términos más de una vez.

clima templado   ecuador
clima polar   latitud
clima tropical

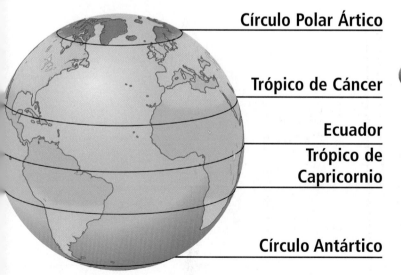

Círculo Polar Ártico

Trópico de Cáncer

Ecuador

Trópico de Capricornio

Círculo Antártico

Razonamiento crítico

17. Sintetiza Escribe un párrafo que describa cómo estuvo el tiempo un día de esta semana. Incluye al menos tres condiciones meteorológicas.

18. Evalúa Tu amiga dice que vive en un clima frío y húmedo. En el transcurso de una semana en que estás allí de visita, el tiempo es cálido y soleado. ¿Podría seguir siendo correcta la afirmación de tu amiga? Explica tu respuesta.

19. Aplica Imagina un grupo de personas que comienza una comunidad en un nuevo lugar. ¿Cómo podrían usar la información sobre el clima de manera que los ayude a sobrevivir?

20. Analiza Supón que estás tomando medidas del tiempo todos los días durante un mes en una selva tropical. Tienes un termómetro y un pluviómetro. ¿Cómo esperarías que estas medidas difieran de las medidas tomadas en un clima polar? Explica tu respuesta.

Evaluación del rendimiento

Encuentra tu rol en el ciclo del agua

Durante un día, registra cada vez que usas el agua. Incluye actividades tales como bañarse, regar las plantas, cocinar y lavar los platos. Para cada actividad, indica cómo podría el agua que usaste regresar al ciclo del agua.

Capítulo 9

Nuestro sistema solar

LECCIÓN

1

Están en las cimas de las montañas, en los jardines y hasta hay uno en el espacio exterior, ¿qué instrumento permite ver los objetos del espacio con mayor facilidad?

Lo aprenderás en la Lección 1.

LECCIÓN

2

Nueve planetas, más de cien lunas y miles de pedazos de roca y metal, ¿qué tienen en común todos estos objetos?

Lo aprenderás en la Lección 2.

LECCIÓN

3

¿Hay vida en Marte o agua en Venus y Mercurio? ¿Qué saben los científicos sobre los planetas más cercanos al Sol?

Lo aprenderás en la Lección 3.

¿Cómo usan los telescopios los científicos?

Por qué es importante...

Cuando observas el cielo nocturno, puedes ver estrellas, planetas y la Luna. Si usas un telescopio, puedes ver estos objetos con más claridad. Los científicos usan los telescopios para recoger información sobre los objetos que se encuentran en el espacio.

PREPÁRATE PARA INVESTIGAR

Destreza de investigación

Comparar Cuando comparas dos cosas, observas en qué se parecen y en qué se diferencian.

Materiales

- 2 tubos de cartón
- cinta adhesiva transparente
- lente convexo A
  (15 cm de longitud de foco)
- lente convexo B
  (5 cm de longitud de foco)

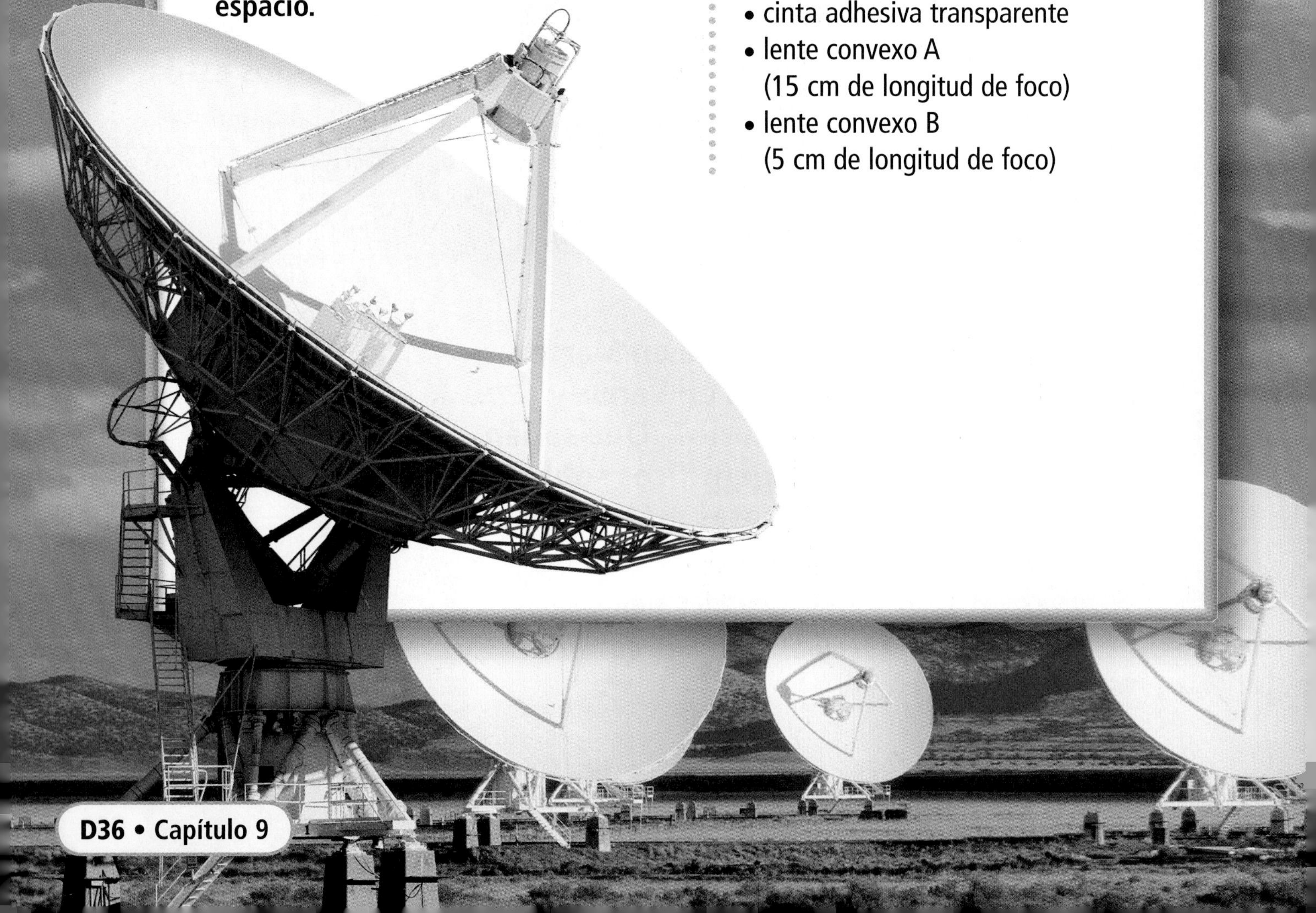

Hacer un telescopio

Procedimiento

PASO 1

1) **Colabora** Trabaja con un compañero para hacer un telescopio. Inserta un tubo pequeño dentro de un tubo más grande para hacer un tubo de telescopio. Pega el lente A, el más delgado y más grande, al extremo más grande del tubo de telescopio.

2) Pega el lente B, el lente más pequeño y grueso, al extremo más pequeño del tubo.

PASO 2

3) **Observa** Sin usar el telescopio, observa tres objetos que estén en la habitación. En tu *Cuaderno de ciencias,* haz un dibujo o usa palabras para registrar cómo se ven los objetos.

4) Usa el telescopio para observar los mismos tres objetos. Sostiene el extremo más pequeño del telescopio ante tu ojo y mira a través del lente. Desliza lentamente el tubo más grande hacia delante y hacia atrás hasta que puedas ver cada objeto con claridad.

PASO 4

5) **Registra los datos** Dibuja o usa palabras para registrar cómo se ven los tres objetos a través de tu telescopio.

Conclusión

1. **Compara** Qué diferencias encontraste cuando observaste los objetos sólo con tus ojos y luego con la ayuda de un telescopio?

2. **Infiere** ¿Por qué crees que los telescopios son tan útiles para los científicos que estudian el espacio?

¡Investiga más!

Diseña un experimento
Predice la manera en que los objetos que observaste en el paso 4 se verían si sostuvieras el extremo más grande del telescopio ante tu ojo. Diseña un experimento para comprobar tu predicción.

VOCABULARIO

aumentar	pág. D38
telescopio	pág. D38

DESTREZA DE LECTURA

Problema y solución
Utiliza una tabla como
la que se muestra a
continuación. En la columna
Problema escribe "La
atmósfera de la Tierra
no permite ver los planetas
con claridad". En la
columna *Solución* escribe
una solución posible para
el problema.

Problema	Solución

La investigación del espacio

IDEA PRINCIPAL Los telescopios ayudan a los científicos a estudiar las estrellas, los planetas y la Luna.

Los telescopios

Si observas con atención el cielo nocturno, puedes ver pequeños puntos de luz. La mayoría de estos puntos de luz son estrellas. ¿Cómo puedes ver estos objetos con más claridad?

Un telescopio puede ayudarte a ver detalles de los objetos del cielo. Un **telescopio** es una herramienta que hace que los objetos distantes se vean de mayor tamaño y más nítidos. Cuando haces que un objeto se vea más grande, **aumentas** su tamaño. El número de estrellas que pueden verse a través de los telescopios es mucho mayor que el número que puede verse usando sólo tus ojos.

▲ Este telescopio óptico se encuentra en el Monte Palomar en California.

Este radiotelescopio en Arecibo, Puerto Rico, es el más grande del mundo. ▲

Existen distintos tipos de telescopios. Un tipo de telescopio aumenta los objetos distantes al captar la luz. Se le llama telescopio óptico. Algunos telescopios ópticos funcionan como los anteojos. Usan pedacitos de vidrio curvados llamados lentes. Otros telescopios ópticos usan espejos curvados.

En lugar de luz, un radiotelescopio capta ondas de radio que vienen desde el espacio. Las computadoras usan ondas de radio para crear imágenes del espacio que los científicos pueden estudiar. A medida que los telescopios mejoran, los científicos aprenden más sobre los objetos del espacio.

▶ **PROBLEMA Y SOLUCIÓN** ¿Qué instrumento puedes usar para ver los objetos del espacio con más claridad?

El telescopio espacial Hubble es un telescopio óptico. Viaja alrededor de la Tierra a 569 km (353 millas) sobre la superficie. ▶

D39

Un álbum de recortes de Hubble

El telescopio espacial Hubble es diferente de otros telescopios, ya que éste se encuentra en el espacio. Se mueve alrededor de la Tierra cada 97 minutos. El Hubble se lanzó en 1990 desde un transbordador espacial.

Las nubes, el polvo y el agua de la atmósfera de la Tierra generan una imagen borrosa de los objetos del espacio. Pero el Hubble ayuda a los científicos a ver el espacio desde más allá de la atmósfera de la Tierra. Obtiene una visión más clara de las regiones distantes del espacio.

▶ **PROBLEMA Y SOLUCIÓN** ¿Cómo puede el Hubble ayudar a los científicos a ver el espacio con tanta claridad?

Pilares de la creación ▼

Hamburguesa Gómez ▼

La Nebulosa de la Laguna ▼

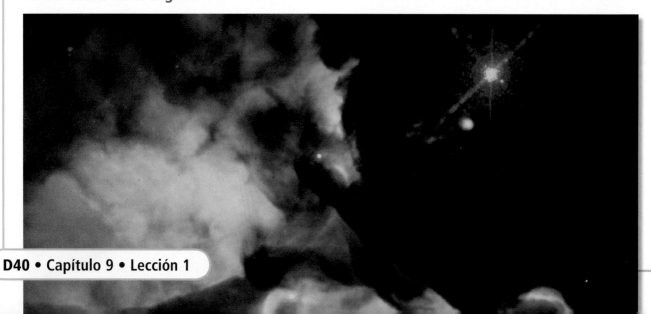

Resumen visual

Los telescopios son instrumentos que hacen que los objetos distantes se vean de mayor tamaño y más nítidos, de modo que se puedan ver con más claridad.

Los telescopios ópticos usan lentes o espejos para captar la luz de los objetos distantes.

Los radiotelescopios captan ondas de radio en lugar de luz.

ENLACES entre el hogar y la escuela

MATEMÁTICAS **Halla la suma** Al telescopio espacial Hubble le toma 97 minutos completar 1 órbita alrededor de la Tierra. ¿Cuánto tiempo le tomará al telescopio espacial Hubble completar 3 órbitas alrededor de la Tierra? Muestra tu trabajo.

ARTE **Haz un dibujo** El cielo nocturno inspiró al artista holandés Vincent Van Gogh para pintar *Noche estrellada* en 1889. Encuentra una reproducción de esta famosa pintura en un libro de arte, en una enciclopedia o en Internet. Crea tu propia imagen del cielo nocturno.

Repaso

1 IDEA PRINCIPAL ¿Para que se usan los telescopios en las ciencias?

2 VOCABULARIO Usa los términos *telescopio* y *aumenta* en una oración.

3 DESTREZA DE LECTURA: Causa y efecto Sugiere un problema que pueda resolverse mediante el uso de un telescopio.

4 RAZONAMIENTO CRÍTICO: Evalúa ¿Por qué crees que los grandes telescopios se encuentran ubicados en las cimas de las montañas?

5 DESTREZA DE INVESTIGACIÓN: Compara ¿En qué se diferencia un radiotelescopio de un telescopio óptico?

PREPARACIÓN PARA EXÁMENES

El telescopio Hubble es/está ____.

A. un radiotelescopio

B. sobre la atmósfera de la Tierra

C. en la cima de una montaña

D. siempre en el mismo lugar

¿Qué es el sistema solar?

Por qué es importante...

Una erupción solar es una explosión del Sol. Es causada por la repentina liberación de enormes cantidades de luz y de gas. ¿Cómo te afecta algo que ocurre a tanta distancia? Cuando la energía de la erupción alcanza la atmósfera de la Tierra, puede perturbar las señales de radios, televisores y teléfonos móviles.

PREPÁRATE PARA INVESTIGAR

Destreza de investigación

Usar modelos Puedes usar un modelo de un objeto, proceso o idea para comprenderlo mejor o para describir su funcionamiento.

Materiales

- pajilla
- tijeras
- regla métrica
- cuerda (1 m de largo)
- pedacitos de anime
- arandela de metal
- cinta adhesiva
- lentes protectores

Recursos de ciencias y matemáticas

Para realizar el paso 1, repasa la sección **Usar una cinta métrica o una regla** en la página H6.

Los movimientos de los planetas

Procedimiento

PASO 1

1. **Mide** Corta una pajilla de modo que tenga 12 cm de largo. Mete un pedazo de cuerda que tenga 1 m de largo a través de la pajilla.

2. Ata un extremo de la cuerda a una arandela. Envuelve el otro extremo de la cuerda alrededor de un pedacito de anime y átalo firmemente. Después usa varios pedazos de cinta adhesiva para asegurar la cuerda a la bola.

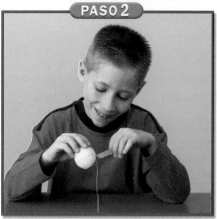
PASO 2

3. **Usa modelos** Mantén derecho el popote con una mano. Ponte la arandela en la otra mano. Ponte lejos de tus compañeros. Mueve la pajilla en un movimiento circular de manera que la bola gire en un círculo alrededor de la pajilla. **Seguridad:** Tú y tus compañeros deben usar lentes protectores mientras la bola se esté moviendo.

4. **Registra los datos** Describe el movimiento de la bola en tu *Cuaderno de ciencias.*

PASO 3

Conclusión

1. **Infiere** ¿Qué crees que representa la bola en el modelo?

2. **Usa modelos** ¿Qué representa la pajilla?

¡Investiga más!

Investiga Usa Internet o la biblioteca para investigar la forma de la trayectoria de un planeta. ¿En qué se diferencia la forma de la trayectoria de tu modelo?

El sistema solar

DESTREZA DE LECTURA

Comparar y contrastar
Usa el diagrama para comparar una luna y un planeta.

IDEA PRINCIPAL El Sol, nueve planetas en órbita y sus lunas y otros objetos que orbitan el Sol forman el sistema solar.

El Sol y los planetas

El **Sol** es la estrella más cercana a la Tierra. Como todas las estrellas, el Sol es una esfera gigante de gases calientes que despide calor y luz. La Tierra es uno de los nueve planetas que se mueven alrededor del Sol. Un **planeta** es un cuerpo espacial grande que orbita alrededor de una estrella. Un planeta no produce luz propia.

La Tierra y otros ocho planetas **orbitan,** o recorren un trayecto determinado, alrededor del Sol. El trayecto de un planeta alrededor del Sol es un óvalo.

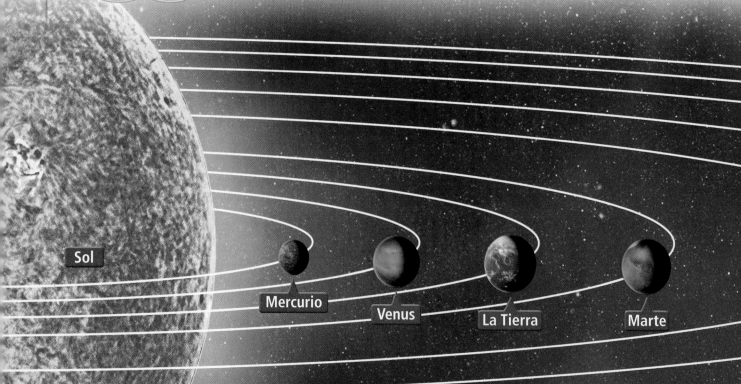

Sol

Mercurio

Venus

La Tierra

Marte

La mayoría de los planetas tienen una o más lunas. Una **luna** es un cuerpo pequeño y redondo que orbita alrededor de un planeta. Una luna no produce su propia luz. El Sol, los planetas, las lunas y otros objetos que orbitan alrededor del Sol forman el **sistema solar.**

Cuanto más lejos se encuentra un planeta del Sol, más tiempo le toma orbitar el Sol. El tiempo que toma completar un viaje alrededor del Sol se llama año. El año de la Tierra es de aproximadamente 365 días. Mercurio, el planeta más cercano al Sol, realiza una órbita completa en sólo 88 días de la Tierra.

A medida que orbita alrededor del Sol, cada planeta también gira como un trompo. Este giro causa el ciclo del día y la noche. Un día de la Tierra, un giro completo, tiene 24 horas de duración. Algunos planetas giran más lentamente que la Tierra. A Venus le toma 243 días terrestres completar un giro completo.

▶ **COMPARAR Y CONTRASTAR** ¿**En qué se parecen los planetas y las lunas?**

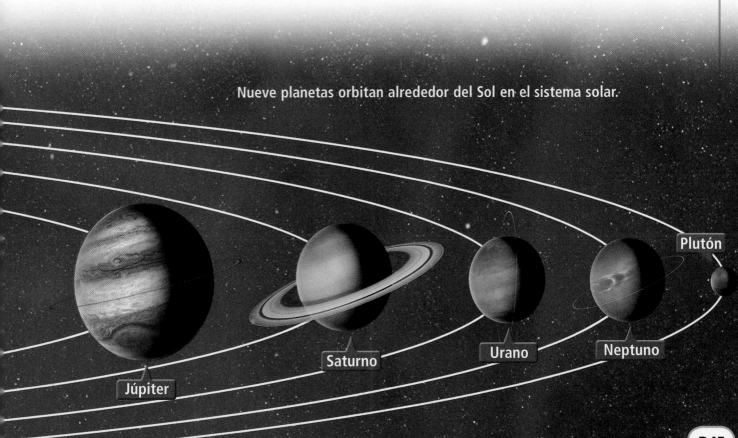

Nueve planetas orbitan alrededor del Sol en el sistema solar.

Júpiter

Saturno

Urano

Neptuno

Plutón

Los planetas interiores

Mercurio, Venus, la Tierra y Marte son llamados los **planetas interiores.** Estos planetas reciben mucho calor y luz porque se encuentran cerca del Sol. Los planetas interiores son pequeños y están compuestos por materiales de roca sólida. Sus superficies tienen montañas y cráteres.

Mercurio es el planeta más cercano al Sol. Mercurio es muy caliente durante el día y muy frío por la noche.

La Tierra es el tercer planeta a partir del Sol. Es el único planeta donde se sabe que hay vida. La Tierra tiene una atmósfera. Su rango de temperaturas es menos extremo que el de los otros planetas.

Venus es el segundo planeta más cercano al Sol. Está cubierto por nubes densas de gas. Las nubes atrapan el calor y hacen que el planeta sea muy caliente.

Marte es el cuarto planeta a partir del Sol. La superficie de Marte tiene muchos cráteres, montañas y volcanes. Se cree que Marte tiene el volcán más grande del sistema solar.

Los planetas exteriores

Júpiter, Saturno, Urano, Neptuno y Plutón son llamados los **planetas exteriores.** Estos planetas son fríos y oscuros porque se encuentran lejos del Sol. Júpiter, Saturno, Urano y Neptuno son grandes. Están compuestos de gases y tienen muchas lunas. Cada uno de estos cuatro planetas también tiene un sistema de anillos. Plutón es pequeño y está compuesto por rocas y gases congelados. No tiene anillos y tiene sólo una luna.

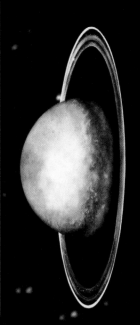

Urano es el séptimo planeta a partir del Sol. A diferencia de cualquier otro planeta, Urano gira sobre su lado.

Júpiter es el quinto planeta a partir del Sol y es el planeta más grande. La Gran Mancha Roja es una gran tormenta.

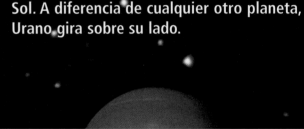

Neptuno es el octavo planeta a partir del Sol. El gas metano en su atmósfera le da a Neptuno su color azul.

Saturno es el sexto planeta a partir del Sol. Tiene hermosos anillos compuestos por polvo, hielo y rocas.

Plutón es el noveno planeta a partir del Sol y es el planeta más pequeño. Por su lejanía, es el único planeta que todavía no ha sido explorado por una nave espacial.

El cinturón de asteroides

El cinturón de asteroides es un área que se encuentra entre los planetas interiores y los planetas exteriores. Un **asteroide** es una roca que gira alrededor del Sol. Existen miles de asteroides en el interior del cinturón de asteroides. Un asteroide puede ser tan pequeño como un grano de arena o casi tan grande como el estado de California.

A veces un pedazo de asteroide se desprende y se acerca a la Tierra. A medida que se mueve a través de la atmósfera de la Tierra, se consume en llamas.

▶ **COMPARAR Y CONTRASTAR** ¿Todos los asteroides tienen el mismo tamaño? Explica tu respuesta.

Júpiter

Marte

cinturón de asteroides

Este asteroide, llamado Ida, tiene aproximadamente 52 km (32 mi.) de largo.

Resumen visual

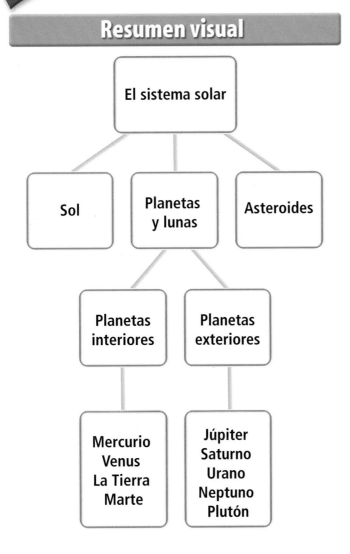

El sistema solar

Sol

Planetas y lunas

Asteroides

Planetas interiores

Planetas exteriores

Mercurio
Venus
La Tierra
Marte

Júpiter
Saturno
Urano
Neptuno
Plutón

ENLACES entre el hogar y la escuela

MATEMÁTICAS **Estima una suma** La duración de un año en Mercurio equivale a 88 días terrestres. Redondea para estimar cuántos días terrestres equivalen a 2 años en Mercurio.

ESCRITURA **Cuento** En *Peter Pan* de J.M Barrie, Peter le dice a Wendy que el camino a la Tierra de Nunca Jamás es "segunda (estrella) a la derecha y después derecho hasta llegar a la mañana". Escribe sobre un lugar ficticio en el cielo. ¿Dónde estaría ubicado? ¿Cómo llegarías a ese lugar?

Repaso

1 IDEA PRINCIPAL Nombra los nueve planetas del sistema solar en orden.

2 VOCABULARIO Escribe una oración e incluye los términos *planeta* y *órbita*.

3 DESTREZA DE LECTURA: Comparar y contrastar Explica una manera en la que se diferencian los planetas interiores de los planetas exteriores.

4 RAZONAMIENTO CRÍTICO: Analiza Un planeta tiene un día muy largo comparado con el de la Tierra. ¿Qué te dice eso sobre el movimiento de ese planeta?

5 DESTREZA DE INVESTIGACIÓN: Usa modelos Supón que quieres hacer un modelo usando pelotas para representar el Sol y los planetas del sistema solar. ¿Cuántas pelotas necesitarías?

✓ PREPARACIÓN PARA EXÁMENES

¿Qué afirmación sobre el Sol es verdadera?

A. Despide luz.

B. Orbita alrededor de los planetas.

C. Está hecho de roca.

D. Tiene una luna.

Maria Mitchell
(1818–1889)

Intentó alcanzar las estrellas. Una noche de otoño de 1847, Maria Mitchell se paró sobre la azotea de la casa de su padre en Nantucket, Massachussets. Apuntó su telescopio al cielo y vio una luz en un punto donde ella sabía que no había estrellas. Luego se dio cuenta de qué era esa luz. ¡Estaba observando un cometa que nunca antes había sido visto!

El descubrimiento de Mitchell la hizo famosa en todo el mundo, cuando al cometa se le llamo "El cometa de Mitchell". En esa época, la mayoría de las mujeres no tenían conocimientos en ciencias.

El padre de Mitchell la incentivó para que aprendiera sobre las estrellas cuando era una niña. Cuando descubrió su cometa, Mitchell ya había estudiado el Sol, la luna y las estrellas durante muchos años. Continuó estudiando el Sol y los planetas durante toda su vida.

▲ Mitchell (de pie) en su observatorio de Lynn, Massachussets. El telescopio del observatorio fue un regalo de las mujeres de todo el país.

Mitchell nació en esta casa de Nantucket, Massachusetts, en 1818. La casa se convirtió en un museo en 1902. ▶

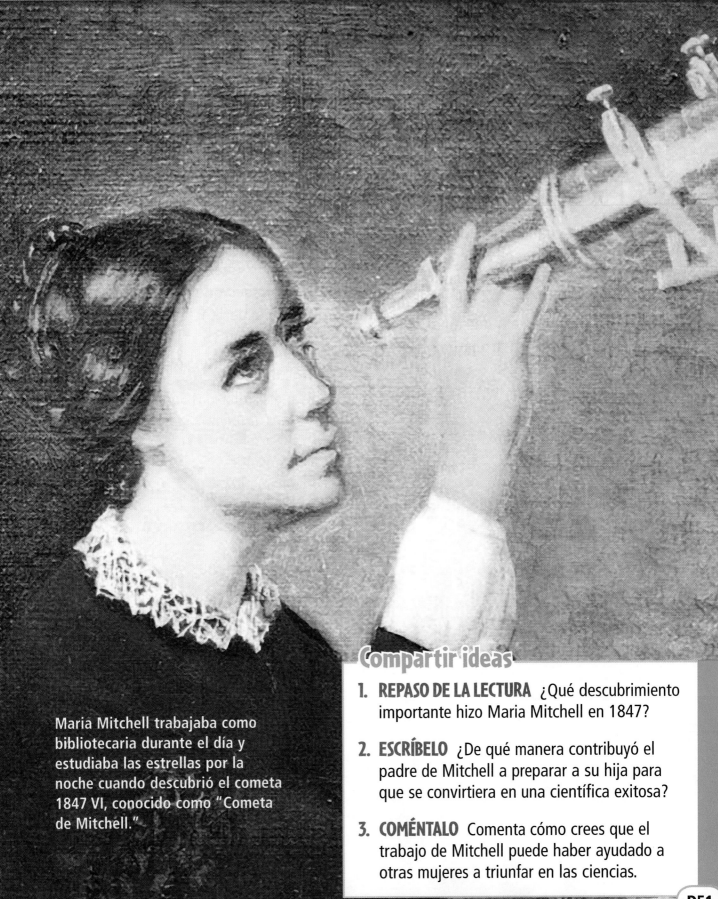

Maria Mitchell trabajaba como bibliotecaria durante el día y estudiaba las estrellas por la noche cuando descubrió el cometa 1847 VI, conocido como "Cometa de Mitchell."

Compartir ideas

1. **REPASO DE LA LECTURA** ¿Qué descubrimiento importante hizo Maria Mitchell en 1847?

2. **ESCRÍBELO** ¿De qué manera contribuyó el padre de Mitchell a preparar a su hija para que se convirtiera en una científica exitosa?

3. **COMÉNTALO** Comenta cómo crees que el trabajo de Mitchell puede haber ayudado a otras mujeres a triunfar en las ciencias.

D51

¿Qué son los planetas interiores?

Por qué es importante...

Para cuando seas un adulto, a lo mejor la gente viaje a Marte. ¿Te gustaría visitar otro planeta? Lo que aprendas sobre los planetas puede ayudarte a decidir si quieres convertirte en astronauta.

PREPÁRATE PARA INVESTIGAR

Destreza de investigación

Predecir Cuando predices, dices lo que crees que ocurrirá en base a experiencias pasadas y observaciones.

Materiales

- carteles rotulados *Sol, Mercurio, Venus, la Tierra* y *Marte.*
- cinta adhesiva
- cinta métrica
- cronómetro

Recursos de ciencias y matemáticas

Para realizar el paso 4, repasa la sección **Medir el tiempo transcurrido** en las páginas H12 y H13.

La órbita del Sol

Procedimiento

1. **Mide** Haz un modelo simple del sistema solar. Usa cinta adhesiva para hacer una X en el suelo para marcar la posición del Sol. Marca una órbita alrededor del Sol colocando pedazos de cinta en un círculo a 1 m de la X. Haz tres órbitas más con cinta, cada una a 1 m de distancia de la X.

2. **Colabora** Cinco estudiantes deben sostener los carteles para hacer el modelo de los planetas interiores y del Sol. Usa los datos de la tabla para ordenar los "planetas" en sus órbitas.

3. **Predice** Predice el lugar donde estará cada "planeta" luego de haber caminado durante 5 segundos. Mercurio deberá moverse más rápidamente. Venus deberá moverse un poco más lentamente. La Tierra deberá moverse más lentamente que Venus. Marte deberá ser el más lento en moverse.

4. **Usa modelos** Cuando el cronómetro indique que hay que comenzar, los "planetas" deben caminar en sus propias órbitas como se describe en el paso 3. Después de 5 segundos, el cronómetro le indicará a los "planetas" que se detengan Dibuja la posición de cada "planeta".

PASO 1

PASO 2

Distancia de los planetas desde el Sol	
Planeta	Distancia promedio desde Sol (millones de km)
Mercurio	58
Venus	108
La Tierra	150
Marte	228

PASO 2

Sol Mercurio Venus

Conclusión

1. **Compara** ¿Qué planeta tiene que recorrer la mayor distancia para completar su órbita?

2. **Infiere** ¿Qué puedes inferir sobre la manera en que la distancia desde el Sol y la velocidad afecta la duración del año de un planeta?

¡Investiga más!

Diseña un experimento
Amplía tu modelo para incluir a Júpiter. ¿Cómo debe moverse Júpiter? Infiere cómo difieren las duraciones de un año en Júpiter y en Marte.

▶ **VOCABULARIO**

sonda espacial   pág. D58

▶ **DESTREZA DE LECTURA**

Estructura del texto Usa el diagrama siguiente para mostrar cómo está organizado el texto en esta lección.

Los planetas interiores

IDEA PRINCIPAL Los planetas interiores son Mercurio, Venus, la Tierra y Marte. Son pequeños, con forma de bola, sólidos y rocosos.

Mercurio

Mercurio es el planeta más cercano al Sol. Es un planeta rocoso y pequeñito y no es mucho más grande que la Luna de la Tierra. Como puedes ver, la superficie de Mercurio tiene cráteres, áreas planas y montañas.

A diferencia de la Tierra, Mercurio no tiene agua y tiene muy poco aire. No hay una capa de aire que mantenga estable la temperatura. Debido a esto, Mercurio se vuelve muy caluroso durante el día y muy frío por la noche. No podrías vivir en Mercurio.

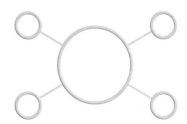

La superficie de Mercurio se parece un poco a la superficie de la Luna de la Tierra.

Mercurio	
Temperatura promedio	Día: 427°C (800°F); Noche: −73°C (−99°F)
Diámetro	4,878 km (3,029 mi.)
Distancia desde el Sol	58 millones de km (36 millones de mi.)
Número de lunas	ninguna
Duración del día	59 días terrestres
Duración del año	88 días terrestres

Venus

Venus es el segundo planeta a partir del Sol. Venus ha sido llamado el mellizo de la Tierra porque tiene casi el mismo tamaño que la Tierra y su órbita está cerca de la órbita de la Tierra. Venus es un planeta muy brillante en el cielo de la Tierra. A menudo puede verse bajo en el cielo, justo después del atardecer.

A pesar de que se ve bello desde la Tierra, Venus no sería un lugar muy agradable para vivir. Está cubierto por una densa capa de nubes. Las nubes atrapan el calor y hacen de Venus el planeta más caliente. En Venus no hay agua. Su superficie está cubierta por rocas y cenizas y hay muchos volcanes.

▶ **ESTRUCTURA DEL TEXTO** ¿Cómo te ayudan los cuadros de las páginas D54 y D55 a comparar Mercurio y Venus?

Venus

Temperatura promedio	482°C (900°F)
Diámetro	12,104 km (7,519 mi.)
Distancia desde el Sol	108 millones de km (67 millones de mi.)
Número de lunas	ninguna
Duración del día	243 días terrestres
Duración del año	225 días terrestres

Sobre la superficie de Venus hay muchos volcanes.

La Tierra

La Tierra, el tercer planeta, es tu hogar. Es el único planeta del sistema solar donde se sabe que hay vida. La Tierra tiene agua líquida y oxígeno, que necesitan la mayoría de los seres vivos. Además, la atmósfera de la Tierra impide que el planeta se vuelva demasiado caliente o demasiado frío.

Desde el espacio, la Tierra se ve como una gran canica azul. Aproximadamente tres cuartos de la superficie de la Tierra están cubiertos por agua en estado líquido. Las montañas, los desiertos, los valles, los bosques y las áreas de tierra congelada forman el resto de la superficie.

La Tierra está cubierta por océanos y nubes.

La Tierra

Temperatura promedio	15°C (59°F)
Diámetro	12,712 km (7,926 mi.)
Distancia desde el Sol	150 millones de km (93 millones de mi.)
Número de lunas	1
Duración del día	24 horas
Duración del año	aproximadamente 365 días terrestres

Marte

Marte, el cuarto planeta, es llamado el Planeta Rojo. Está cubierto por rocas rojas y suelo que contiene óxido. Marte tiene muchos volcanes, incluyendo el mayor volcán del sistema solar. Este volcán se eleva a 26 km (16 millas) sobre la tierra que lo rodea. Los cañones, cráteres y valles son rasgos distintivos de su superficie.

Los vientos sobre Marte causan poderosas tormentas de polvo que a veces duran meses. No se ha encontrado agua líquida en Marte, pero hay hielo en los polos. Muchos científicos creen que quizás en Marte haya habido agua en estado líquido e incluso haya existido vida. Pero todavía no se han encontrado señales de vida.

▶ **ESTRUCTURA DEL TEXTO** **Además del texto anterior, ¿qué otras cosas de esta página proveen información sobre la superficie de Marte?**

Marte	
Temperatura promedio	−63°C (−81°F)
Diámetro	6,746 km (4,223 mi.)
Distancia a partir del Sol	228 millones de km (141 millones de mi.)
Número de lunas	2
Duración del día	$24\frac{1}{2}$ horas
Duración del año	687 días terrestres

Marte tiene un poco de oxígeno en su atmósfera. También tiene algo de agua congelada.

Explorar los planetas interiores

Si quisieras aprender sobre un lugar, podrías visitarlo. Pero, ¿qué pasaría si el lugar fuera demasiado peligroso o estuviera demasiado lejos como para visitarlo? Existen razones por las cuales las personas todavía no han visitado los planetas. En cambio, los científicos han enviado sondas espaciales a la mayoría de los planetas. Una **sonda espacial** es una nave que explora el espacio exterior llevando instrumentos, pero sin tripulación.

Las sondas espaciales llevan cámaras, equipo de laboratorio y otras herramientas e instrumentos para tomar fotos y recoger datos. Envían la información de regreso a la Tierra para que sea estudiada.

▶ **ESTRUCTURA DEL TEXTO** ¿Qué título diferente podría usarse en la parte superior de la página?

Mariner 10
El Mariner 10 fue la primera sonda espacial que recogió datos de dos planetas: Mercurio y Venus.

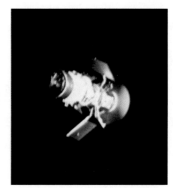

El Magellan
La sonda *Magellan* se lanzó en 1989 para trazar el mapa de la superficie de Venus.

Los vehículos de exploración a Marte
Dos vehículos de exploración a Marte, *Spirit* y *Opportunity*, aterrizaron en Marte en 2004. Recogieron rocas y suelo. También buscaron señales de que alguna vez hubo agua en Marte.

Resumen visual

Mercurio es el planeta más cercano al Sol. No tiene agua y posee poco aire.

Venus es el planeta más caliente debido a su gruesa capa de nubes.

La Tierra es el único planeta conocido que tiene agua en estado líquido y vida.

Marte tiene suelo rojo y rocas. Tiene hielo en los polos.

ENLACES entre el hogar y la escuela

MATEMÁTICAS **Calcula el tiempo transcurrido** El 20 de julio de 1969, el astronauta Neil Armstrong se convirtió en el primer ser humano en caminar sobre la Luna. Dio su primer paso a las 10:56 p.m. El astronauta Edwin "Zumbido" Aldrin se unió a Armstrong 19 minutos después. ¿A qué hora dio Aldrin su primer paso sobre la Luna?

LITERATURA **Investiga personajes míticos** Muchos de los planetas se bautizaron con el nombre de algunos dioses de la mitología romana. Venus es llamado así por la diosa romana del amor y la belleza. Averigua quiénes fueron Júpiter, Marte, Mercurio y Neptuno en la mitología romana.

Repaso

❶ IDEA PRINCIPAL ¿Qué tienen en común los planetas interiores?

❷ VOCABULARIO ¿Qué es una sonda espacial?

❸ DESTREZA DE LECTURA: Estructura del texto ¿En qué orden se presentaron los planetas interiores en esta lección? ¿Qué otro orden se podría haber usado?

❹ RAZONAMIENTO CRÍTICO: Aplica Si estuvieras diseñando una sonda espacial para estudiar un planeta, ¿qué instrumentos o herramientas incluirías?

❺ DESTREZA DE INVESTIGACIÓN: Predice A la Tierra le toma 365 días y a Marte 687 días terrestres completar una órbita alrededor del Sol. Cuando la Tierra haya completado 1 órbita, predice qué tan lejos habrá viajado Marte en su propia órbita.

✔ PREPARACIÓN PARA EXÁMENES

Todos los siguientes son planetas interiores EXCEPTO _____.

A. Marte

B. la Tierra

C. Saturno

D. Mercurio

Ojos en los cielos

¡Mira esos anillos! **El planeta Saturno es una visión hermosa incluso en un pequeño telescopio de jardín. ¿Qué tanto más emocionante podría ser la observación de Saturno a través del telescopio más grande del mundo?**

Compara estas dos imágenes de Saturno. Un astrónomo aficionado registró la imagen más pequeña con su telescopio doméstico. La imagen más grande proviene de uno de los telescopios más poderosos de Keck en la cima de Mauna Kea, en Hawai. En el Observatorio Keck, los astrónomos no tienen uno, sino dos ojos gigantes puestos en el universo. Cada telescopio es el más grande de su tipo en todo el mundo.

Aquí se muestra cómo se ve Saturno a través de un telescopio doméstico. ¡Nada mal!

Aquí se muestra cómo se ve Saturno a través del poderoso telescopio de Keck. ¡Qué diferencia!

¡Cada uno de los telescopios mellizos del Observatorio Keck tiene un espejo de 33 pies de ancho! Los telescopios de Keck ayudan a los astrónomos a ver más lejos y con más claridad en el espacio exterior que con cualquier otro telescopio ubicado en la Tierra.

Vocabulario

Completa cada oración con un término de la lista.

1. Cuando usas un dispositivo para hacer que un objeto se vea más grande, tú _____ el objeto.

2. El Sol y los otros objetos que lo orbitan forman el/la _____.

3. Cuando los planetas se mueven alrededor del Sol, lo _____.

4. Un pequeño cuerpo redondo en órbita alrededor de un planeta es un(a) _____.

5. Una nave que explora el espacio exterior llevando instrumentos, pero sin tripulación, se llama _____.

6. Mercurio, Venus, la Tierra y Marte se llaman _____.

7. La estrella más cercana a la Tierra es el/la _____.

8. Una herramienta que hace que los objetos distantes se vean de mayor tamaño y más nítidos es un(a) _____.

9. Júpiter, Saturno, Urano, Neptuno y Plutón se llaman _____.

10. Un pedazo de roca que gira alrededor del Sol es un(a) _____.

asteroide D48
aumentas D38
luna D45
orbitan D44
planeta D44
planetas exteriores D47
planetas interiores D46
Sol D44
sonda espacial D58
sistema solar D45
telescopio D38

Preparación para exámenes

Escribe la letra de la respuesta correcta.

11. El telescopio espacial Hubble ayuda a los científicos a ver el espacio desde _____.

   A. la superficie de Marte
   B. la atmósfera de Marte
   C. el interior de la atmósfera de la Tierra
   D. más allá de la atmósfera de la Tierra

12. El área entre los planetas interiores y los planetas exteriores se llama el/la _____.

   A. luna
   B. Sol
   C. sistema solar
   D. cinturón de asteroides

13. ¿Cuál de las siguientes afirmaciones es verdadera sobre los planetas interiores?

   A. Están hechos de gases congelados.
   B. Están hechos de materiales rocosos.
   C. No tienen lunas.
   D. Orbitan el cinturón de asteroides.

14. Un cuerpo grande que orbita alrededor de una estrella y no produce luz propia es un(a) _____.

   A. luna
   B. Sol
   C. planeta
   D. asteroide

Destrezas de investigación

15. Usa modelos Quieres hacer un modelo de un sistema solar en el cual los planetas y las lunas se mueven. ¿Cómo se compararán los movimientos de las lunas con los movimientos de los planetas?

16. Predice Los científicos envían una sonda espacial para recoger y analizar una muestra de polvo de la superficie de Venus. ¿Crees que el polvo contendrá alguna bacteria u otros seres vivos pequeñitos? Explica tu respuesta.

Organiza los conceptos

Completa el mapa conceptual usando los siguientes términos:

asteroides	**Marte**
interiores	**Mercurio**
exteriores	**Venus**

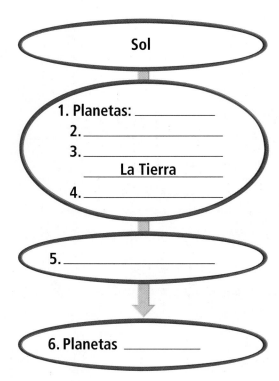

Sol

1. Planetas: _____
2. _____
3. _____
   La Tierra
4. _____

5. _____

6. Planetas _____

Razonamiento crítico

17. Aplica Los vehículos de exploración a Marte, Espíritu (Spirit) y Oportunidad (Opportunity) aterrizaron en Marte en 2004. ¿Por qué crees que los científicos hicieron de la búsqueda de agua una parte tan importante de su misión?

18. Sintetiza ¿Qué ventajas podría tener un nave espacial con una tripulación de astronautas sobre una nave espacial sin tripulación? ¿Qué ventajas puede tener una nave espacial sin tripulación?

19. Evalúa Alguien te dice que la Luna de la Tierra produce su propia luz. Dice que la prueba de esto es que la Luna es muy brillante por la noche. Evalúa esta afirmación.

20. Analiza Venus tiene un día de 243 días terrestres de duración. ¿Qué te dice esto sobre la velocidad con que gira Venus en comparación con la Tierra)?

Evaluación del rendimiento

Propiedad en venta

Te han pedido que escribas un anuncio publicitario para unos terrenos de Marte que están a la venta. Describe los terrenos y algunas de sus características. Intenta hacer que los terrenos parezcan atractivos, para que alguien quiera comprarlos.

Capítulo 10

Ciclos y patrones en el espacio

LECCIÓN

1

Cuando en los Estados Unidos es la hora del recreo en la escuela, en el otro lado del mundo es la hora de la cena, ¿qué causa estas diferencias?

Lo aprenderás en la Lección 1.

LECCIÓN

2

Desde una delgada franja de luz hasta un círculo encendido, ¿por qué la Luna se ve diferente en noches distintas?

Lo aprenderás en la Lección 2.

LECCIÓN

3

El Sol que calienta la Tierra y las estrellas que vemos de noche, ¿qué tienen en común?

Lo aprenderás en la Lección 3.

¿Qué causa el día y la noche?

Por qué es importante...

¿Te gusta levantarte temprano en la mañana? El patrón del día y de la noche afecta a todos los seres vivos. Algunas flores se abren en la mañana y se cierran en la noche. Al igual que muchos otros animales, tú estás en actividad durante el día y duermes por la noche.

PREPÁRATE PARA INVESTIGAR

Destreza de investigación

Usar modelos Puedes usar el modelo de un objeto, un proceso o idea para comprenderlo o para describir cómo funciona.

Materiales

- globo terráqueo con puntos adhesivos
- linterna

Recursos de ciencias y matemáticas

Para realizar el paso 1, repasa la sección **Hacer una tabla para organizar los datos** en la página H10.

Un largo día

Procedimiento

1. En tu *Cuaderno de ciencias,* haz una tabla como la que se muestra aquí.

2. **Usa modelos** Un globo terráqueo es un modelo de la Tierra. Tu maestro te mostrará un globo terráqueo. Cada punto en el globo representa una hora de tiempo. Registra el número de puntos que hay en total.

3. **Registra los datos** Usa una linterna para hacer el modelo del Sol. Alumbra el lado de la Tierra donde se encuentra Oregon. La parte superior del globo debe estar inclinada en dirección al Sol. Oregon debería apenas asomarse a la luz. Cuenta los puntos que se encuentran a la luz. Escribe los números en tu tabla.

4. **Usa modelos** Lentamente, gira el globo terráqueo hasta que Oregon comience a entrar en la oscuridad. Cuenta los puntos que se encuentran en la oscuridad. Escribe los números en tu tabla.

Conclusión

1. **Usa números** ¿Cuántos puntos hay en el globo terráqueo? ¿Por qué hay esa cantidad de puntos?

2. **Analiza los datos** Compara el número de puntos en la luz con el número de puntos en la oscuridad.

3. **Usa modelos** Basándote en tus observaciones, ¿el día tiene siempre la misma duración que la noche? Cuando Oregon está inclinado en dirección al Sol, ¿es más largo el día o la noche?

PASO 1

Número de puntos	
En la luz	En la oscuridad

PASO 3

PASO 4

¡Investiga más!

Diseña un experimento
Experimenta para encontrar la duración de la luz del día en Oregon, cuando Oregon está inclinado en dirección opuesta al Sol. Predice si el día o la noche serán más largos. Comprueba tu idea.

El día y la noche

IDEA PRINCIPAL El patrón del día y de la noche es causado por la rotación de la Tierra.

La Tierra en rotación

Mientras tú estás disfrutando de tus actividades después de la escuela, en China están en la mitad de la noche. ¿Cómo es posible esto?

Ya has aprendido sobre una de las maneras en las que la Tierra y los otros planetas se trasladan. **Giran,** o se trasladan en una trayectoria, alrededor del Sol. Mientras los planetas giran, también rotan. **Rotar** significa girar sobre un eje. Un **eje** es una línea imaginaria a través del centro de un objeto. El eje de la Tierra atraviesa el Polo Norte y el Polo Sur.

Imagina que donde vives es el amanecer. A medida que la Tierra rota, el lado de la Tierra donde vives se da vuelta de cara al Sol. Sólo el lado de la Tierra que está de cara al Sol tiene la luz del día. Tu día comienza en el momento en que el Sol se asoma para salir por el este.

A medida que transcurre el día, el Sol parece moverse y atravesar el cielo. Sin embargo, no es el Sol el que se mueve. Es el giro de la Tierra lo que causa que el Sol parezca moverse. A medida que la Tierra continúa rotando, tu lado de la Tierra se mueve en oposición al Sol. El Sol parece ponerse en el oeste. La noche comienza donde tú vives. Y ahora es de día en el otro lado de la Tierra.

▶ **CAUSA Y EFECTO** ¿Cuál es la causa por la cual el Sol parece moverse cruzando el cielo?

VOCABULARIO

eje	pág. D68
girar	pág. D68
rotar	pág. D68

DESTREZA DE LECTURA

Causa y efecto Usa el diagrama que se muestra a continuación para explicar qué causa el día y la noche.

Sol

El día y la noche alrededor del globo terráqueo

América del Norte

Esta parte de la Tierra está de cara al Sol, por lo tanto es de día.

Asia

Esta parte de la Tierra le da la espalda al Sol, por lo tanto es de noche.

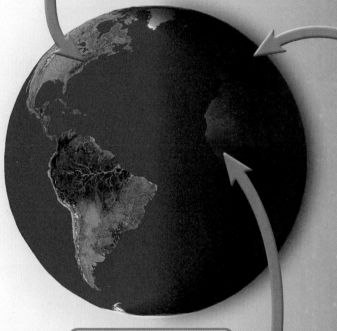

África

Esta parte de la Tierra se ha apartado del Sol, por lo tanto es la tarde.

Los cambios en la duración del día y de la noche

La duración del día y de la noche cambia a lo largo del año. Esto pasa porque algunas partes de la Tierra están de cara al Sol durante más horas que otras. La inclinación del eje de la Tierra causa estas diferencias.

Mientras la Tierra gira alrededor del Sol, diferentes partes de la Tierra se inclinan en dirección al Sol. En junio, el Polo Norte se inclina hacia el Sol. Lo mismo pasa con los lugares al norte del ecuador, los cuales están más horas de cara al Sol que en dirección opuesta al Sol. Tienen más horas de luz y menos horas de oscuridad.

En diciembre, el Polo Norte está en dirección opuesta al Sol. Esto significa que los lugares al norte del ecuador están en dirección opuesta al Sol más horas que de cara al sol. Por lo tanto, en estos lugares, hay más horas de oscuridad que horas de luz.

▶ **CAUSA Y EFECTO** **¿Por qué la duración del día y la noche cambia durante el año?**

8:00 p.m. en junio

8:00 p.m. en diciembre

Resumen visual

La Tierra rota sobre su eje. Esta rotación es la causa del patrón del día y de la noche.

Debido a la inclinación del eje de la Tierra, la cantidad de horas de luz y de oscuridad cambia a lo largo del año.

ENLACES entre el hogar y la escuela

MATEMÁTICAS Halla el tiempo transcurrido
Cuando son las 5:30 p.m. en Chicago, Illinois, son las 5:30 a.m. en Bangkok, Tailandia. ¿Cuántas horas de diferencia hay entre esas dos ciudades? Dibuja una imagen para mostrar qué puede estar haciendo un niño en cada ciudad a esa hora.

ESTUDIOS SOCIALES Utiliza un globo terráqueo
Encuentra Argentina y Suecia en un globo terráqueo. ¿Cuál de estos países se encuentra en el hemisferio norte? ¿Cuál se encuentra en el hemisferio sur? ¿Qué país está inclinado en dirección al Sol en el mes de diciembre?

Repaso

1 IDEA PRINCIPAL ¿De qué manera la rotación de la Tierra causa el día y la noche?

2 VOCABULARIO Si giras la parte superior de un objeto que permanece en su lugar, ¿estás haciendo que la parte superior rote o gire? Explica tu respuesta.

3 DESTREZA DE LECTURA: Causa y efecto Nombra un efecto de la inclinación del eje de la Tierra.

4 RAZONAMIENTO CRÍTICO: Aplica Sydney, Australia, se encuentra al sur del ecuador. En enero, el Polo Sur está inclinado en dirección al Sol. En Sydney, ¿hay más horas de luz o de oscuridad en enero? Explica tu respuesta.

5 DESTREZA DE INVESTIGACIÓN: Usa modelos Describe cómo podrías hacer un modelo de la Tierra girando alrededor del Sol.

✓ PREPARACIÓN PARA EXÁMENES

¿Cómo se mueve la Tierra?

A. Sólo gira.

B. Sólo rota.

C. Rota y gira.

D. Rota en la mañana y gira de noche.

¿Cuáles son las fases de la Luna?

Por qué es importante...

¿Ésas son realmente huellas en la Luna? ¡Sí! Las personas caminaron en la Luna cuando viajaron a estudiarla. La mayoría de las noches, puedes estudiar la Luna justo desde aquí en la Tierra. En realidad puedes ver algo que no podrás ver si estás en la Luna. Puedes ver la manera en la que la Luna parece cambiar de forma.

PREPÁRATE PARA INVESTIGAR

Destreza de investigación
Comunicar Cuando comunicas, compartes información usando palabras y esquemas.

Materiales
- lámpara
- pelota de anime con un palito como mango

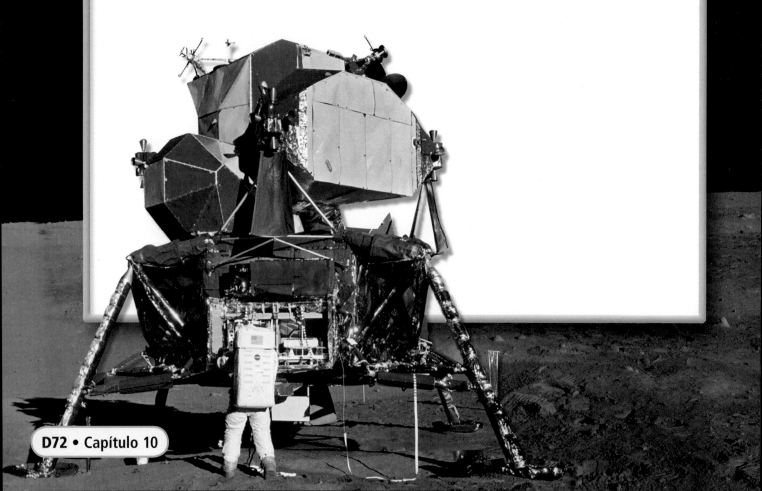

El movimiento de la Luna

Procedimiento

PASO 2

1. Usa una pelota con un palito como mango para representar la Luna. Usa una lámpara u otra luz para representar el Sol. Serás un observador sobre la Tierra. **Seguridad:** No toques el bombillo. Se pondrá caliente.

2. **Usa modelos** Párate de frente al modelo del Sol dándole la espalda. Sostiene el modelo de la Luna con el brazo estirado frente a ti y por encima de tu cabeza.

PASO 3

3. **Observa** Lentamente haz un giro de un cuarto en el lugar y detente, manteniendo el modelo de la Luna frente a ti. Observa la forma que produce la luz sobre el modelo de la Luna.

4. **Registra los datos** En tu *Cuaderno de ciencias,* dibuja el patrón de luz y oscuridad que observaste sobre el modelo de la Luna en los pasos 2 y 3.

PASO 4

5. **Usa modelos** Repite el paso 3 dos veces más. Párate cada vez que repitas los pasos en una dirección diferente. Dibuja el patrón de luz y oscuridad que observas.

Conclusión

1. **Comunica** Observa tus dibujos. Las formas de la luz, ¿son iguales o diferentes en cada dibujo? Comenta por qué.

2. **Infiere** Si observas la Luna en diferentes noches, ¿crees que la Luna se verá igual todas las veces? Explica tu respuesta.

¡Investiga más!

Investiga Busca en libros o en Internet información sobre el folklore relacionado con la forma cambiante de la Luna. Averigua qué creía el pueblo esquimal de Groenlandia sobre Anningan, su diosa Luna.

Las fases de la Luna

DESTREZA DE LECTURA

Comparar y contrastar
Usa la tabla para comparar una luna llena y una luna nueva.

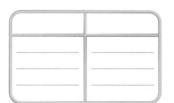

IDEA PRINCIPAL La Luna atraviesa un ciclo de fases todos los meses.

La Luna de la Tierra

A menudo puedes ver la Luna brillando en el cielo nocturno. Sin embargo, la Luna no produce su propia luz. La "luz de la Luna" que ves proviene de la luz solar que se refleja, o rebota, en la superficie de la Luna. Esta luz reflejada hace que la cara de la Luna que da al Sol se vea brillante. El lado de la Luna opuesto al Sol está oscuro.

La Luna es un satélite de la Tierra. Un **satélite** es cualquier objeto que gira alrededor de un planeta u otro objeto mayor. A medida que gira alrededor de la Tierra, la Luna también rota sobre su propio eje. A la Luna le toma $27\frac{1}{3}$ días terrestres girar una vez alrededor de la Tierra. Le toma el mismo tiempo rotar una vez sobre su eje. Por consiguiente, la cara de la Luna que da a la Tierra es siempre la misma.

Sólo una cara de la Luna es la que siempre da a la Tierra. Los astronautas son las únicas personas que alguna vez han visto el otro lado de la Luna.

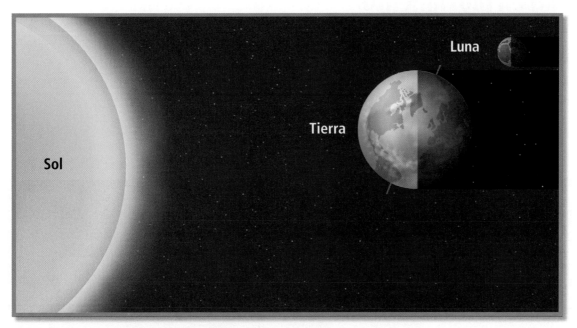

Sol

Tierra

Luna

▲ La superficie de la Luna refleja la luz solar,
pero la Luna no produce su propia luz.

Algunas noches, la Luna parece grande y redonda.
Otras noches, la Luna parece una rebanada delgada. En
realidad, la Luna no cambia de forma. Siempre tiene forma
de pelota.

¿Por qué la Luna parece cambiar de forma? Mientras la
Luna gira alrededor de la Tierra, ves diferentes porciones
de la cara de la Luna iluminada por el Sol. A veces puedes
ver una **luna llena,** la cual es la fase de la Luna en la que
toda la parte iluminada por el sol es visible desde la Tierra.
Una luna llena se ve redonda y brillante.

A veces sólo puedes ver una pequeña parte de la cara
de la Luna iluminada por el Sol. Esto pasa cuando la Luna
se parece a una rebanada delgada. A veces, desde la Tierra
no puedes ver ninguna parte de la cara de la Luna
iluminada por el Sol. Esto se llama **luna nueva.**

▶ **COMPARAR Y CONTRASTAR** **Cuáles son las dos maneras
diferentes en que se mueve la Luna?**

La Luna en movimiento

Las diferentes formas en que la Luna se ve durante un período de un mes se llaman **fases de la Luna.** El diagrama a continuación muestra el lugar en el que se encuentra la Luna en cada fase. Las fotos de la próxima página muestran cómo cada fase de la Luna se ve desde la Tierra.

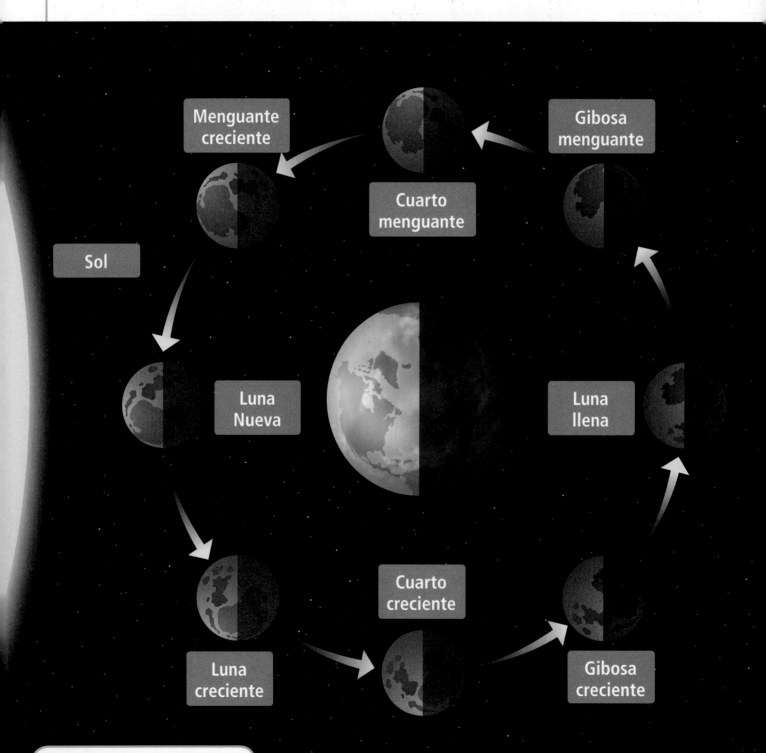

Cuarto menguante
Todavía puedes ver aproximadamente la mitad de la cara de la Luna iluminada por el Sol.

Menguante creciente
La Luna parece una rebanada delgada.

Gibosa menguante
La Luna parece casi llena.

Luna Nueva
No puedes ver nada de la cara de la Luna iluminada por el Sol.

Luna llena
Toda la cara de la Luna iluminada por el Sol da a la Tierra.

Luna creciente
La Luna parece una rebanada delgada.

Gibosa creciente
La Luna todavía parece casi llena.

Cuarto creciente
Se puede ver aproximadamente una mitad de la cara de la Luna iluminada por el Sol.

Una mirada más detallada de la Luna

La superficie rocosa de la Luna está cubierta por montañas, llanuras planas y cráteres. Un **cráter** es una depresión causada por un objeto proveniente del espacio al golpear la superficie de un planeta o de una luna. No hay aire ni agua en estado líquido en la Luna, ni tampoco hay seres vivos. Durante el día las temperaturas de la Luna son mucho más calurosas que las de la Tierra. Durante la noche, las temperaturas son mucho más frías.

El diámetro de la Luna es sólo un cuarto del diámetro de la Tierra aproximadamente. Debido a que la Luna es más pequeña, su gravedad es más débil que la gravedad de la Tierra. Por lo tanto, todo tiene menos peso en la Luna que en la Tierra.

▶ **COMPARAR Y CONTRASTAR** **Compara las temperaturas diurnas de la Luna con las temperaturas de la Tierra.**

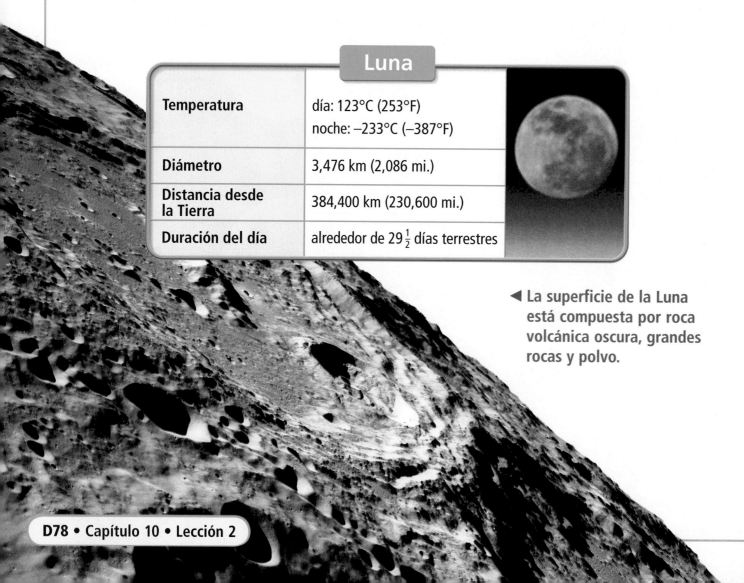

Luna

Temperatura	día: 123°C (253°F) noche: −233°C (−387°F)
Diámetro	3,476 km (2,086 mi.)
Distancia desde la Tierra	384,400 km (230,600 mi.)
Duración del día	alrededor de $29\frac{1}{2}$ días terrestres

◀ La superficie de la Luna está compuesta por roca volcánica oscura, grandes rocas y polvo.

Resumen visual

	La Luna refleja la luz que proviene del Sol.
	Las fases de la Luna ocurren a medida que la Luna gira alrededor de la Tierra.
	La superficie de la Luna está cubierta por montañas, llanuras planas y cráteres.

ENLACES entre el hogar y la escuela

MATEMÁTICAS Usa un calendario

Haz un calendario para el mes en curso. Incluye el mes, los días de la semana y las fechas. Utiliza un diario, un almanaque o Internet para averiguar las fases de la Luna para este mes. Muestra cuándo tendrá lugar cada fase haciendo dibujos sobre las fechas de tu calendario.

ESCRITURA Narrativa En el transcurso

de la historia, algunos indígenas norteamericanos han usado la Luna para medir el tiempo. Si algo había ocurrido hacía mucho tiempo, usualmente lo describían como "hace muchas Lunas". Escribe un cuento narrativo sobre un acontecimiento de tu vida. Comienza el cuento con "Hace muchas Lunas..."

Repaso

❶ **IDEA PRINCIPAL** ¿Por qué la forma de la Luna se ve distinta en diferentes noches?

❷ **VOCABULARIO** Describe el movimiento de un objeto que sea un satélite de Júpiter.

❸ **DESTREZA DE LECTURA: Compara y contrasta** ¿Cómo se compara una luna llena con una luna nueva?

❹ **RAZONAMIENTO CRÍTICO: Evalúa** Usa lo que sabes sobre la Luna para explicar por qué no hay vida allí.

❺ **DESTREZA DE INVESTIGACIÓN: Comunica** Haz un diagrama que ayudaría a alguien a comprender por qué la Luna brilla en el cielo nocturno.

✔ **PREPARACIÓN PARA EXÁMENES**

La superficie de la Luna tiene ____.

A. aire

B. agua líquida

C. cráteres

D. seres vivos

¡Vestido para el espacio!

¿Alguna vez has soñado con viajar al espacio? Es mucho más complicado que subirse a un carro e ir a dar una vuelta. Antes de que los seres humanos pudieran viajar al espacio, los científicos tuvieron que encontrar maneras de mantenerlos a salvo durante su viaje.

En el espacio, no hay atmósfera para proveer a los astronautas de oxígeno. Las temperaturas son mucho más frías y mucho más calurosas que en la Tierra. La única manera para que los astronautas pudieran viajar al espacio era llevando condiciones de la Tierra con ellos. El traje espacial se creó para eso.

Cada parte del traje tiene un propósito específico. En su interior, hay un equipo de mantenimiento de vida que provee oxígeno para respirar. Una prenda interior especial del traje tiene una tubería cosida directamente a la tela. El agua fresca corre a través del tubo, manteniendo fresco el cuerpo del astronauta. Esto le permite al astronauta trabajar y moverse de la manera más normal posible.

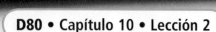

El traje espacial del *Apollo 9* fue el primero que contuvo su propio equipo de mantenimiento de vida, llamado "mochila".

guantes

Las capas de los guantes y las botas tenían que ser lo suficientemente resistentes para proteger a los astronautas de las rocas filosas en las misiones a la Luna.

botas

Una visera cubierta de oro servía de protección contra los rayos dañinos que provienen del Sol.

visera

casco

gorra

La gorra que se usaba debajo del casco incorporaba unos auriculares de comunicaciones.

Compartir ideas

1. **REPASO DE LA LECTURA** ¿Por qué los astronautas necesitan trajes espaciales para sobrevivir en el espacio exterior?

2. **ESCRÍBELO** ¿Cuál es una de las maneras en las que el cuerpo del astronauta se mantiene fresco?

3. **COMÉNTALO** Comenta cómo la creación del traje espacial cambió la exploración del espacio.

¿Qué es una estrella?

Por qué es importante...

Un mapa de estrellas muestra los nombres de diferentes estrellas. También muestra dónde puedes encontrar cada estrella en el cielo. Supón que quieres aprender sobre una de las estrellas que ves. Puedes usar un mapa de estrellas para averiguar su nombre. Después puedes buscar información sobre esa estrella.

PREPÁRATE PARA INVESTIGAR

Destreza de investigación

Hacer preguntas Algunas preguntas pueden responderse haciendo un experimento. Otras pueden responderse preguntándole a un experto.

Materiales

- cartón
- papel de construcción negro
- hoja de patrón de estrellas
- lápiz con punta afilada
- tubo de cartón
- tijeras
- cinta adhesiva

Contemplar estrellas

Procedimiento

1. Cubre tu escritorio con cartón. Pon una hoja de papel negro sobre el cartón. Coloca arriba una hoja de patrón de estrellas.

2. **Usa modelos** Haz un patrón de estrellas. Usa un lápiz con punta afilada para hacer un pequeño agujero a través de cada punto sobre la hoja del patrón de estrellas. Empuja con fuerza suficiente como para hacer agujeros en el papel negro. Después quita la hoja del patrón de estrellas.

3. **Usa modelos** Ubica un extremo del tubo sobre el patrón de estrella que hiciste. Utiliza el tubo para trazar un círculo sobre el papel negro alrededor del patrón de estrellas. Asegúrate de que todo el patrón de estrellas se encuentre en el interior del círculo. Corta un círculo que sea un poco más grande que el que ya trazaste. Pégalo con cinta adhesiva a un extremo del tubo.

4. **Observa** Mira a través del extremo abierto mientras sujetas el tubo hacia la luz. Examina el patrón de estrellas. Ahora mira a través del tubo de un compañero con un patrón de estrellas diferente.

PASO 2

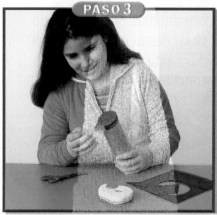

PASO 3

PASO 4

Conclusión

1. **Compara** ¿En qué se parecían los dos patrones? ¿En qué se diferenciaban?

2. **Haz preguntas** Escribe dos preguntas que podrías hacerle a un científico que estudia las estrellas.

¡Investiga más!

Sé un inventor Inventa otro método para modelar patrones de estrellas. ¿Qué materiales utilizarías? ¿Cómo funcionaría el modelo? Usa dibujos rotulados en tu descripción.

Las estrellas

VOCABULARIO

estrella   pág. D84
constelación   pág. D86

DESTREZA DE LECTURA

Sacar conclusiones
La Tierra obtiene calor del Sol, pero no de otras estrellas. El Sol parece la estrella más grande cuando se ve desde la Tierra. Usa el diagrama para mostrar qué conclusiones se pueden sacar de estos hechos.

IDEA PRINCIPAL El Sol es la estrella más cercana a la Tierra. Otras estrellas están más lejos y forman patrones en el cielo nocturno.

El cielo nocturno

Cuando miras las estrellas en el cielo nocturno, se ven como puntos pequeñitos de luz. Sin embargo, no son pequeñitas en realidad. Sólo se ven así porque están muy lejos. Una **estrella** es una bola de gases calientes que emite luz y otras formas de energía.

Las estrellas existen en diferentes tamaños. Las más pequeñas tienen aproximadamente sólo 20 km (cerca de 12 millas) de ancho. Las estrellas enanas blancas tienen aproximadamente el tamaño de la Tierra. Las estrellas súper gigantes pueden tener más de 500 millones de km (300 millones de millas aproximadamente) de ancho. ¡Eso es más de 1,000 veces la distancia desde la Tierra hasta la Luna!

Las estrellas se ven pequeñas en el cielo nocturno porque están muy lejos de la Tierra.

El Sol es la estrella más
cercana a la Tierra.

EL Sol

El Sol es una estrella. Es el objeto más grande del sistema
solar. En el interior del Sol cabrían más de 1 millón de Tierras.
Aún así, es una estrella de tamaño medio. El Sol se ve mucho
más grande que las estrellas porque está mucho más cerca de
la Tierra que cualquier otra estrella. Los seres vivos de la
Tierra dependen del Sol para obtener calor y luz.

A pesar de que el Sol es la estrella más cercana a la Tierra,
se encuentra muy lejos. El Sol está a 150 millones de km
aproximadamente (cerca de 93 millones de millas) de la Tierra.

▶ **SACAR CONCLUSIONES** **¿Por qué el Sol se ve más grande que otras
estrellas que puedes ver?**

Las constelaciones

¿Alguna vez has visto un oso en el cielo? ¿O quizás un león o un perro? ¡Por supuesto que no! Pero si observas detenidamente, puedes ver una constelación de forma similar a la de uno de estos animales. Una **constelación** es un grupo de estrellas que componen una figura con forma de animal, persona u objeto. Existen 88 constelaciones reconocidas por los científicos.

La gente dice que las estrellas "salen" por la noche. Pero, en realidad, las estrellas están siempre en el cielo, inclusive durante el día. No puedes verlas durante el día sólo porque el cielo es muy brillante.

Has aprendido que el Sol parece moverse de un lado a otro del cielo todos los días. Todas las noches, las estrellas también parecen moverse de un lado a otro del cielo. Como el Sol, las estrellas no se mueven en realidad.

El Cucharón es parte de la constelación de la Osa Mayor. ▼

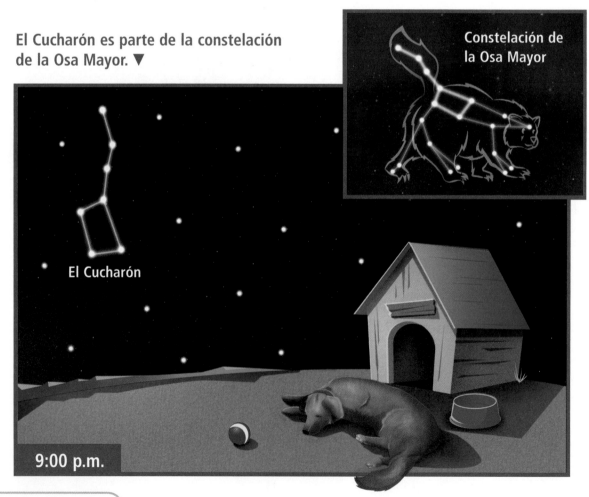

Constelación de la Osa Mayor

El Cucharón

9:00 p.m.

Las estrellas parecen moverse porque la Tierra rota. A medida que la Tierra rota sobre su eje, la parte del cielo que ves cambia. Pero la forma de cada constelación no cambia. Las estrellas de cada constelación se quedan en sus lugares fijos en el patrón.

El cielo nocturno también se ve diferente a lo largo del año. Puedes ver algunas constelaciones en una noche de verano. Puedes ver otras constelaciones en una noche de invierno. Esto se debe a que la Tierra gira alrededor del Sol. Mientras lo hace, la parte del cielo que esta más arriba cambia. Es por esto que ves diferentes constelaciones.

▶ **SACAR CONCLUSIONES** **¿Por qué ves diferentes constelaciones en diferentes épocas del año?**

Observa cómo el Cucharón se ve como si se hubiera movido.▼

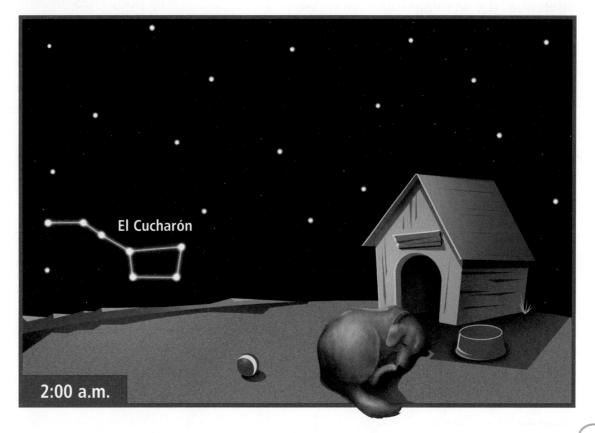

El Cucharón

2:00 a.m.

Resumen visual

```
                    ┌─────────────┐
                    │ Las estrellas │
                    └─────────────┘
                   /               \
```

El Sol
El Sol es la estrella más cercana a la Tierra. Es una estrella de tamaño medio.

Las constelaciones
Las constelaciones son un grupo de estrellas que componen figuras con formas de animales, persona u objetos.

 **ENLACES** entre el hogar y la escuela

MATEMÁTICAS Halla la diferencia
Hay 88 constelaciones en el cielo nocturno. Los pueblos de la antigüedad bautizaron 48 de ellas hace mucho tiempo. Las otras constelaciones se bautizaron en la época moderna. ¿Cuántas constelaciones recibieron su nombre en la época moderna? Expone tu trabajo.

ARTE Haz un móvil
Muchas de las constelaciones recibieron los nombres de ciertos animales. Encuentra a Leo, el león, Taurus, el toro, y Draco, el dragón, en un mapa de las estrellas del cielo del norte. Haz un móvil que muestre estas tres constelaciones de animales.

Repaso

❶ **IDEA PRINCIPAL** ¿Qué es una estrella?

❷ **VOCABULARIO** Usa el término *constelación* en una oración.

❸ **DESTREZA DE LECTURA: Saca conclusiones** Si la Tierra no rotara sobre su eje, ¿parecería que las estrellas se mueven a lo ancho del cielo? Explica tu respuesta.

❹ **RAZONAMIENTO CRÍTICO: Analiza** Observas dos estrellas en el cielo nocturno. Una se ve más brillante que la otra. Sin embargo, aprendes que en realidad tienen el mismo brillo. ¿Qué podrías concluir sobre su distancia con respecto a la Tierra?

❺ **DESTREZA DE INVESTIGACIÓN: Haz preguntas** Imagina que tú y tu amigo están contemplando el cielo nocturno. Escribe dos preguntas que tu amigo podría hacerte sobre las estrellas. Luego escribe las respuestas a esas preguntas.

✓ **PREPARACIÓN PARA EXÁMENES**
El Sol ____.

A. es la estrella más grande

B. está hecho de roca caliente

C. es la estrella más cercana a la Tierra

D. es una constelación

Director de planetario

Un planetario es una especie de cine. En lugar de mostrar una película, un planetario presenta un show de estrellas. El director del planetario está a cargo del planetario y de la gente que trabaja allí. Una de las mejores partes del trabajo es compartir los conocimientos sobre las estrellas y los planetas y preparar los shows.

Lo que se necesita

- Un título en astronomía
- La capacidad de dirigir a otros trabajadores y de hacer presentaciones ante el público

Técnico en sistemas satelitales

Los sistemas satelitales incluyen antenas parabólicas pequeñas para televisores y enormes satélites de comunicación que orbitan alrededor de la Tierra. Las personas que construyen y cuidan estos equipos se llaman técnicos en sistemas satelitales. Algunos técnicos en sistemas satelitales poseen sus propias compañías. Otros trabajan para compañías involucradas en televisión por cable, telefonía celular o radiodifusión.

Lo que se necesita

- Un diploma de escuela secundaria
- Cursos en electrónica o en ingeniería eléctrica

La sorpresa de Orión

¿Dónde puedes encontrar el impresionante remolino encendido que se muestra aquí? En el cielo nocturno, en la constelación de invierno llamada *Orión, el Cazador*. Encuentra las tres grandes estrellas del cinturón de Orión. Ahora encuentra las estrellas que forman la espada. ¿Puedes ver la mancha brillante y difusa en la espada? No es una estrella. En realidad es una enorme colección de gas y polvo llamada nebulosa.

En una noche clara, puedes ver esta nebulosa a simple vista. Con los binoculares, parece una nube débil y neblinosa. Usando un poderoso telescopio y una cámara especial, los astrónomos pueden ver los asombrosos detalles y colores que se muestran aquí.

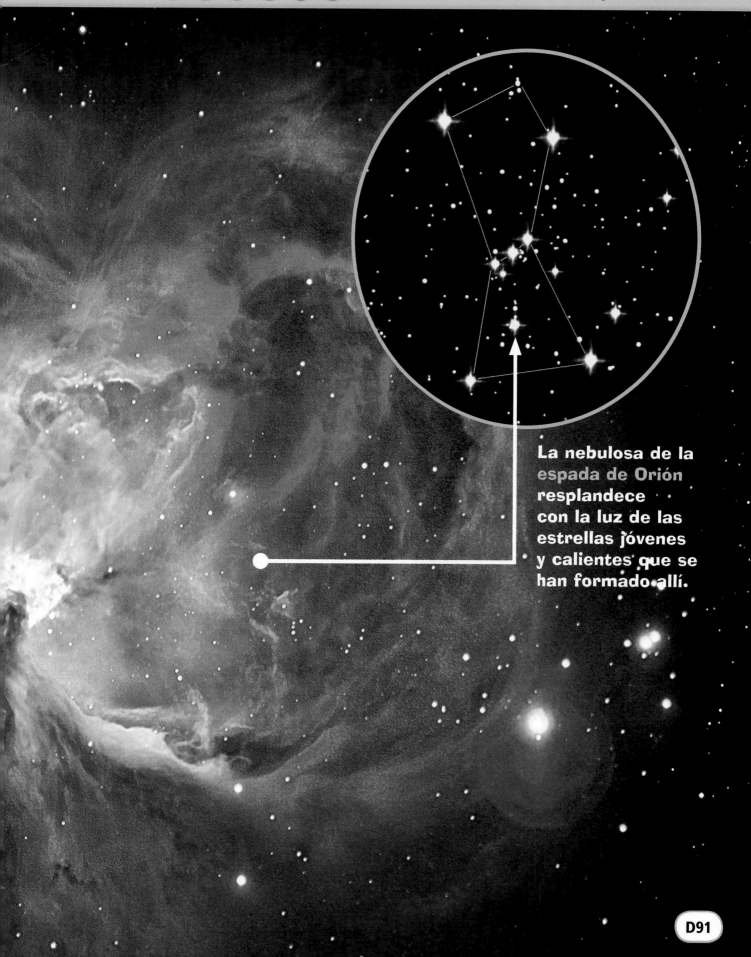

La nebulosa de la
espada de Orión
resplandece
con la luz de las
estrellas jóvenes
y calientes que se
han formado allí.

Vocabulario

Completa cada oración con un término de la lista.

1. Las diferentes formas en que la Luna se ve desde la Tierra son los/las _____.

2. Una línea imaginaria que atraviesa el centro de un objeto se llama el/la _____.

3. Cuando puedes ver toda la cara de la Luna iluminada por el Sol desde la Tierra, hay _____.

4. Una bola de gases calientes que emite luz y otras formas de energía es un(a) _____.

5. Cuando la cara de la Luna iluminada por el Sol no es visible desde la Tierra hay _____.

6. Moverse en una trayectoria alrededor de un objeto es _____.

7. Cualquier objeto que gira alrededor de un planeta u otro objeto mayor es un(a) _____.

8. Una depresión en la superficie de un planeta o de una luna es un(a) _____.

9. Girar sobre un eje es _____.

10. Un grupo de estrellas que componen una figura con forma de animal se llama un(a) _____.

constelación D86
cráter D78
eje D68
estrella D84
fases de la luna D76
girar D68
luna llena D75
luna nueva D75
rotar D68
satélite D74

Preparación para exámenes

Escribe la letra de la respuesta correcta.

11. Puedes ver la Luna en el cielo nocturno porque _____.

   A. refleja la luz solar
   B. es una estrella
   C. produce su propia luz
   D. se compone de gas y calor

12. El patrón del día y de la noche es causado por el/la _____ de la Tierra.

   A. eje   C. revolución
   B. gravedad   D. rotación

13. Las estrellas en el cielo nocturno parecen pequeñitos puntos de luz porque son/están _____.

   A. más pequeñas que la Tierra
   B. hechas de roca brillante
   C. satélites de la Tierra
   D. muy lejos

14. La Luna es un satélite _____.

   A. del Sol   C. de una estrella
   B. de la Tierra   D. de Venus

Destrezas de investigación

15. Compara ¿En qué se parece el Sol a otras estrellas? ¿En qué se diferencia?

16. Comunica Dibuja un diagrama que muestre las posiciones del Sol, la Luna y la Tierra durante una luna llena. Rotula tu diagrama para que así los demás puedan comprenderlo.

Organiza los conceptos

Completa el mapa conceptual usando los siguientes términos:

gira
rota
las fases de la Luna
el patrón del día y de la noche

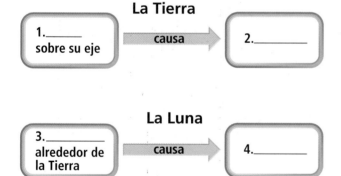

La Tierra

1._____ sobre su eje → **causa** → 2._____

La Luna

3._____ alrededor de la Tierra → **causa** → 4._____

Razonamiento crítico

17. Aplica Tu familia llama a un pariente que vive en otro país. Es la 1:00 de la tarde en el lugar donde vives. ¿Es posible que tu pariente esté durmiendo porque es de noche? Explica tu respuesta.

18. Sintetiza La Luna es mucho más pequeña que el Sol. Sin embargo, se ven más o menos del mismo tamaño desde la Tierra. Explica por qué ocurre esto.

19. Evalúa Escuchas que alguien dice que el Sol sale en la mañana, se traslada cruzando el cielo y se pone en la noche. ¿Cómo evaluarías esta afirmación?

20. Analiza ¿En qué se parecen el movimiento de la Luna y el movimiento de la Tierra?

Evaluación del rendimiento

Informe de astronauta

Imagina que eres un astronauta que regresa de una caminata sobre la Luna. Escribe una carta sobre tu visita al periódico de tu ciudad. Describe lo que observaste y cómo se siente estar allí.

Escribe la letra de la respuesta correcta.

1. ¿Cuál de estos acontecimientos pasa JUSTO ANTES de que ocurra la precipitación?

  A. el agua se evapora

  B. el vapor de agua se enfría

  C. el vapor de agua en las nubes se transforma en gotitas pequeñitas

  D. las gotitas de agua en las nubes se vuelven grandes y pesadas

2. El diagrama a continuación muestra a la Tierra en su órbita alrededor del Sol.

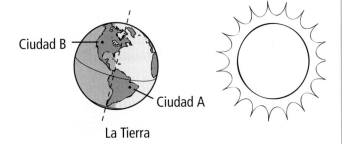

Ciudad B

Ciudad A

La Tierra

¿Cuál de las siguientes opciones explica por qué es de día en la Ciudad A y de noche en la Ciudad B?

  A. El eje de la Tierra está inclinado.

  B. La Tierra rota sobre su eje.

  C. La Ciudad A se encuentra al norte del ecuador.

  D. La Tierra gira alrededor del Sol.

3. La Tierra tiene aproximadamente el mismo tamaño que _____.

  A. Marte

  B. Júpiter

  C. Plutón

  D. Venus

4. Una luna gibosa ocurre justo antes e inmediatamente después que una luna llena. ¿Cuál de los siguientes dibujos muestra una luna gibosa?

A.

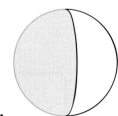

B.

C.

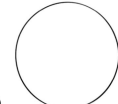

D.

5. ¿Cuántas estrellas hay en nuestro sistema solar?

A. ninguna

B. una

C. nueve

D. cientos

6. ¿Qué planeta es MÁS probable que muestre la siguiente ilustración?

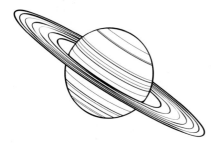

A. Marte

B. Plutón

C. Saturno

D. Venus

7. El cinturón de asteroides entre los planetas internos y externos se ubica entre _____.

A. Marte y Júpiter.

B. Venus y la Tierra.

C. Júpiter y Saturno.

D. Saturno y Urano.

8. Los telescopios son herramientas que hacen que los objetos que se encuentran a una gran distancia parezcan _____.

A. más grandes y más borrosos

B. más grandes y más nítidos

C. más pequeños y más brillantes

D. más pequeños y más borrosos

Responde a lo siguiente con oraciones completas.

9. Identifica estas nubes como cúmulo o cumulonimbo. Indica qué tipo de tiempo puede traer cada nube.

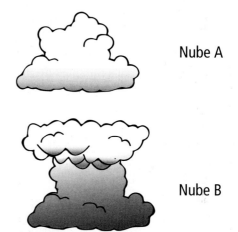

Nube A

Nube B

10. Explica la diferencia entre un clima tropical y un clima desértico.

¡Descúbrelo!

El volcán más grande del sistema solar, el Monte Olimpo, está en Marte. Se eleva sobre la superficie de Marte alrededor de 26 km (16 millas). La base del volcán mide alrededor de 602 km (374 millas) de ancho.

El Monte Olimpo es mucho más grande que el Mauna Loa en Hawai, uno de los volcanes más grandes de la Tierra. Mauna Loa mide alrededor de 10 km (6 millas) de alto y alrededor de 121 km (75 millas) de ancho.

Los volcanes de Marte pueden volverse tan grandes porque la corteza de Marte no se mueve. La lava erupciona una y otra vez en el mismo lugar. A medida que la lava se acumula, los volcanes se hacen más altos.

El Monte Olimpo no parece ser un volcán activo. Los científicos creen que está inactivo desde hace millones de años.

Monte Olimpo
80 km
26 km
602 km

Mauna Loa
2 km
10 km
121 km

Materia

Materia

Lectura independiente

Ahora lo ves, ahora no

El misterio de la caja azul

Ciencia en la cocina

¡Descúbrelo!

Cuando fue construida hace 120 años, la Estatua de la Libertad tenía una superficie de cobre de color vivo y brillante. Hoy la superficie ya no es brillante y la estatua es de un color verde claro. ¿Cuál fue la causa de este cambio? Tendrás la respuesta a esta pregunta al final de esta unidad.

Capítulo 11

Cambios en la materia

E2

LECCIÓN

1

Desde los abrigos de los bomberos que los protegen del calor extremo hasta una pelota de baloncesto que rebota, ¿cuáles son algunas propiedades útiles de la materia?

Lo aprenderás en la Lección 1.

LECCIÓN

2

Un cubo de hielo que se derrite y un aeroplano de papel, ¿tienen algo en común estos objetos?

Lo aprenderás en la Lección 2.

LECCIÓN

3

Arcilla blanda que se transforma en un brillante jarrón, una bicicleta que se oxida y mantequilla líquida que se convierte en panqueques cocidos, ¿qué causa estos cambios?

Lo aprenderás en la Lección 3.

¿Qué son las propiedades físicas?

Por qué es importante...

Digamos que pierdes tu suéter. ¿Cómo lo describirías? Podrías decir que es anaranjado. También podrías decir que está hecho de algodón. Podrías describir el patrón del tejido y explicar que es de talla media. Puedes identificar suéteres y otros objetos describiéndolos.

PREPÁRATE PARA INVESTIGAR

Destreza de investigación

Comparar Cuando comparas cosas, observas en qué se diferencian y en qué se parecen.

Materiales

- bolsa de caracoles surtidos
- regla métrica
- lupa
- cartulina
- marcadores de colores
- pegamento o cinta adhesiva

Recursos de ciencias y matemáticas

Para realizar el paso 2, repasa la sección **Usar una lupa** en la página H2.

Objetos perdidos

Clasificar caracoles

Procedimiento

PASO 1

1 **Mide** Trabaja con un compañero. Abre la bolsa de caracoles. Colócalos separados sobre el escritorio. Usa una regla métrica para medir la longitud de cada caracol. Anota las mediciones en tu *Cuaderno de ciencias.*

2 **Compara** Usa una lupa para observar los caracoles. Fíjate en qué se parecen los caracoles y en qué se diferencian.

PASO 3

3 **Clasifica** Escoge una propiedad física y clasifica los caracoles basándote en esa propiedad. Una **propiedad física** es una característica que puede observarse con los sentidos. El color, la forma y el tamaño son propiedades físicas.

4 **Comunica** Haz un cartel. Pega o adhiere con cinta los grupos de caracoles en el cartel. Escribe un rótulo para cada grupo. El rótulo debe describir las propiedades físicas de los caracoles en ese grupo.

PASO 4

Clasificación de los caracoles

PEGAMENTO

Caracoles en espiral

Conclusión

1. **Comunica** ¿Qué propiedades físicas usaste para clasificar tus caracoles?

2. **Comunica** ¿Qué sentidos usaste para observar las propiedades físicas de los caracoles?

¡Investiga más!

Diseña un experimento
Piensa en otra manera de describir caracoles. ¿Los atrae un imán? ¿Se derriten al sol? ¿Flotan? ¿Puedes ver a través de ellos? Haz una lista de tus descripciones.

Propiedades físicas

VOCABULARIO

gas	pág. E7
líquido	pág. E7
masa	pág. E9
materia	pág. E6
propiedad física	pág. E7
sólido	pág. E7
volumen	pág. E9

DESTREZA DE LECTURA

Clasificar A medida que lees, haz una lista de ejemplos de sólidos, líquidos y gases.

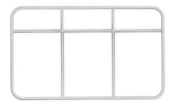

IDEA PRINCIPAL La materia tiene propiedades que pueden observarse y medirse.

Los tres estados de la materia

¿Qué te gusta hacer en la cocina? Puede ser que te guste ayudar a cocinar o que solo te guste comer. Cuando estás cocinando o cuando estás comiendo, estás usando **materia.** La materia es cualquier cosa que tiene masa y ocupa un espacio. Todo lo que hay en la cocina es materia. Y aunque no lo puedas ver, el aire en la cocina también es materia.

La materia se encuentra en diferentes estados o formas. Los tres estados de la materia son sólido, líquido y gaseoso. Calentar o enfriar la materia puede causar que cambie de un estado a otro. Busca la materia en distintos estados en esta cocina.

El aire está compuesto por diferentes gases.

Identifica cinco cosas en esta cocina que sean materia.

El agua es un líquido.

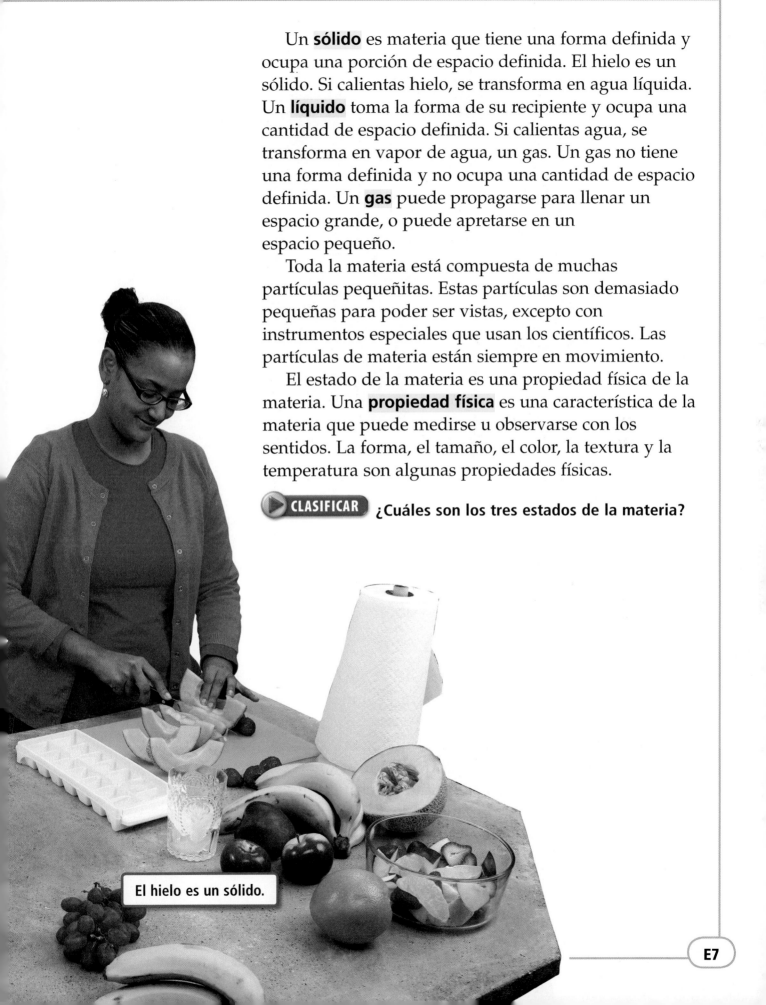

Un **sólido** es materia que tiene una forma definida y ocupa una porción de espacio definida. El hielo es un sólido. Si calientas hielo, se transforma en agua líquida. Un **líquido** toma la forma de su recipiente y ocupa una cantidad de espacio definida. Si calientas agua, se transforma en vapor de agua, un gas. Un gas no tiene una forma definida y no ocupa una cantidad de espacio definida. Un **gas** puede propagarse para llenar un espacio grande, o puede apretarse en un espacio pequeño.

Toda la materia está compuesta de muchas partículas pequeñitas. Estas partículas son demasiado pequeñas para poder ser vistas, excepto con instrumentos especiales que usan los científicos. Las partículas de materia están siempre en movimiento.

El estado de la materia es una propiedad física de la materia. Una **propiedad física** es una característica de la materia que puede medirse u observarse con los sentidos. La forma, el tamaño, el color, la textura y la temperatura son algunas propiedades físicas.

▶ **CLASIFICAR** ¿Cuáles son los tres estados de la materia?

El hielo es un sólido.

La forma de la esponja es un rectángulo.

La sandía es más grande que un limón.

Puedes usar las propiedades físicas de la materia para identificar objetos.

El tomate es grande, rojo y suave.

Observar la materia

Mira la sandía en la canasta. ¿Qué propiedades físicas de la sandía usaste para encontrarla? Puedes haber mirado su color y su forma.

Otras propiedades físicas que puedes observar son textura, temperatura, dureza, sonido, sabor y tamaño. Observas las propiedades físicas de la materia usando tus cinco sentidos: vista, tacto, gusto, olfato y oído. Si pudieras tomar la sandía y comerla, observarías que es suave, crujiente, dulce y jugosa.

Medir la materia

¿Cómo describirías lo que pesa una canica o una bola de boliche? Puedes usar aparatos de medición tales como una balanza o una báscula para hallar una medida exacta.

El peso de la canica o de la bola de boliche depende de su masa. La **masa** es la cantidad de materia de un objeto. Una balanza mide masa. La masa se mide en unidades llamadas gramos (g).

La masa es distinta del peso. El peso mide la fuerza de la gravedad de la Tierra sobre un objeto. La masa y el peso son propiedades físicas de la materia.

La bola de boliche y la canica tienen distintas masas. También tienen distintos volúmenes. El **volumen** es la cantidad de espacio que ocupa la materia. Mira los recipientes. En cada recipiente se ha puesto la misma cantidad de arena. Sin importar la forma del recipiente, la arena ocupa la misma cantidad de espacio en cada uno.

El volumen es también una propiedad física. El volumen de un sólido se mide usualmente en centímetros cúbicos (cm³). El volumen líquido se mide usualmente en litros (L).

CLASIFICAR ¿Qué unidades describen el volumen?

▲ La masa de un objeto es igual a la suma de las masas de sus partes.

◀ Aunque cada recipiente es de diferente forma y tamaño, el volumen de arena en cada uno es el mismo.

Propiedades útiles de la materia

¿Qué escogerías para ponerte en la lluvia: un impermeable o un suéter de lana? Probablemente elegirías un impermeable porque sabes que los impermeables son a prueba de agua. Escoges un material y no otro debido a sus propiedades.

Las propiedades de los distintos tipos de materiales los hacen útiles para diferentes propósitos. No puedes cocinar comida sobre la hornilla en una cacerola plástica. Una cacerola metálica sirve para calentar la comida sin derretirse.

Ser magnéticos es una propiedad útil de algunos metales. Algunos tipos de materia permiten que la electricidad pase fácilmente a través de ellos. El vidrio es un tipo de materia que permite que lo atraviese la luz.

▶ **CLASIFICAR** ¿Cuáles son dos propiedades útiles de la materia?

▲ Una pelota de baloncesto está hecha de materia que es irrompible y elástica.

Los impermeables de los navegantes, igual que muchas partes del barco, están hechos de materiales a prueba de agua. ▶

Los lentes del nadador están hechos de materia que es transparente, irrompible y a prueba de agua.

Resumen visual

Los tres estados de la materia son sólido, líquido y gaseoso.

Puedes describir las propiedades físicas de la materia usando tus cinco sentidos y midiendo.

Las propiedades de la materia hacen que la materia sea útil para diferentes propósitos.

ENLACES entre el hogar y la escuela

ESTUDIOS SOCIALES

Describe la materia En la Edad Media, la gente entendía lo que era la materia de manera diferente de como se entiende ahora. Pensaban que la materia estaba compuesta solamente de tierra, fuego, aire y agua. Usa estos cuatro "elementos" para describir tres objetos de uso cotidiano.

LITERATURA Escribe descripciones

Escoge dos objetos comunes, uno de la naturaleza y uno hecho por los humanos. Escribe un párrafo que describa cada objeto como si nunca antes lo hubieras visto. Asegúrate de usar al menos cuatro de tus cinco sentidos. Lee las descripciones a la clase. ¿Pueden los otros estudiantes adivinar el objeto?

Repaso

❶ IDEA PRINCIPAL Enumera cuatro propiedades físicas de una manzana.

❷ VOCABULARIO Usando tus propias palabras, describe qué es la materia.

❸ DESTREZA DE LECTURA: Clasifica ¿Clasificarías el vinagre como un sólido, un liquido o un gas? Explica tu respuesta.

❹ RAZONAMIENTO CRÍTICO: Sintetiza El agua está en estado sólido cuando está por debajo de 0°C. Es un gas por encima de los 100°C. ¿En qué estado está a 50°C?

❺ DESTREZA DE INVESTIGACIÓN: Compara ¿Por qué son diferentes la masa y el volumen?

✔ PREPARACIÓN PARA EXÁMENES

La masa se mide con un(a) _____.

A. taza de medir

B. regla

C. balanza

D. termómetro

¿Qué es un cambio físico en la materia?

Por qué es importante...

Este escultor está usando una sierra eléctrica para cortar la madera y hacer que parezca un hombre. La forma de la madera está cambiando. La madera que fue cortada del bloque se ha convertido en astillas de madera que han caído en el suelo. El escultor no ha cambiado el tipo de materia de la que está hecho el bloque.

PREPÁRATE PARA INVESTIGAR

Destreza de investigación

Observar Cuando observas, reúnes información acerca de lo que te rodea usando tus cinco sentidos: vista, oído, olfato, tacto y gusto.

Materiales

- recipiente de plástico
- papel encerado
- cuchara de metal
- papel de aluminio
- cubo de hielo
- reloj
- 2 cubitos de azúcar

Recursos de ciencias y matemáticas

Para realizar el paso 1, repasa la sección **Medir el tiempo transcurrido** en la página H12.

¡Cámbialo!

Procedimiento

PASO 1

① **Colabora** Trabaja con un compañero. Pon un cubo de hielo en un recipiente de plástico. Observa el cubo de hielo después de 10 minutos. Anota tus observaciones en tu *Cuaderno de ciencias*.

② **Compara** Usa la cuchara de metal para aplastar un cubito de azúcar envuelto en papel encerado. Desenvuelve el cubito aplastado y compáralo con uno que esté entero. Anota en qué se parecen y en qué se diferencian.

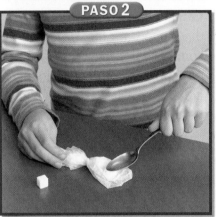
PASO 2

③ **Observa** Anota cómo se ve una hoja de papel de aluminio. Después suavemente arruga el papel de aluminio formando una pelota floja. De nuevo anota cómo se ve el papel de aluminio.

④ **Compara** Ahora con cuidado deshaz la pelota de aluminio. Aplánala y alísala. Anota cómo el papel de aluminio cambió en los pasos 3 y 4.

PASO 4

Conclusión

1. **Infiere** ¿Qué hizo que el cubo de hielo cambiara en el paso 1?

2. **Compara** ¿En qué se parecen los cambios en el cubo de hielo y en el cubito de azúcar? ¿En qué se diferencian?

3. **Compara** ¿En qué se parecen los cambios en el papel de aluminio y en el cubito de azúcar? ¿En qué se diferencian?

¡Investiga más!

Diseña un experimento
¿Cómo cambiaría el cubo de hielo derretido si lo pusieras en el congelador? Diseña y lleva a cabo un experimento para ver qué ocurre. Después, compara tus resultados con el cubo de hielo original.

Los cambios físicos

IDEA PRINCIPAL Un cambio físico es un cambio en la manera en que se ve la materia.

VOCABULARIO

cambio físico	pág. E14
condensar	pág. E15
congelar	pág. E15
evaporar	pág. E15
fundir	pág. E15

DESTREZA DE LECTURA

Causa y efecto Usa un diagrama para mostrar cómo el calor hace que la materia cambie de estado.

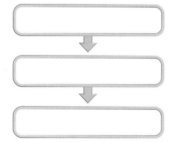

La energía y los cambios de estado

¿Qué pasa cuando se dejan cubos de hielo dentro de un vaso en una habitación templada? Se transforman en agua líquida. El agua ha cambiado de estado sólido a líquido. En cualquier estado, el agua sigue siendo agua. Un cambio de estado es un cambio físico. Un **cambio físico** es un cambio en el tamaño, la forma o el estado de la materia. Un cambio físico no cambia la constitución de la materia.

¿Por qué te tienes que comer rápido una barra de jugo congelado en un día caluroso? La barra de jugo se funde porque la energía, en forma de calor, la hace cambiar de estado.

Sólido
Las partículas de un sólido están muy juntas. Se mueven hacia atrás y hacia adelante en posiciones determinadas.

La materia se calienta cuando se le agrega energía. Agregar energía causa que las partículas de la materia se muevan más rápido. Agregar suficiente calor a un sólido causa que se **funda,** o cambie de estado sólido a líquido. Cuando un líquido es calentado lo suficiente, hervirá, o cambiará de estado de líquido a gaseoso. Cuando los líquidos se **evaporan,** cambian de estado lentamente de líquido a gaseoso. Puedes pensar en la ebullición como un líquido que se evapora rápidamente.

La materia se enfría cuando se le quita energía. Quitar energía causa que las partículas de la materia se muevan más lentamente. Cuando un gas se enfría, se **condensa,** o cambia de estado gaseoso a líquido. Cuando un líquido se enfría lo suficiente se **congela,** o cambia de estado líquido a sólido.

▶ **CAUSA Y EFECTO** **¿Qué hace que la materia cambie de estado?**

Líquido
Las partículas de un líquido están muy juntas unas de otras. Pueden deslizarse unas contra otras.

Gaseoso
Las partículas de un gas están muy separadas unas de otras. Se mueven muy rápido en todas las direcciones.

Cambios físicos útiles

¿Cómo haces un avión de papel? Doblas una hoja de papel de cierta manera. Puedes también usar tijeras para hacer orificios en las alas del avión. En ambos casos, estás cambiando la forma del papel. Estos cambios físicos son útiles porque permiten que el papel planee en el aire.

Todos los días provocas cambios físicos en la materia para que la materia te sea útil. El afilar lápices y el atar cordones de zapatos son cambios físicos. Mezclar apio picado con atún es un cambio físico. Puedes sentir el gusto del apio y del atún. Esto es porque el mezclar no cambia el apio o el atún en nuevos tipos de materia.

▶ **CAUSA Y EFECTO** **¿De qué dos maneras puedes hacer un cambio físico útil?**

Moldear arcilla y doblar papel
son cambio físicos útiles.

Resumen visual

Un cambio físico es un cambio en el tamaño, la forma o el estado de la materia. Debe agregarse o quitarse energía para producir un cambio de estado.

Cortar, doblar, moldear y mezclar son cambios físicos que hacen útil la materia.

ENLACES entre el hogar y la escuela

MATEMÁTICAS Compara temperaturas
Haz una investigación para hallar las temperaturas de fundido del aluminio, el oro, el plomo y el agua. Dibuja un termómetro largo y marca en él el punto de fundido de cada material.

ESCRITURA Narrativa
Piensa en un momento de tu vida en el que hayas experimentado cambios en el estado de la materia. Escribe un párrafo que explique qué estabas haciendo, qué clase de materia cambió de estado y cómo cambió la materia. Asegúrate de usar una oración que enuncie el tema de tu párrafo.

Repaso

1 IDEA PRINCIPAL ¿Qué le ocurre a la materia durante un cambio físico?

2 VOCABULARIO Explica qué pasa cuando la materia se congela.

3 DESTREZA DE LECTURA: Causa y efecto ¿Cuál es la causa de que el hielo en un estanque se funda?

4 RAZONAMIENTO CRÍTICO: Predice Digamos que inflas un globo y lo pones en el congelador. Predice cómo se verá el globo cuando lo saques del congelador una hora después.

5 DESTREZA DE INVESTIGACIÓN: Observa Describe un cambio físico que observes a diario. Explica cómo este cambio físico es útil.

✓ PREPARACIÓN PARA EXÁMENES

¿Cuál es un ejemplo de agua evaporándose?

A. Se forman gotas de agua en el exterior de un vaso frío.

B. El agua de un estanque se transforma en hielo.

C. Cae lluvia durante una tormenta.

D. Se secan los calcetines mojados en un tendedero.

Ala delta de última generación

Contempla el mundo con la vista de un pájaro. Un ala delta es como una cometa de la que una persona se puede colgar y viajar por el aire sin un motor.

Los diseñadores de alas delta usan computadoras para hacer mejores alas. Algunas de las alas delta más rápidas tienen alas cubiertas con un tipo de lámina de poliéster. Este material es liviano y resistente.

Muchas alas delta tienen partes hechas de fibra de carbón, un material que es resistente, liviano y flexible. Un material flexible puede doblarse sin romperse. Las alas delta hechas con fibra de carbón son más rápidas y fáciles de controlar que los modelos anteriores.

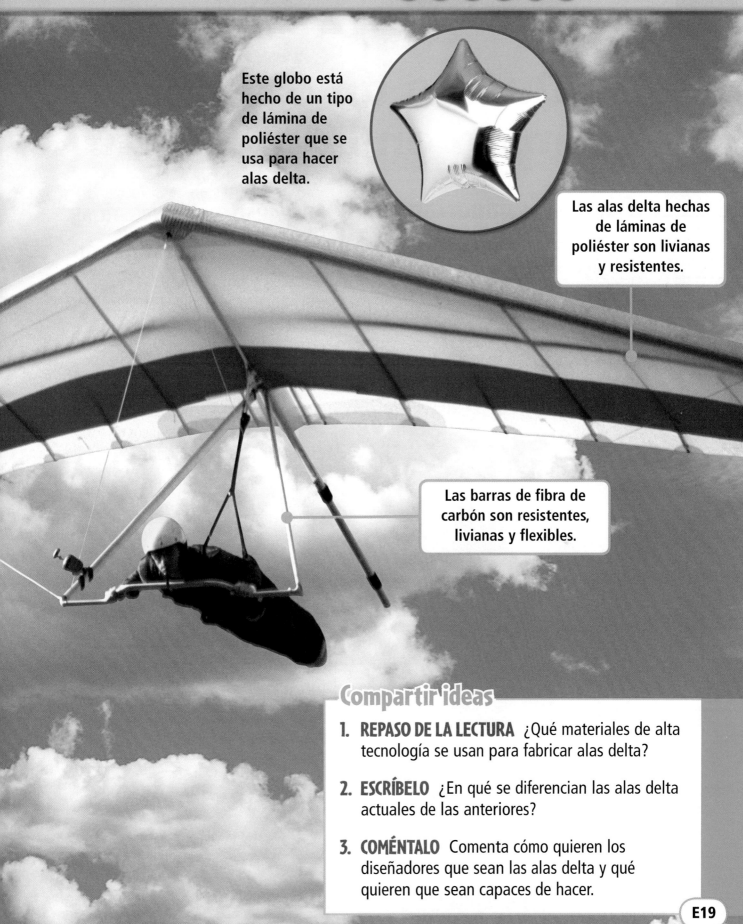

Este globo está hecho de un tipo de lámina de poliéster que se usa para hacer alas delta.

Las alas delta hechas de láminas de poliéster son livianas y resistentes.

Las barras de fibra de carbón son resistentes, livianas y flexibles.

Compartir ideas

1. **REPASO DE LA LECTURA** ¿Qué materiales de alta tecnología se usan para fabricar alas delta?

2. **ESCRÍBELO** ¿En qué se diferencian las alas delta actuales de las anteriores?

3. **COMÉNTALO** Comenta cómo quieren los diseñadores que sean las alas delta y qué quieren que sean capaces de hacer.

E19

¿Qué es un cambio químico en la materia?

Por qué es importante...

Esta escultura de un perro fue alguna vez de metal plateado brillante. Con el tiempo las partes metálicas se han oxidado. Cuando el metal se oxida, se ve diferente del metal original. La oxidación es otra manera en que la materia cambia. Pero la oxidación no es un cambio físico.

PREPÁRATE PARA INVESTIGAR

Destreza de investigación

Inferir Cuando infieres, usas hechos que conoces y observaciones que has hecho para sacar una conclusión.

Materiales

- 2 pedazos de lana de acero
- 2 platos desechables blancos
- bolsa de plástico con cierre
- agua
- palillos
- recipiente de plástico pequeño
- tijeras
- lupa
- imán
- lentes protectores
- guantes desechables

Recursos de ciencias y matemáticas

Para realizar el paso 3, repasa la sección **Usar una lupa** en la página H2.

La oxidación

Procedimiento

1 En tu *Cuaderno de ciencias,* haz una tabla como la que se muestra. Pon un pedazo de lana de acero seco en la bolsa de plástico y ciérrala. Moja otro pedazo de lana de acero en agua y ponlo en el recipiente de plástico. Déjalos toda la noche. **Seguridad:** Usa lentes protectores y guantes desechables.

2 **Observa** Al día siguiente, quita la lana de acero seca de la bolsa. Usa unas tijeras para recortar algunas de sus fibras sobre un plato desechable. Usa un palillo para dar golpecitos en partes de la lana de acero mojada. Golpea hasta que tengas una pila de pedazos coloreados.

3 **Registra los datos** Usa una lupa para observar cuidadosamente las fibras secas y los pedazos coloreados de la lana de acero. Registra las propiedades de cada una.

4 **Compara** Sostén un imán cerca de las fibras y de los pedazos coloreados de lana de acero. Compara y registra qué pasa.

Conclusión

1. **Compara** El cambio en el color se debe a la oxidación. ¿En qué se parece la lana de acero oxidada a la lana de acero original? ¿En qué se diferencia?

2. **Infiere** ¿El óxido y la lana de acero son el mismo material? ¿Qué observaciones apoyan tu conclusión?

PASO 1			
Material	Color	Textura	Magnetismo
Fibras (secas)			
Fibras (mojadas)			

PASO 2

PASO 4

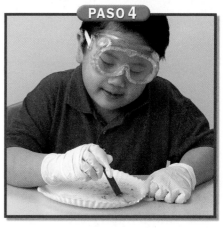

¡Investiga más!

Resuelve un problema
Cuando el metal se oxida, sus propiedades cambian. El objeto metálico puede ya no ser útil. Haz una lista de las distintas maneras de evitar que el metal se oxide.

E21

Aprender leyendo

VOCABULARIO

cambio químico pág. E23
propiedad química pág. E22

DESTREZA DE LECTURA

Secuencia Enumera las propiedades de un fósforo de madera antes de quemarse. Después, enumera las propiedades del fósforo luego de quemarse.

Los cambios químicos

IDEA PRINCIPAL En un cambio químico, se forma un nuevo tipo de materia con diferentes propiedades.

Cambios químicos

Compara el candelabro de plata sin lustrar con el candelabro luego de haber sido limpiado. Antes de la limpieza, la plata está deslucida y tiene una capa oscura. Luego de la limpieza, la plata es de color vivo y brillante.

La plata reacciona con el sulfuro, un químico que está en el aire. Se forma un nuevo tipo de materia que tiene propiedades diferentes de las de la plata original. La capacidad de reaccionar con el sulfuro para formar una nueva materia es una propiedad química de la plata.

Una **propiedad química** es una propiedad que describe cómo la materia puede reaccionar con otros tipos de materia. Otras propiedades químicas de la materia son la capacidad de quemarse, de oxidarse y de explotar.

Antes

Cuando el sulfuro del aire se combina con la plata, se forma un nuevo tipo de materia.

Después

Al limpiar la superficie deslucida se quita la materia nueva.

Líquido A + Líquido B = Materia nueva

Un pedazo de madera no puede oxidarse, pero se puede quemar. La capacidad de quemarse es una propiedad química de la madera, del papel y de otros tipos de materia. Compara un fósforo de madera antes y después de quemarse. Probablemente notes la diferencia. La combustión ha cambiado las propiedades químicas de la madera.

La parte quemada del fósforo ya no es madera. Es un tipo diferente de materia. Ha tenido lugar un cambio químico. Un **cambio químico** es un cambio en la materia en el que se forman uno o más tipos nuevos de materias. Un cambio químico es diferente de un cambio físico. En un cambio químico, la materia original y la materia nueva tienen propiedades diferentes. La oxidación es un cambio químico. El hierro se oxida cuando se pone en contacto con aire y agua. El nuevo tipo de materia que se forma es más blando que el hierro y de color anaranjado.

▶ **SECUENCIA** ¿Qué le ocurre a un fósforo de madera después de que se ha quemado?

▲ Las propiedades de la materia amarilla son diferentes de las propiedades de los dos líquidos transparentes que la formaron.

▲ Cuando un fósforo de madera se quema, se forma materia nueva. Ésta tiene propiedades diferentes a las de la madera.

Antes de calentar

Después de calentar

▲ Calentar la arcilla causa un cambio químico. Después de exponerlo al calor, el vaso es resistente, brillante y a prueba de agua.

Cambios químicos útiles

Los cambios químicos son una parte importante de la vida. Muchos tienen lugar en tu cuerpo. No podrías estar vivo sin ellos. Por ejemplo, cuando comes, comienza una serie de cambios químicos. Dentro de tu cuerpo, el alimento se transforma químicamente en materia nueva que tu cuerpo puede usar para obtener energía y para crecer. Cocinar los alimentos también causa cambios químicos.

Una serie de cambios químicos en las plantas utiliza la energía de la luz del sol para producir alimento. Los cambios químicos que tienen lugar en el interior de una batería se usan para producir electricidad. Los autos y los autobuses se mueven gracias a cambios químicos. Cuando se quema la gasolina en el motor, los cambios químicos liberan energía. La exposición de color de los fuegos artificiales al explotar también proviene de cambios químicos.

▶ CAUSA Y EFECTO ¿Qué dos cosas que la gente hace causan cambios químicos?

Durante la cocción, la masa para panqueques sufre un cambio químico. Los panqueques cocidos tienen propiedades que son diferentes de las propiedades de la masa. ▶

Resumen visual

Una propiedad química describe cómo la materia puede reaccionar con otros tipos de materia.

En un cambio químico la constitución de la materia cambia y se forma un tipo diferente de materia.

Los cambios químicos útiles incluyen quemar combustible y cocinar.

ENLACES entre el hogar y la escuela

MATEMÁTICAS Trabaja con fracciones
Un padre cocina 12 panqueques. John se come 5. Su hermano, Bill, se come el resto de los panqueques. ¿Qué fracciones representan la cantidad de panqueques que se comió cada niño?

SALUD Observa cambios químicos
Tu estómago produce ácido para desintegrar el alimento. A veces produce demasiado ácido, lo cual puede hacerle daño al estómago. Los medicamentos antiácidos reducen el ácido del estómago transformándolo en agua y sal. Puedes representar este cambio químico agregándole un poco de bicarbonato de sodio (antiácido) al vinagre (un ácido). Observa qué pasa. ¿Cómo sabes que éste es un cambio químico?

Repaso

1 IDEA PRINCIPAL ¿Qué ocurre durante un cambio químico?

2 VOCABULARIO Escribe una oración usando el término *propiedad química*.

3 DESTREZA DE LECTURA: Secuencia Escribe los pasos del cambio químico en el orden correcto.

A. Un clavo cae al agua.

B. Un clavo es anaranjado y quebradizo.

C. Un clavo es gris y duro.

4 RAZONAMIENTO CRÍTICO: Generaliza ¿Qué propiedad química es compartida por el papel, la madera y el petróleo?

5 DESTREZA DE INVESTIGACIÓN: Infiere Piensa en cómo cambia un huevo cuando lo cocinas. ¿Es este un cambio físico o un cambio químico? Explica tu respuesta.

✔ PREPARACIÓN PARA EXÁMENES

¿Cuál de estos NO es un ejemplo de un cambio químico?

A. alimento cocinándose

B. agua congelándose

C. un fósforo quemándose

D. hierro oxidándose

De arena a cristal

¿Qué puedes hacer con arena?
Puedes cavar un agujero en ella. Puedes hacer con ella un castillo de arena. Y si tienes el calor suficiente, ¡puedes en realidad transformarla en cristal! Te decimos cómo. Los fabricantes de cristal ponen arena y otros minerales dentro de un horno súper caliente llamado horno de fusión. La mezcla de arena se derrite formando una pasta maleable y elástica, parecida al caramelo blando. Los fabricantes de cristal pueden moldearla y darle forma. Pero tienen que trabajar rápido. A medida que la pasta se enfría, se transforma rápidamente en cristal sólido y liso.

Muchas obras de arte hermosas comienzan como arena común, como ésta.

El artista Dale Chihuly hizo estas hermosas bolas de cristal. Les agrega minerales tales como hierro, cobre y cobalto para producir cambios físicos que crean estos colores.

Vocabulario

Completa cada oración con un término de la lista.

1. Cuando los sólidos cambian de estado para hacerse líquidos, se _____.

2. La cantidad de materia de un objeto es el/la _____ de ese objeto.

3. Un(a) _____ describe cómo la materia puede reaccionar con otros tipos de materia.

4. Sólido, _____ y gaseoso son los tres estados de la materia.

5. Cuando los gases cambian de estado para transformarse en líquidos, se _____.

6. La materia que tiene una forma definida y ocupa una cantidad de espacio definida es un(a) _____.

7. Cuando los líquidos lentamente se transforman en un gas, se _____.

8. La materia que no tiene una forma definida y que no ocupa una cantidad de espacio definida es un(a) _____.

9. Cuando los líquidos cambian de estado para hacerse sólidos, se _____.

10. Cualquier cosa que tiene masa y ocupa un espacio es _____.

cambio físico E14
cambio químico E23
condensan E15
congelan E15
evaporan E15
funden E15
gas E7
líquido E7
masa E9
materia E6
propiedad física E7
propiedad química E22
sólido E7
volumen E9

Preparación para exámenes

Escribe la letra de la respuesta correcta.

11. Un rasgo de materia que puede medirse u observarse es llamado un(a) _____.

   A. propiedad química
   B. cambio químico
   C. propiedad física
   D. cambio físico

12. Se llama _____ a la cantidad de espacio que ocupa un cuerpo.

   A. masa
   B. peso
   C. longitud
   D. volumen

13. Cortar es un(a) _____ porque sólo cambia el aspecto de la materia.

   A. cambio químico
   B. cambio físico
   C. propiedad química
   D. estado de la materia

14. ¿Cuál de los siguientes es un ejemplo de un cambio químico?

   A. quemar madera
   B. hervir agua
   C. modelar arcilla
   D. derretir hielo

Destrezas de investigación

15. Compara Pones un bloque grande de hielo en una cacerola y lo observas derretirse. Después calientas el agua y la observas hervir. Describe cómo la forma del agua cambió cada vez que el agua cambió de estado.

16. Infiere Un escultor está terminando de trabajar en una estatua de hierro. El escultor aplica un líquido claro en todas las partes de la estatua. Cuando la cubierta se seca, la estatua se coloca en el exterior. Años más tarde, la estatua luce como cuando era nueva. ¿Qué puede explicar el hecho de que no se haya formado óxido?

Organiza los conceptos

La tabla muestra cambios físicos y cambios químicos. Coloca cada ítem de la lista en la categoría correcta.

**hielo derritiéndose   agua evaporándose
hierro oxidándose   comida cocinándose
madera quemándose   madera cortándose**

Cambio físico	Cambio químico

Razonamiento crítico

17. Aplica Escribe un párrafo que describa tu camisa favorita. Incluye tres propiedades físicas.

18. Sintetiza Las plantas consumen agua y un gas llamado dióxido de carbono. Los experimentos muestran que las plantas producen azúcar y liberan oxígeno gaseoso.

19. Evalúa El acero se hace de carbón mezclado con hierro. ¿Cuál enunciado apoyaría la idea de que el acero es el resultado de un cambio físico? Explica tu respuesta.

   El acero está compuesto de partículas de carbón y de hierro.

   Las partículas de acero no son partículas de carbón ni de hierro.

20. Analiza Cuando llegas a la escuela en un día lluvioso, tu sombrero para la lluvia está cubierto de gotas de agua. Al final del día, tu sombrero está seco. ¿Qué tipo de cambio ha ocurrido? Explica.

Evaluación del rendimiento

Hornea pan de calabaza

Busca una receta simple de pan de calabaza. Enumera los pasos necesarios para hacer el pan. Identifica cada paso como un cambio físico o un cambio químico.

Capítulo 12

Mezclas

LECCIÓN

1

Un plato de sopa, una nube esponjosa y un bloque de hormigón, ¿qué tienen en común?

Lo aprenderás en la Lección 1.

LECCIÓN

2

Suciedad, agua y una cacerola poco profunda, ¿cómo pueden ayudarte a encontrar oro?

Lo aprenderás en la Lección 2.

LECCIÓN

3

Agua de mar y agua potable, ¿cómo puedes obtener una de la otra?

Lo aprenderás en la Lección 3.

¿Cómo se hacen las mezclas?

Por qué es importante...

Consigues leche, fresas y hielo para hacer un batido de frutas. Mezclas los ingredientes en una licuadora. Los ingredientes usados para hacer el batido se ven muy diferentes ahora. Al igual que un batido, muchas cosas útiles se hacen mezclando dos o más tipos de materia.

PREPÁRATE PARA INVESTIGAR

Destreza de investigación

Observar Cuando observas, reúnes información usando tus cinco sentidos: vista, olfato, tacto, gusto y oído.

Materiales

- sujetapapeles o clips
- sal
- palillos
- cuchara de plástico
- frijoles secos
- 6 recipientes de plástico pequeños
- arroz
- agua

Recursos de ciencias y matemáticas

Para realizar el paso 1, repasa la sección **Hacer una tabla para organizar datos** en la página H10.

La gran mezcla

Procedimiento

1 Colabora Trabaja en un grupo pequeño. En tu *Cuaderno de ciencias,* haz una tabla como la que se muestra.

2 Llena cada uno de los recipientes de plástico hasta la mitad con uno de los siguientes materiales: sujetapapeles, palillos, frijoles secos, arroz y agua. Pon una cucharada llena de sal en un sexto recipiente.

3 Observa Mira el material en cada recipiente. Huélelo y tócalo. Registra tus observaciones en tu tabla. **Seguridad:** No pruebes el sabor de ningún material.

4 Registra los datos Echa los sujetapapeles en el recipiente de palillos y mézclalos. Observa y registra las propiedades de los materiales mezclados.

5 Registra los datos Repite el paso 4, echando los frijoles en el arroz.

6 Observa Repite el paso 4, echando la sal en el agua.

Conclusión

1. Analiza los datos ¿Qué materiales cambiaron cuando los mezclaste? ¿Cómo cambiaron?

2. Predice ¿Qué pasará si mezclas frijoles y sujetapapeles?

PASO 1		
Material	Propiedades antes de mezclar	Propiedades después de mezclar
sujeta-papeles		
palillos		
frijoles		
arroz		
sal		
agua		

PASO 4

PASO 5

¡Investiga más!

Diseña un experimento
Mezcla tres o más de los materiales. ¿Cambiaron las propiedades de los materiales después de mezclarlos? Da razones para tu respuesta.

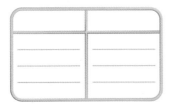
Hacer mezclas

VOCABULARIO

| mezcla | pág. E35 |
| sustancia | pág. E34 |

DESTREZA DE LECTURA

Comparar y contrastar
Usa una tabla para mostrar en qué se parecen y en qué se diferencian una sustancia y una mezcla.

IDEA PRINCIPAL Una mezcla está compuesta de dos o más sustancias que están físicamente combinadas.

Las sustancias

Has aprendido que todo lo que se muestra aquí, la comida, el plato, los recipientes es materia. Algunas cosas están compuestas de sólo un tipo de materia. La sal en el salero es un ejemplo. La sal está hecha sólo de sal. No contiene ningún otro tipo de materia. La sal es una sustancia. Una **sustancia** es un tipo de materia simple que tiene ciertas propiedades. Cada parte de una sustancia es la misma en toda su extensión. Algunas otras sustancias son el azúcar, el agua y el oro.

▲ La sal y el agua son sustancias. Cada una tiene diferentes propiedades.

▼ Estos materiales pueden combinarse para hacer una mezcla sabrosa para nachos.

Las mezclas

La mayoría de los tipos de materia no son sustancias. La mayoría de los tipos de materia son mezclas. Una **mezcla** es materia que está hecha de dos o más sustancias o materiales que están físicamente combinados o mezclados. El plato de nachos es una mezcla. Está hecho de granos de maíz, frijoles, aceitunas, tomates y queso.

Hacer una mezcla es un cambio físico. Mezclar dos o más sustancias a menudo cambia la forma, el color o la textura de esas sustancias. Pero las propiedades de cada sustancia de la mezcla no cambian. Puedes quitar los tomates de los nachos y siguen siendo tomates. Si mezclas sal y agua, puedes seguir sintiendo el sabor de la sal en el agua.

▶ **COMPARAR Y CONTRASTAR** ¿Qué tienen en común los nachos y el agua salada?

Cada tipo de materia en los nachos tiene las mismas propiedades que tenía antes de ser una parte de la mezcla.▼

Mezclas de sólidos y líquidos

¿Alguna vez has hecho pasteles de barro? Si es así, sabes que se hacen al mezclar tierra y agua. Muchas mezclas se hacen combinando sólidos y líquidos.

El agua salada es una mezcla de sólido y líquido. No puedes ver la sal, por eso la mezcla parece que es un líquido. Una esponja húmeda es una mezcla de sólido y líquido. No puedes ver el agua, por eso la mezcla parece que es un sólido. Cuando agua y ropa se mezclan de forma desigual en una lavadora, fácilmente puedes ver las partes líquidas y las partes sólidas.

▲ Puedes ver sólidos y un líquido en esta mezcla de agua con jabón.

Algunas mezclas se hacen combinando dos o más materiales. La tierra es una mezcla. El agua es una sustancia. El barro es una mezcla de tierra y agua ▼

Mezclas de líquidos y gases

¿Qué tienen en común las nubes y los refrescos? Los dos son mezclas de líquidos y gases. Un refresco parece ser un líquido. Pero cuando sirves un refresco, puedes ver las burbujas elevándose a través del líquido. Cada burbuja pequeñita contiene gas dióxido de carbono, que fue mezclado con el líquido para hacerlo efervescente.

▲ Las nubes son una mezcla de gotas de agua y aire

Las nubes blancas y esponjosas pueden parecer sólidas, pero de hecho están compuestas de gotitas pequeñitas de agua líquida mezclada con aire. A veces las gotitas de agua se mezclan tanto con el aire que no puedes verlas. Pero todavía están allí. En los días húmedos puedes sentir el agua en el aire.

▶ **COMPARAR Y CONTRASTAR** ¿Cuál es la diferencia entre el barro y las nubes?

Puedes hacer una mezcla de líquido y gas rociando agua en el aire. Como en todas las mezclas, las propiedades del aire y del agua no cambian. ▶

Mezclas de sólidos y gases

Probablemente has visto humo elevándose desde una parrilla para barbacoa. El humo es una mezcla compuesta de aire, otros gases y partículas pequeñitas de ceniza. El polvo es otro sólido que se mezcla con el aire. Estas mezclas de sólidos y gases, tales como la tierra y el concreto, parecen ser sólidos. Estas mezclas tienen bolsas de aire atrapado en su interior.

▶ **COMPARAR Y CONTRASTAR** ¿Qué tienen en común las ceniza y el polvo?

▲ Una parrilla humeante libera partículas sólidas pequeñitas en el aire.

Hay partículas de polvo suspendidas en el aire de este bosque. El aire polvoriento es una mezcla de sólidos y gases. ▼

Resumen visual

Una sustancia es un tipo de materia simple que tiene ciertas propiedades.

Una mezcla es una combinación de dos o más sustancias. Hacer una mezcla es un cambio físico.

Las mezclas pueden ser cualquier combinación de sólidos, líquidos y gases.

ENLACES entre el hogar y la escuela

MATEMÁTICAS Escribe un problema de palabras Busca una receta para sopa. Escribe un problema de palabras que utilice información de la receta. Intercambia problemas de palabras con un compañero. Desafía a tu compañero a resolver tu problema de palabras.

ESTUDIOS SOCIALES Escribe una historia La gente viene de otros países a vivir en los Estados Unidos. Así como los materiales de una mezcla mantienen sus propiedades, los inmigrantes a menudo mantienen su cultura, incluyendo idiomas, recetas y creencias. Escribe una historia acerca de un inmigrante que viene a los Estados Unidos. ¿Cómo puede preservarse su cultura? ¿Cómo puede compartirse?

Repaso

1 IDEA PRINCIPAL ¿Por qué el barro es una mezcla?

2 VOCABULARIO Escribe una oración usando el término *sustancia*.

3 DESTREZA DE LECTURA: Compara y contrasta ¿En qué se diferencian una mezcla de una sustancia?

4 RAZONAMIENTO CRÍTICO: Saca conclusiones Digamos que dejas que el líquido transparente de un vaso se seque. En el fondo del vaso queda un sólido blanco. El sólido tiene un sabor dulce. ¿Qué puedes concluir acerca del líquido que había en el vaso?

5 DESTREZA DE INVESTIGACIÓN: Observa ¿Cómo decidirías si el yogur de fresa es una mezcla o una sustancia?

✓ PREPARACIÓN PARA EXÁMENES

Cuando las sustancias se combinan en una mezcla, _____.

A. se transforman en nuevos tipos de materia

B. mantienen sus propiedades

C. no pueden ser separadas

D. sufren un cambio químico

¿Cómo se pueden separar las mezclas?

Por qué es importante...

Todavía hay buscadores de oro en el oeste norteamericano. Recogen arena y agua en una cacerola poco profunda. Después baten la mezcla en sentido circular. El polvo de oro es más pesado que el resto de la arena. A medida que se bate la cacerola, el polvo de oro desciende hacia el fondo. Batir es una manera de separar una mezcla.

PREPÁRATE PARA INVESTIGAR

Destreza de investigación

Registrar datos Cuando registras datos, escribes medidas, predicciones y observaciones acerca de un experimento.

Materiales

- las mezclas de la Lección 1
- imán
- colador
- reloj con segundero

Recursos de ciencias y matemáticas

Para realizar los pasos 2 y 3, repasa la sección, **Medir el tiempo transcurrido** en la página H12–H13.

Separar mezclas

Procedimiento

1 **Colabora** Trabaja con un compañero. En tu *Cuaderno de ciencias,* haz una tabla como la que se muestra.

2 **Registra los datos** Separa con la mano una mezcla de sujetapapeles y palillos. Haz que tu compañero te tome el tiempo. Registra el tiempo en tu tabla.

3 **Mide** Mezcla de nuevo los palillos y los sujetapapeles. Mide el tiempo que tu compañero tarda en separar la mezcla usando un imán. Registra el tiempo en tu tabla.

4 **Mide** Repite los pasos 2 y 3 con una mezcla de frijoles y arroz. Para el paso 3, usa un colador en vez de un imán.

5 **Observa** Pon dos cucharadas de agua en un plato. Mezcla en ellas una cucharada de sal. Deja la mezcla en un lugar soleado hasta que el agua se evapore. Registra cuánto tarda el agua en secarse.

Conclusión

1. **Analiza los datos** En los pasos 2 a 5, ¿qué método de separación de las mezclas fue más rápido?

2. **Comunica** ¿Qué propiedad se usó para separar los sujetapapeles de los palillos en el paso 3?

3. **Infiere** ¿Cómo sabes que las propiedades de la sal y el agua no cambiaron cuando fueron mezcladas?

PASO 1

Mezcla	Con la mano	Usando una herra-mienta
Sujetapapeles y palillos		
Frijoles y arroz		

PASO 2

PASO 4

¡Investiga más!

Diseña un experimento
¿Cómo puedes acelerar la separación de la sal y el agua? Planea un experimento y pídele a tu maestro que te ayude a llevarlo a cabo.

VOCABULARIO

filtro   pág. E44

DESTREZA DE LECTURA

Problema y solución
Usa una tabla para enumerar un tipo de mezcla y para describir cómo se puede separar.

Separar mezclas

IDEA PRINCIPAL Las propiedades de la materia pueden usarse para separar las sustancias que componen una mezcla.

Recoger a mano

Si haces un collar, ¿cómo eliges cuáles bolitas usar? Puedes buscar bolitas de un cierto color, forma o tamaño. O tal vez quieras usar solamente bolitas hechas de madera o cristal.

Has aprendido que el color, la forma y el tamaño son propiedades físicas. La madera tiene propiedades físicas que la hacen diferente del metal, el cristal o el plástico. Puedes usar las propiedades físicas de las sustancias de una mezcla para elegir las que quieres quitar o separar de la mezcla.

Puedes separar las bolitas por color.

Puedes separar las bolitas por tamaño.

A veces las propiedades de las sustancias de una mezcla son fáciles de ver y de manejar. Puedes separar esas sustancias con la mano. Fácilmente puedes recoger todas las bolitas rojas o todas las bolitas de madera. Pero digamos que las bolitas fueran muy pequeñitas como granitos de arena o grandes como rocas. Entonces sería bastante difícil separarlas con la mano.

Las mezclas hechas de sólidos son frecuentemente fáciles de separar con la mano. También puedes separar con la mano algunas mezclas líquidas y algunas mezclas de sólidos y líquidos. En una mezcla de aceite y agua, puedes quitar la mayor parte del aceite de la superficie del agua. Puedes separar las piedritas en una mezcla de agua y piedritas pequeñitas. También puedes derramar cuidadosamente el agua.

▶ **PROBLEMA Y SOLUCIÓN** ¿Qué hace que las bolitas sean fáciles de separar con la mano?

Usar herramientas

Si alguna vez has colado arena para encontrar caracoles en la playa, entonces has usado una herramienta para separar una mezcla. Si las partes de una mezcla son difíciles de ver o de sostener, usas herramientas para separarlas. Usar herramientas también ahorra tiempo. En la playa, puedes usar un colador para encontrar los caracoles. Un colador es un recipiente que tiene muchos agujeros del mismo tamaño. Cuando pones una mezcla en un colador, cualquier cosa más pequeña que los agujeros cae a través de ellos. Cualquier cosa más grande queda en el colador.

Un colador es un tipo de filtro. Un **filtro** es un dispositivo o material que atrapa algunas sustancias y permite el paso de otras. El agua puede pasar a través de un filtro de café, pero los granos de café no pueden pasar.

Puede tomar mucho tiempo buscar en toda la mezcla de arena y caracoles del balde para encontrar cada caracol. El colador rápidamente separa la arena de los caracoles.

Un imán se puede usar para separar rápidamente los sujetapapeles de esta mezcla.

Los coladores y los filtros separan una mezcla por el tamaño de sus partes. Otras herramientas separan mezclas por otras propiedades de los materiales de la mezcla. Un imán es una herramienta que atrae, o hala, objetos que contienen hierro. Un imán puede usarse para recoger de una mezcla sólo los objetos que contienen hierro. Los objetos que no contienen hierro son dejados atrás.

La temperatura a la que una sustancia se funde es otra propiedad que se puede usar para separar sustancias de una mezcla. La mayoría de los metales se encuentran mezclados con roca en la Tierra. Para separar el metal de la roca, se calienta la roca hasta que el metal se funda y fluya. La roca se funde a una temperatura más alta que el metal, por tanto la roca permanece sólida.

▶ **PROBLEMA Y SOLUCIÓN** Identifica dos herramientas que se usan para separar mezclas.

Usar agua

El agua es otra herramienta que se puede usar para separar mezclas. Algunos objetos flotan en el agua. Otros objetos se hunden. Puedes usar agua para separar fácilmente una mezcla de corchos y canicas en un recipiente. Si echas agua en el recipiente, los corchos flotan hacia la superficie y las canicas se hunden.

Algunos materiales se mezclarán completamente con el agua. Otros materiales no. Puedes separar una mezcla de arena y sal mezclándola con agua. La sal se mezclará completamente con el agua, dando la impresión de desaparecer. La arena puede ser eliminada filtrándola del agua salada. ¿Cómo puedes eliminar la sal del agua? Si dejas que el agua se evapore, la sal quedará como residuo.

▶ **PROBLEMA Y SOLUCIÓN** **¿Cómo se puede usar agua para separar una mezcla?**

Los corchos y las canicas tienen propiedades diferentes. Puedes usar agua para separar una mezcla de corchos y canicas.

Resumen visual

Una mezcla puede ser separada usando las propiedades de las sustancias que la componen.

Algunas mezclas pueden ser fácilmente separadas con la mano. Otras mezclas pueden ser separadas usando herramientas.

El agua es otra herramienta que se usa para separar mezclas.

ENLACES entre el hogar y la escuela

MATEMÁTICAS **Escribe decimales en forma de fracciones** En un recipiente de 100 frutas secas mezcladas, 0.46 de ellas son almendras, 0.23 son castañas de cajú y 0.31 son nueces. Escribe cada decimal en forma de fracción para representar cada tipo de fruta en el recipiente.

ESCRITURA **Expositiva** Los protectores de ventana son un tipo de filtro. Los pequeños agujeros dejan pasar el aire, pero dejan afuera a los insectos y animales. Imagina que eres el inventor del protector de ventana. Escribe un anuncio para tu invento. Explica cómo funciona.

Repaso

1 IDEA PRINCIPAL ¿Cómo pueden separarse las sustancias de una mezcla?

2 VOCABULARIO ¿Qué es un filtro?

3 DESTREZA DE LECTURA: Problema y solución ¿Cómo puede separarse una mezcla de rocas y arena?

4 RAZONAMIENTO CRÍTICO: Aplica ¿Cómo podrías separar rápidamente una mezcla de tachuelas de acero y gomas de borrar sin pincharte los dedos con las tachuelas afiladas?

5 DESTREZA DE INVESTIGACIÓN: Registra los datos Cuenta las diferentes mezclas mencionadas en esta lección. Determina cuántas pueden ser separadas por cada uno de estos métodos: con la mano, usando herramientas, por evaporación y usando agua. Registra los datos en una tabla.

PREPARACIÓN PARA EXÁMENES

Para separar partes de una mezcla por tamaño, puedes usar un(a) ＿＿.

A. imán

B. taza de agua

C. cacerola

D. colador

Jugo de pecas

por Judy Blume

¿Hay alguna receta secreta para pecas?
En *Jugo de pecas,* por Judy Blume, un niño
llamado Andrew quiere tener pecas más que
cualquier otra cosa. Hasta gasta su mesada
completa en una receta secreta.

De la manera en que Andrew lo ve, hay
dos grandes razones para tener pecas, puedes
conseguir la apariencia de Nicky Lane, un niño
simpático de tu clase. Y dos, tu mamá no podrá
ver que no te lavaste detrás de las orejas,
después de todo no puedes distinguir las pecas
de la piel sucia, ¿o sí? Cuando una niña llamada
Sharon le vende a Andrew una receta secreta, él
piensa que todos sus problemas están resueltos.
Andrew comienza a mezclar cuidadosamente la
extraña combinación de ingredientes.

"Ahora, primero el jugo de
uva", pensó Andrew. Llenó el vaso
hasta la mitad y le agregó un cubo
de hielo. Todas las bebidas saben
mejor frías y él estaba seguro de que
ésta también.

Después agregó los demás ingredientes uno por uno. Su madre tenía dos clases de vinagre: vinagre de vino y vinagre común. Andrew escogió el de vino. Le echó un poco de mostaza picante, una cucharada de mayonesa y mucha pimienta y sal. Después un poco se salsa de tomate... la cual fue difícil de echar. Pero, ¿y el aceite de oliva? Su madre tenía aceite vegetal, pero no de oliva. A lo mejor la cosa que parecía agua en el frasco de las aceitunas era a lo que Sharon se refería. Puso unas pocas cucharadas de eso. Y ahora el limón. Andrew cortó uno por la mitad y lo exprimió. ¡Oh, no! ¡Por error cayó una semilla! La sacó con la cuchara. Detestaba las semillas en el jugo. Ahora todo lo que necesitaba era esa pizca de cebolla para que todo estuviera listo. Revolvió la bebida y la olió.

¡OH! ¡OLÍA HORRIBLE! ¡SIMPLEMENTE HORRIBLE! Tendría que apretarse la nariz mientras la tomara. Metió la lengua en el vaso para probarlo. ¡Puaj! ¡Terrible! No sabía cómo haría para tragarlo... y rápido además. ¡Decía que había que beberlo muy rápido! ¡Esa Sharon! Ella probablemente pensaba que él no podría beberlo. Bien, él le mostraría. ¡Se lo bebería todo!

Lee *Jugo de pecas* para averiguar si el plan de Andrew funciona.

Receta secreta de Sharon para jugo de pecas

Un vaso produce una cantidad promedio de pecas. Para ser como Nicky Lane beber dos vasos. Mezclar todas estas cosas juntas. Revolver bien y beber rápido. Jugo de uva, vinagre, mostaza, mayonesa, jugo de un limón, pimienta y sal, salsa de tomate, aceite de oliva y una pizca de cebolla.
P.D. Mientras más rápido lo tomes más rápido tendrás
P.E.C.A.S

Compartir ideas

1. **REPASO DE LA LECTURA** Enumera las cosas que Andrew combinó para hacer la mezcla de jugo de pecas.

2. **ESCRÍBELO** Escribe el párrafo siguiente de la historia. Describe cómo reacciona Andrew después de tomarse la mezcla de jugo de pecas.

3. **COMÉNTALO** Comenta cómo las propiedades de los ingredientes no cambiaron después de que Andrew los mezcló.

Lección 3

¿Qué son las soluciones?

Por qué es importante...

Cuando mezclas polvo para teñir ropas y agua, se combinan completamente. No puedes ver el polvo o el agua separadamente. Cuando hundes un pedazo de tela en la mezcla, los colores aparecen parejos en la tela. El polvo y el agua forman un tipo especial de mezcla.

PREPÁRATE PARA INVESTIGAR

Destreza de investigación

Analizar datos Cuando analizas datos, buscas patrones que te puedan ayudar a hacer predicciones, hipótesis y generalizaciones.

Materiales

- arena
- sal
- colorante para alimentos
- aceite vegetal o aceite para ensaladas
- agua
- 4 recipientes de plástico transparente con tapa
- marcador
- cuchara de plástico
- reloj

¡Agítalo!

Procedimiento

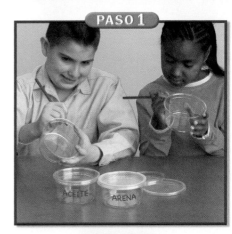
PASO 1

1 **Colabora** Trabaja en grupo. Rotula cada uno de los cuatro recipientes *Sal, Arena, Colorante para alimentos* y *Aceite.* Llena con agua hasta la mitad cada recipiente. **Seguridad:** Usa lentes protectores.

2 **Observa** Agrega una cucharada de arena al recipiente llamado *Arena.* Cierra la tapa y sostenla mientras sacudes el recipiente. Observa la mezcla. Registra tus observaciones en tu *Cuaderno de ciencias.*

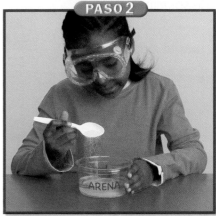
PASO 2

3 **Registra los datos** Repite el paso 2, agregando una cucharada de sal al recipiente llamado *Sal.* Repite el paso 2, agregando 3 gotas de colorante para alimentos al recipiente *Colorante para alimentos.* Registra todas las observaciones.

4 **Observa** Agrega una pequeña cantidad de aceite al recipiente llamado *Aceite.* Coloca la tapa y sacúdelo durante aproximadamente 1 minuto. Registra tus observaciones. Deja la mezcla reposar 3 minutos. Registra tus observaciones.

PASO 4

5 **Compara** Mira cuidadosamente cada mezcla. Observa en qué se parecen y en qué se diferencian. Registra tus observaciones.

Conclusión

1. **Analiza los datos** ¿Cuáles materiales parecen mezclarse uniformemente con el agua?

2. **Comunica** Dibuja un diagrama para mostrar la mezcla de aceite y agua después de reposar.

¡Investiga más!

Investiga El agua salada es una mezcla común. Averigua algunos usos importantes del agua salada, también llamada salina. Busca usos médicos y usos en manufactura.

Soluciones

VOCABULARIO

aleación	pág. E55
disolver	pág. E52
solución	pág. E52

DESTREZA DE LECTURA

Clasificar Usa la tabla para enumerar tipos de soluciones.

IDEA PRINCIPAL Una solución es una mezcla especial en la que dos o más tipos de materia están mezcladas en forma uniforme.

Soluciones comunes

Cuando nadas en una piscina, usualmente puedes oler y sentir el sabor del cloro en el agua. Pero no puedes ver el cloro. El agua de la piscina es una solución. Una **solución** es un tipo especial de mezcla en la que dos o más sustancias están tan bien mezcladas que no pueden verse las partes en forma separada. Cada tipo de materia en una solución mantiene sus propiedades. Por eso es que puedes oler y sentir el sabor del cloro en el agua de la piscina.

En el agua de la piscina, el cloro se ha disuelto en el agua. **Disolver** quiere decir mezclar completamente con otra sustancia para formar una solución.

Soluciones en una piscina

Gas y gas

El aire es una solución compuesta por muchos gases. El aire contiene nitrógeno, oxígeno y dióxido de carbono.

Algunos tipos de soluciones

Tipo	Ejemplo	Partes
gas disuelto en gas	aire	oxígeno, nitrógeno, otros gases
sólido disuelto en otro sólido	acero	hierro, níquel, cromo
sólido disuelto en líquido	agua de mar	sal, minerales, agua
gas disuelto en líquido	agua gasificada	dióxido de carbono, agua

Las sustancias en una solución están mezcladas uniformemente. Disolver es un cambio físico. Las propiedades de las sustancias que forman la solución no han cambiado.

No todas las soluciones se hacen mezclando una sustancia sólida con agua. Muchas soluciones son mezclas de materia en otros estados.

 CLASIFICAR ¿Qué tipo de solución es el aire?

Líquido y sólido

El agua de la piscina es una solución hecha disolviendo químicos sólidos, incluyendo cloro, en agua.

Sólido y sólido

El latón en este silbato de un salvavidas es una aleación. Una aleación es una solución sólida compuesta por al menos un metal.

El polvo para preparar bebida de uva es un sólido de color morado. El agua es un líquido transparente.

Cuando el polvo para preparar la bebida se agrega al agua, el sólido se disuelve completamente.

Separar soluciones

Es fácil hacer una bebida de uva con agua y polvo para preparar bebida. Revuelves el polvo sólido dentro del agua. A medida que revuelves, notas que el agua se colorea uniformemente. Es completamente morada. No se pueden ver en la solución partículas sólidas del polvo para preparar bebida. Ahora piensa en tratar de separar las partes de una solución de bebida: agua y polvo sólido para preparar bebida.

Las soluciones, tales como la bebida de uva, son mezclas que no pueden ser separadas con la mano. Las partes de la solución son muy pequeñas para ser sostenidas con la mano. Son muy pequeñas para ser separadas con un filtro. Si no puedes ver las partes de una solución, entonces ¿cómo puedes separarlas?

Recuerda que cada parte de una solución es el mismo tipo de materia que era antes de ser parte de la mezcla. Puedes separar las partes de una solución usando algunas de las propiedades de la materia. Una de esas propiedades es la capacidad para cambiar de estado.

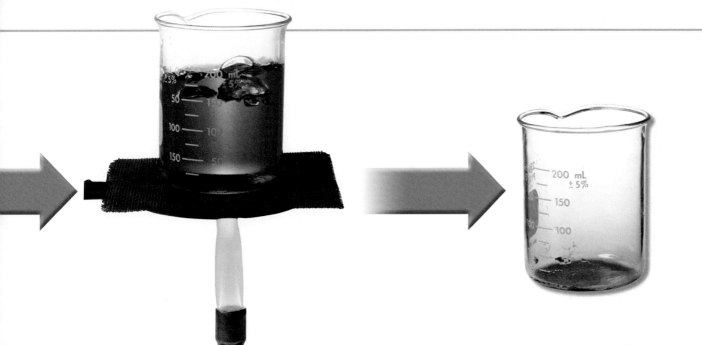

Esta solución puede ser separada usando las propiedades de sus partes. El calentamiento causa la evaporación del agua.

Cuando el agua se evapora, queda un sólido morado. Las sustancias de la solución han sido separadas.

Puedes separar algunas soluciones por evaporación. Recuerda que cuando un líquido se evapora, cambia de estado líquido a gaseoso. Puedes separar una solución de agua y sal por evaporación. Cuando el agua se evapora, deja la sal detrás.

No todas las soluciones pueden separarse por evaporación. Una **aleación** es una solución sólida constituida por al menos un metal. Una aleación, tal como el latón, es un sólido disuelto en un sólido. La evaporación no serviría para separar las partes de esta solución. Tampoco puede usarse para separar las sustancias que componen el aire. ¡Todas son gases!

▶ CLASIFICAR ¿Qué tipo de solución es el acero?

Cuando el agua de mar se evapora, deja una capa de sal.

Conclusión de la lección

Resumen visual

Las soluciones son mezclas especiales en las que dos o más tipos de materia están mezclados uniformemente.

Algunas soluciones pueden ser separadas por evaporación.

ENLACES entre el hogar y la escuela

LITERATURA **Escribe una historia de ciencia ficción** Las historias de ciencia ficción tratan sobre la ciencia real o imaginaria, y sobre cómo ésta afecta a la vida de las personas. Escribe una historia de ciencia ficción sobre una persona que combina sustancias para crear una mezcla o una solución especial. Explica qué pasa cuando las diferentes sustancias se mezclan. Describe para qué se usa la solución. Identifica cualquier propiedad especial de la solución.

MÚSICA **Haz un dibujo** Muchos instrumentos musicales están hechos de latón, que es una aleación. Usa Internet, la biblioteca u otro recurso para encontrar ejemplos de instrumentos de latón. Escoge un instrumento y haz un dibujo de alguien tocándolo.

Repaso

1 IDEA PRINCIPAL ¿Qué es una solución?

2 VOCABULARIO Usa tus propias palabras para explicar qué significa el término *disolver.*

3 DESTREZA DE LECTURA: Clasifica Explica por qué las aleaciones se clasifican como soluciones.

4 RAZONAMIENTO CRÍTICO: Analiza ¿Cuál máquina puede separar la sal del agua de mar: una que filtra agua a través de un colador o una que evapora agua? Explica.

5 DESTREZA DE INVESTIGACIÓN: Analiza los datos Digamos que calientas un pedazo de metal sobre un mechero. Luego de 5 minutos, el metal comienza a gotear metal líquido. Luego de 10 minutos, el metal deja de gotear y tiene la mitad de su tamaño original. ¿Qué te dicen los datos sobre el metal?

PREPARACIÓN PARA EXÁMENES

Cuando el agua salada se evapora, la sal _____.

A. se disuelve

B. se transforma en un gas

C. queda como residuo

D. pasa a través de un filtro

Metalúrgicos

¿Qué tienen en común las bicicletas, las tostadoras y los carros? Todos están hechos de metal. Los metalúrgicos son científicos que trabajan con metales, normalmente en compañías que fabrican productos metálicos. Saben cómo extraer metales y minerales de las rocas, y cómo crear y usar aleaciones.

Lo que se necesita

- Un título en ingeniería metalúrgica, ciencias de los materiales o ingeniería de los materiales
- Sólidas destrezas de resolución de problemas

Diseñador de joyas

Crear joyas es en parte un arte y en parte una ciencia. Los diseñadores de joyas usan habilidades artísticas para crear piezas que atraerán la atención de los clientes. Usan conocimientos de ciencias para trabajar con toda clase de metales preciosos y joyas. Por ejemplo, para hacer anillos de distintos tamaños, los diseñadores de joyas deben tener conocimientos de las propiedades de los metales como el oro y la plata.

Lo que se necesita

- Un diploma de escuela secundaria
- Cursos de joyería, fabricación de joyas y diseño de joyas

Solución para burbujas

¿Cómo haces una burbuja así de grande? Primero necesitas un anillo para soplar burbujas realmente grande. Pero eso no es todo. La solución está en la solución: ¡la solución especial para burbujas!

La solución para burbujas es principalmente agua, pero el agua sola no formará burbujas grandes. Agregar jabón ayuda, pero las burbujas de jabón tienden a secarse y explotar antes de hacerse muy grandes. Entonces ¿cuál es el secreto para hacer burbujas extremas? ¡Lee la página siguiente!

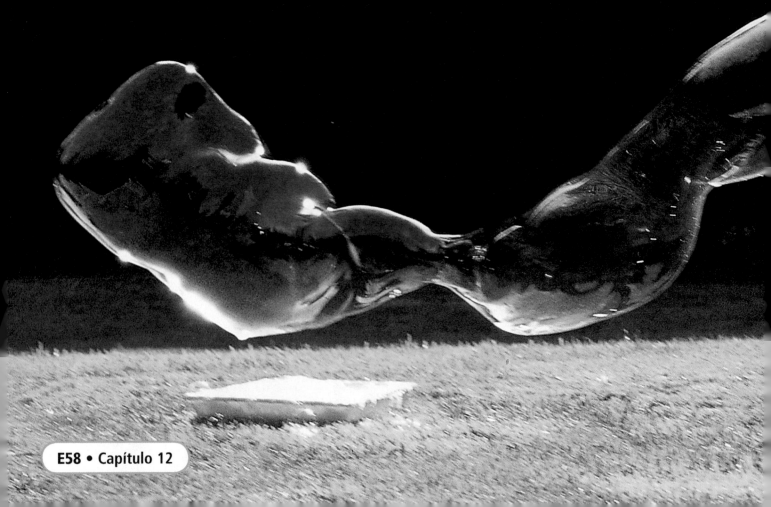

Las bebidas gaseosas son una solución de agua, azúcar y sabores artificiales. Las burbujas de estas bebidas son muy pequeñas y estallan instantáneamente en el aire. ¿Por qué crees que pasa esto?

Ingrediente secreto

El ingrediente secreto es la glicerina. La glicerina es un líquido transparente, incoloro y almibarado que evita que las burbujas se sequen a medida que se estiran y se expanden. De esta manera, las burbujas tienen la posibilidad de hacerse de tamaño gigante antes de estallar.

E59

Vocabulario

Completa cada oración con un término de la lista.

1. Un tipo de materia simple que tiene ciertas propiedades y que es siempre igual en su totalidad es un(a) _____.

2. Cuando las sustancias se mezclan completamente para formar una solución, se dice que una sustancia se _____ en la otra.

3. La materia hecha de dos o más sustancias que están físicamente combinadas, o mezcladas, es un(a) _____.

4. Un dispositivo o material que atrapa algunas sustancias y permite el paso de otras es un(a) _____.

5. Una mezcla en la que dos o más sustancias están tan bien mezcladas que no pueden verse sus partes separadamente se llama _____.

6. Una solución sólida constituida por al menos un metal es un(a) _____.

aleación E53
disuelve E52
filtro E44
mezcla E35
solución E52
sustancia E34

Preparación para exámenes

Escribe la letra de la respuesta correcta.

7. Las partes de una mezcla _____.
   A. no pueden ser separadas
   B. tienen nuevas propiedades
   C. mantienen sus propiedades originales
   D. siempre se dispersan uniformemente

8. Un filtro separa sustancias por _____.
   A. temperatura
   B. tamaño
   C. color
   D. edad

9. A diferencia de una mezcla, las partes de una solución _____.
   A. no pueden verse
   B. no pueden separarse
   C. tienen nuevas propiedades
   D. pueden separarse con la mano

10. Disolver sal en agua es un ejemplo de _____.
    A. un cambio químico
    B. fusión
    C. un cambio físico
    D. evaporación

11. Observa Digamos que se han despegado y caído las etiquetas de dos frascos de líquido transparente. Las etiquetas dicen Agua y Agua salada. Los líquidos se ven y huelen exactamente igual. ¿De qué dos maneras podrías averiguar cuál etiqueta pertenece a cada frasco?

12. Analiza los datos Digamos que mezclas una cucharada de sal y una de azúcar. No puedes distinguir entre las dos sustancias sin una lupa. ¿Es esta mezcla una solución? Explica cómo lo sabes.

Organiza los conceptos

Usa los siguientes términos para completar el mapa conceptual que está a continuación.

aleación
mezcla
solución

_____	_____	_____
dos sustancias físicamente combinadas	dos sustancias físicamente combinadas	dos sustancias físicamente combinadas
	no pueden verse las partes separadamente	no pueden verse las partes separadamente
		una solución sólida que incluye al menos un metal

Razonamiento crítico

13. Evalúa Un anillo de oro está hecho de una solución de oro y otros metales, tal como el níquel. ¿Que clase de mezcla es el anillo?

14. Analiza ¿El aire es una mezcla? Explica por qué sí o por qué no.

15. Sintetiza Explica cómo un metal puede ser extraído de una roca. ¿Qué tendría que hacerse para que el metal se transforme en una aleación de una pieza de joyería terminada?

16. Aplica Explica cómo podrías separar una mezcla de piedritas pequeñitas, limaduras de hierro y sal.

17. Evalúa Un cierto tipo de salsa para ensaladas se hace mezclando vinagre y una pizca de sal. Este líquido transparente se mezcla luego con aceite y especies. El aceite flota sobre la superficie del líquido transparente. Las especies quedan en el fondo. ¿La salsa para ensaladas es una mezcla? ¿Una solución? Da evidencias para apoyar tus respuestas.

Evaluación del rendimiento

Haz una mezcla

Escoge cuatro sustancias o materiales que puedas mezclar. Describe cómo podrías usar un imán, un colador y agua para separar los materiales de tu mezcla.

Escribe la letra de la respuesta correcta.

1. ¿Qué tipo de solución puede ser separada por evaporación?

A. gas y gas

B. gas y sólido

C. líquido y sólido

D. sólido y sólido

2. ¿Cuál es un ejemplo de un cambio físico?

A.

B.

C.

D.

3. ¿Qué cambio ocurre cuando se le quita energía a un gas?

A. ebullición

B. condensación

C. evaporación

D. fusión

4. Puedes medir la MASA de un objeto con un(a) _____.

A. balanza

B. regla métrica

C. litro

D. termómetro

5. ¿Romper en pedazos una bola de boliche afecta cuál de sus propiedades físicas?

A. color

B. forma

C. masa

D. peso

6. ¿Cuál es una propiedad QUÍMICA de la materia?

A. textura

B. capacidad para cambiar de estado

C. capacidad de quemarse

D. temperatura

7. ¿Cuál es una mezcla de un líquido en un gas?

A.

B.

C.

D.

8. Las partes de una mezcla _____ .

A. no pueden separarse

B. se mezclan en una sustancia

C. mantienen sus propiedades originales

D. siempre están dispersas uniformemente

Responde a lo siguiente con oraciones completas.

9. Nombra los tres estados de la materia. Explica las diferencias entre los tres estados usando el agua como ejemplo.

10. Alex tiene que separar una mezcla que contiene canicas, sujetapapeles y corchos. No puede hacerlo con la mano. Describe cómo Alex podría separar los objetos en la mezcla.

¡Descúbrelo!

La Estatua de la Libertad ha dado la bienvenida a las personas que llegan a los Estados Unidos por más de 115 años. Durante ese tiempo, la estatua ha estado expuesta a las precipitaciones, la contaminación y el aire salado del océano. Las sustancias en el medio ambiente, especialmente en el aire, han causado cambios en la superficie de cobre de la estatua.

Cuando el cobre se combinó con el oxígeno del aire, cambios químicos pusieron marrón oscuro la superficie nueva de cobre. Durante muchos años, más cambios químicos produjeron una capa de sustancia nueva en la superficie de la estatua. Esta nueva sustancia cambió la superficie oscura a la de color verde claro que tiene hoy.

La estatua tenía una superficie de cobre brillante cuando fue construida en Francia a principios de la década de 1880. El cobre es un metal de un color entre el rosado y el marrón.

La estatua fue colocada en una isla en la bahía de Nueva York en 1886. Para entonces, la superficie de cobre brillante se había puesto marrón oscura.

Las sustancias del ambiente causaron más cambios químicos. El cobre de color marrón oscuro empezó a volverse verde.

Hoy, la estatua es de color verde claro. La nueva sustancia que recubre la superficie del cobre se llama pátina.

Energía
y cambio

Energía y cambio

Lectura independiente

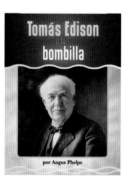

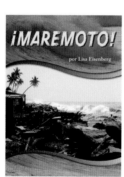

Tomás Edison
y la bombilla

¡Maremoto!

A través
del calor

¡Descúbrelo!

Para ganar en fútbol debes patear el balón dentro de la portería del otro equipo. Una patada puede hacer que el balón se mueva directo hacia adelante o se curve hacia un lado. ¿Cómo hace un jugador de fútbol para que el balón se mueva de estas distintas maneras? Encontrarás la respuesta a esta pregunta al final de esta unidad.

Capítulo 13

Formas de energía

LECCIÓN 1

Retener, driblar, pasar, ¿cómo cambia la energía de una pelota de baloncesto durante un partido?

Lo aprenderás en la Lección 1.

LECCIÓN 2

Desde la música que viaja a través del aire hasta los ecos que rebotan en las paredes, ¿qué es el sonido y cómo se mueve?

Lo aprenderás en la Lección 2.

LECCIÓN 3

Una bombilla de luz eléctrica y tu corazón latiendo, ¿qué tienen en común estas dos cosas?

Lo aprenderás en la Lección 3.

¿Cómo se almacena y se libera la energía?

Por qué es importante...

¡Un nadador salta al agua y golpea la superficie fuertemente! ¡El agua salpica por todas partes! El sonido y el movimiento causados por el salto del nadador son formas de energía. Todo lo que haces, ves o escuchas implica energía.

PREPÁRATE PARA INVESTIGAR

Destreza de investigación

Medir Cuando mides, usas instrumentos de medición o herramientas para averiguar la distancia, la masa y otros datos acerca de un objeto.

Materiales

- vara delgada
- pelota de anime
- resorte
- cinta adhesiva transparente
- cinta métrica
- lentes protectores

Recursos de ciencias y matemáticas

Para realizar los pasos 3 y 4, repasa la sección **Usar una cinta métrica o una regla** en la página H6

¡Lánzalo!

Procedimiento

PASO 2

1. **Colabora** Trabaja con un compañero. Pega un extremo de una vara delgada a la superficie de una mesa como se muestra en la foto. La mitad de la vara debe sobresalir del borde de la mesa. Desliza un resorte por ese extremo de la vara. **Seguridad:** Usa lentes protectores.

2. Empuja una pelota de anime por el mismo extremo de la vara. Desliza la pelota hacia adelante y hacia atrás hasta que pueda moverse libremente.

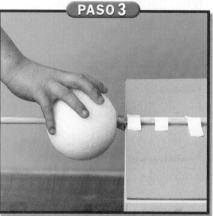
PASO 3

3. **Mide** Empuja la pelota hacia el escritorio hasta que las espirales del resorte queden bien apretadas. Suelta la pelota. Luego de que la pelota haya dejado de rodar, usa una cinta métrica para averiguar la distancia que recorrió la pelota. Registra la distancia en tu *Cuaderno de ciencias.* **Seguridad:** Asegúrate de que la pelota nunca apunte hacia las personas.

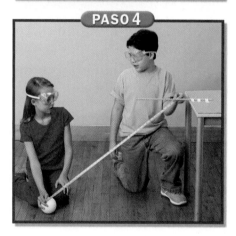
PASO 4

4. **Usa variables** Repite el paso 3, pero aprieta el resorte sólo hasta la mitad. Predice qué distancia recorrerá la pelota. Suelta la pelota. Después mide y registra la distancia.

Conclusión

1. **Infiere** El resorte almacenó energía cuando lo apretaste. ¿Qué pasó con esta energía almacenada cuando soltaste la pelota?

2. **Plantea una hipótesis** Explica por qué apretar menos el resorte afecta la distancia que recorre la pelota.

¡Investiga más!

Sé un inventor Inventa una herramienta, un juguete o una máquina que use la energía almacenada de un resorte para hacer que otro objeto se mueva. Haz un dibujo de tu invento. Describe para qué podría ser útil o divertido.

VOCABULARIO

energía cinética   pág. F8

energía potencial   pág. F8

DESTREZA DE LECTURA

Clasificar Busca maneras en que se usa la energía en tu salón de clase. Usa una tabla para clasificar la energía como cinética o potencial.

Energía y movimiento

IDEA PRINCIPAL La energía es la capacidad de causar movimiento u otros cambios en la materia. Hay muchas formas de energía.

Formas de energía

Usas energía para andar en bicicleta. Una estufa usa energía para cocinar los alimentos. Un carro usa energía para moverse. ¿Cómo puede la energía hacer todas estas cosas? La energía es la capacidad de causar movimiento o de hacer que la materia cambie de otras maneras.

Hay muchas formas de energía. Cada forma de energía cambia la materia, pero de diferente manera. Por ejemplo, una bicicleta es materia. La energía que usas para andar en bicicleta causa que esa materia se mueva. El alimento es materia. La energía usada para cocinarlo causa que esa materia se caliente.

¿Qué forma de energía están usando estos niños para hacer saltos de rana? Mira la tabla de la página siguiente.

Energía eléctrica La energía eléctrica es la energía de partículas cargadas. Se usa para hacer funcionar aparatos electrodomésticos y otras máquinas.

Energía mecánica La energía mecánica es la energía de los objetos en movimiento. Se usa para transportar personas y objetos de un lugar a otro.

Energía sonora La energía sonora es energía que puedes oír. Se mueve en forma de ondas a través del aire u otra materia. Se usa para escuchar música.

Energía lumínica La luz es un tipo de energía que se puede ver. Se mueve en forma de ondas a través del espacio o de materia transparente. Te permite ver los libros y otros objetos.

Energía térmica La energía térmica es la energía de partículas pequeñitas de materia en movimiento. Se usa para calentar los alimentos y para las calefacciones de las casas.

Energía química La energía química es energía que está almacenada en las sustancias. Se encuentra en los alimentos, el combustible y las baterías.

 **CLASIFICAR** ¿Qué forma de energía produce una guitarra?

Energía cinética y potencial

Algunos tipos de energía implican movimiento. Por ejemplo, una bola de boliche que rueda por la pista tiene la energía del movimiento. La energía del movimiento también se llama **energía cinética.**

Otros tipos de energía no involucran movimiento. Por ejemplo, la energía química es una forma de energía almacenada. La energía almacenada también se llama **energía potencial.**

Los objetos pueden tener energía potencial a causa de su posición. Un clavadista parado en una tabla de salto sobre una piscina tiene energía potencial a causa de su posición. Los objetos también pueden tener energía potencial debido a las sustancias que contienen. Por ejemplo, una batería tiene energía potencial por las sustancias químicas que tiene en su interior.

energía potencial

Los niños en la cima de la colina tienen energía potencial a causa de su posición. Cuando el niño se desliza hacia abajo por la colina, tiene energía cinética debida a su movimiento.

energía cinética

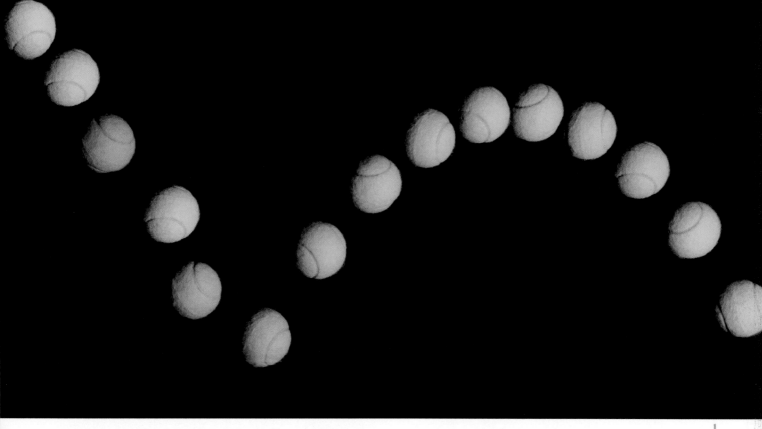

Cuando la pelota está en su punto más alto, tiene la mayor energía potencial. A medida que cae, pierde energía potencial y gana energía cinética.

Cambios de energía

La energía potencial pude cambiar a energía cinética. Cuando sostienes una pelota sobre el piso, tiene energía potencial a causa de su posición. Cuando la sueltas, cae al suelo debido a la gravedad. A medida que cae, su energía potencial cambia a energía cinética.

La energía cinética también puede cambiar a energía potencial. A medida que la pelota cae, tiene energía cinética. Cuando rebota contra el piso, todavía sigue teniendo energía cinética. A medida que se mueve hacia arriba, reduce su velocidad debido a que la energía cinética se vuelve a convertir en energía potencial.

▶ **CLASIFICAR** **Un clavadista está parado en el extremo del trampolín. ¿El clavadista tiene energía cinética o energía potencial?**

Usar la energía

Has aprendido que la energía cinética y la energía potencial pueden transformase una en otra. La energía también puede cambiar de una forma a otra. Por ejemplo, cuando te mueves, la energía química almacenada en el alimento que comiste se transforma en energía mecánica y energía térmica.

Cada vez que usas energía, casi siempre cambia de forma. Cuando enciendes una luz para hacer tu tarea, la energía eléctrica se transforma en energía lumínica. Cuando usas una calculadora para hacer cálculos, la energía química almacenada en la calculadora se transforma en energía eléctrica.

CLASIFICAR **¿Qué tipo de transformación de energía tiene lugar cuando enchufas una tostadora y la enciendes?**

La gasolina contenida en los tanques contiene energía química almacenada que se libera cuando la gasolina se quema en el interior del motor del automóvil. ▶

◀ Los alimentos contienen energía química almacenada. Las células de tu cuerpo transforman un poco de esta energía en energía mecánica y energía térmica.

Resumen visual

La energía es la capacidad de causar movimiento u otros cambios en la materia.

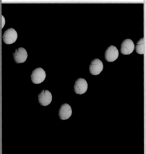

La energía cinética es la energía del movimiento. La energía potencial es energía almacenada.

La energía puede transformarse de una forma a otra.

ENLACES entre el hogar y la escuela

MATEMÁTICAS Multiplica por 9

La maestra Wagner planea llevar 9 estudiantes a una caminata nocturna para observar luciérnagas. Cada estudiante tendrá una linterna que usa energía química de baterías. Cada linterna necesita 4 baterías. ¿Cuántas baterías necesita la maestra Wagner en total? Muestra tu trabajo.

ARTE Identifica formas de energía

Usa los recursos de la biblioteca o Internet para encontrar una copia de la famosa pintura *Washington cruzando el río Delaware,* de Emanuel Gottlieb Leutze. Identifica y describe un ejemplo de energía potencial y un ejemplo de energía cinética que se muestren en la pintura.

Repaso

1 IDEA PRINCIPAL ¿Qué es la energía?

2 VOCABULARIO Define el término *energía cinética.*

3 DESTREZA DE LECTURA: Clasifica Clasifica la energía química como energía cinética o energía potencial.

4 RAZONAMIENTO CRÍTICO: Analiza Estiras el elástico del propulsor de un aeroplano de juguete. Cuando sueltas el elástico, el propulsor se enciende y el aeroplano vuela. ¿Qué cambio de energía ocurrió?

5 DESTREZA DE INVESTIGACIÓN: Mide La cantidad de energía química de la gasolina afecta la distancia que un automóvil puede viajar. ¿Qué medición puedes usar para evaluar la energía química almacenada en 5 L de gasolina?

PREPARACIÓN PARA EXÁMENES

Un balón que rebota tiene ____.

A. energía mecánica

B. energía lumínica

C. energía eléctrica

D. energía química

¿Qué son las ondas?

Por qué es importante...

A lo mejor has hecho ondas en un paracaídas en la clase de gimnasia. Probablemente has hecho ondas en el agua. Las ondas son una manera en que la energía se mueve de un lugar hacia otro. Muchas formas usuales de energía, incluyendo la luz y el sonido, se mueven en ondas.

PREPÁRATE PARA INVESTIGAR

Destreza de investigación

Observar Cuando observas, recoges y reúnes información acerca del ambiente usando tus cinco sentidos: vista, oído, olfato, tacto y gusto.

Materiales

- lata de café vacía
- cuchara de metal
- arandela grande
- lentes protectores
- lupa
- arena
- cordón

Recursos de ciencias y matemáticas

Para realizar el paso 2, repasa la sección **Usar una lupa** en la página H2.

Ver sonidos

Procedimiento

1. **Colabora** Trabaja con un compañero. Voltea una lata vacía de café. Haz que tu compañero dé golpecitos en el fondo de la lata con la cuchara. En tu *Cuaderno de ciencias* registra lo que pasa. **Seguridad:** Usa lentes protectores.

2. **Observa** Pon unos cuantos granos de arena en el fondo de la lata. Mientras tu compañero da golpecitos en la lata con la cuchara, usa la lupa para observar los granos de arena. Registra tus observaciones.

3. **Registra los datos** Sostén una arandela metálica por el borde. Usa la cuchara para dar golpecitos contra la arandela. Registra tus observaciones.

4. **Observa** Ahora ata un extremo del cordón a la arandela. Haz que tu compañero sostenga el otro extremo del cordón para que la arandela cuelgue. Da golpecitos contra la arandela con la cuchara. Registra tus observaciones.

PASO 1

PASO 2

PASO 4

Conclusión

1. **Observa** ¿Qué les ocurrió a los granos de arena en el paso 2? ¿Qué crees que lo provocó?

2. **Compara** ¿En qué se diferenció el sonido que hizo la arandela en los pasos 3 y 4?

3. **Plantea una hipótesis** ¿Qué podría explicar la diferencia en los sonidos?

¡Investiga más!

Investiga Usa Internet o la biblioteca para encontrar información sobre instrumentos musicales hechos de objetos comunes, materiales inusuales o trastos viejos. Describe cómo los músicos usan los objetos para hacer música.

Ondas

cresta	pág. F15
onda	pág. F14
tono	pág. F18
valle	pág. F15
vibrar	pág. F16
volumen	pág. F19

DESTREZA DE LECTURA

Sacar conclusiones Usa un diagrama para registrar lo que puedes decir sobre una onda de sonido por el tono y el volumen del sonido.

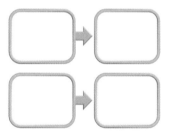

IDEA PRINCIPAL Las ondas transportan energía de un lugar a otro.

Cómo viaja la energía

De repente la ladera de una montaña se desliza dentro del océano. ¡Es un desprendimiento de tierras! La energía de las rocas y el suelo en movimiento crea ondas en el océano. Estas ondas alcanzan una isla distante, donde empujan el agua hacia la costa. ¿Cómo se movió la energía del deslizamiento de tierra a través del agua? Se desplazó en ondas. Una **onda** es un movimiento que transporta energía de un lugar a otro.

Muchas formas de energía pueden viajar en ondas. La energía mecánica, la energía térmica, la energía lumínica y la energía sonora pueden viajar en ondas.

Esta onda mueve partículas de agua hacia arriba y hacia abajo. El bote de juguete se mueve hacia arriba y hacia abajo a medida que la energía de la onda pasa a través del agua.

partículas de agua

energía de la onda

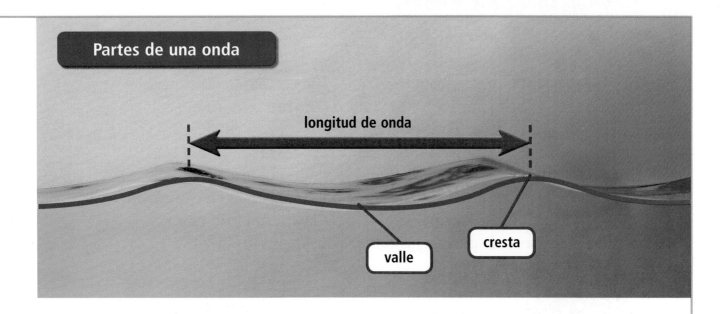

Partes de una onda

longitud de onda

valle

cresta

Medir ondas

Todas las ondas tienen rasgos que pueden medirse. La **cresta** de una onda es su punto más alto. El **valle** de una onda es su punto más bajo. Las ondas con más energía tienen crestas más altas y valles más profundos.

La longitud de onda de una onda es la distancia entre una cresta y la siguiente cresta o entre un valle y el siguiente. Las ondas con longitud de onda más corta tienen crestas y valles que están más juntos. Cuando las crestas (o los valles) están más juntos, cada cresta es seguida rápidamente por la siguiente. Puedes contar cuántas crestas pasan en un tiempo dado. Esta es la frecuencia de la onda.

▶ **SACAR CONCLUSIONES** **Si una onda tiene crestas altas y valles profundos, ¿qué conclusión puedes sacar sobre cuánta energía tiene la onda?**

Ondas sonoras

El sonido es una forma de energía que viaja en ondas. El sonido se produce cuando las partículas de materia **vibran** o se mueven hacia atrás y hacia adelante rápidamente.

La cuerda de una guitarra vibra cuando la tocas. La cuerda se mueve hacia atrás y hacia adelante tan rápidamente que se ve borrosa. El movimiento de la cuerda crea ondas sonoras en el aire que la rodea. Las ondas sonoras se alejan de la cuerda que vibra en todas las direcciones. Escuchas las ondas como sonidos.

Cuando se toca la cuerda de una guitarra, vibra. La energía de las vibraciones viaja a través del aire como ondas sonoras.

Una onda sonora mueve partículas de materia hacia atrás y hacia adelante. Es como un resorte que se presiona y después se suelta. Mientras la onda de sonido viaja a través de la materia, las partículas de materia se comprimen y luego se separan. Esto ocurre una y otra vez a medida que la onda se aleja de su fuente. La cresta es donde las partículas de materia se agrupan. El valle es donde las partículas están separadas. Esto ocurre una y otra vez a medida que la onda se aleja de su fuente.

Cuando una onda de sonido se desplaza desde su fuente, las partículas que transporta la onda no viajan con ella. Las partículas se mueven hacia atrás y hacia adelante, pero por lo general se quedan en el mismo lugar. Por esta razón, una onda de sonido puede viajar solamente a través de la materia. No puede viajar a través del espacio vacío.

▶ **SACAR CONCLUSIONES** **¿Puede viajar el ruido de la Tierra hacia otros planetas del sistema solar? ¿Por qué sí o por qué no?**

Una onda sonora mueve partículas de materia hacia atrás y hacia adelante. Las partículas del aire se comprimen y luego se separan mientras pasa la onda sonora.

Sonidos altos y bajos

Hay una gran diferencia entre el piar de un pájaro y el rugido de un león. Ambos sonidos son producidos por materia que vibra. Pero un sonido es mucho más alto que el otro. Llamamos **tono** a qué tan alto o qué tan bajo puede oírse un sonido.

El tono depende de la frecuencia de las ondas sonoras. Los sonidos de tono alto tienen ondas sonoras de alta frecuencia. Los sonidos de tono bajo tienen ondas sonoras de baja frecuencia. Los objetos pequeños vibran más rápidamente y hacen sonidos de tono alto. Los objetos grandes vibran más lentamente y hacen sonidos de tono bajo.

▲ ¿Qué barras del xilófono producen sonidos de tono alto: las pequeñas o las grandes?

◀ Cuando soplas a través de las aberturas, estas botellas producen sonidos de diferente tono. El tono depende de la cantidad de aire que puede vibrar en las botellas.

Sonidos fuertes y suaves

Llamamos **volumen** a qué tan fuerte o qué tan suave es un sonido. El volumen depende del tamaño de las crestas y valles de las ondas sonoras. Un sonido de volumen alto, como una sirena, tiene ondas con crestas altas y valles profundos. Un sonido de volumen bajo, como un susurro, tiene crestas bajas y valles poco profundos. Las ondas con crestas altas y valles profundos tienen más energía que las ondas con crestas bajas y valles poco profundos. Esta diferencia en energía se percibe como una diferencia en el volumen.

▶ SACAR CONCLUSIONES **¿Qué conclusión puedes sacar sobre las ondas sonoras que producen sonidos de tono alto?**

▲ Un ratón hace sonidos suaves y de tono alto.

Una perforadora de concreto o taladro produce sonidos muy fuertes. Los sonidos de volumen alto pueden hacer daño a los oídos. Los protectores de oídos reducen la cantidad de sonido que llega a los oídos. ▶

F19

Los delfines usan el sonido para comunicarse. Los delfines pueden comunicarse a largas distancias porque las ondas sonoras recorren grandes distancias a través del agua.

El sonido se mueve a través de la materia

La mayor parte del tiempo, oyes ondas sonoras que viajan a través del aire, el cual es un gas. Las ondas sonoras pueden viajar también a través de los líquidos. Los delfines usan ondas sonoras para comunicarse entre ellos bajo el agua. Los sonidos también pueden viajar a través de los sólidos, como una puerta de madera. Las ondas sonoras viajan más rápido a través de los sólidos que a través de los líquidos. Viajan más rápido a través de los líquidos que de los gases.

Las ondas sonoras pueden reflejarse, o rebotar, en los objetos. Las ondas sonoras reflejadas se llaman ecos. Puedes oír ecos cuando las ondas sonoras rebotan en la fachada de un edificio grande o en las paredes de un gimnasio.

▶ **SACAR CONCLUSIONES** ¿Una onda sonora viajará más rápido a través del aire, del agua o de la madera?

Resumen visual

Las ondas son movimientos que transportan energía hacia arriba y hacia abajo, o hacia atrás y hacia adelante.

El sonido es la energía de la materia que vibra. El sonido viaja en ondas a través de la materia.

El tono depende de la frecuencia de las ondas de sonido. El volumen depende del tamaño de las crestas y los valles.

ENLACES entre el hogar y la escuela

MATEMÁTICAS Haz una recta numérica

El volumen de un sonido se mide en una unidad llamada *decibeles.* Un susurro tiene aproximadamente 30 decibeles. Un bebé llorando tiene aproximadamente 110 decibeles. Usa la biblioteca o Internet para averiguar las mediciones en decibeles de cinco sonidos. Muestra los datos en una recta numérica.

MÚSICA Modela ondas sonoras

Algunos compositores usan sonidos para representar personas, animales, ideas, sentimientos o eventos. Por ejemplo, en la sinfonía *Pedro y el lobo* de Sergei Prokofiev, los personajes están representados por diferentes instrumentos. Las flautas representan el pájaro, los cornos franceses son el lobo y los oboes son el pato. Piensa en una historia y escribe qué instrumento usarías para representar cada personaje.

Repaso

1 IDEA PRINCIPAL ¿Cómo viaja el sonido?

2 VOCABULARIO ¿Qué es el tono de un sonido?

3 DESTREZA DE LECTURA: Saca conclusiones El motor de un jet produce un sonido fuerte. ¿Qué puedes concluir acerca de cuánta energía produce el motor?

4 RAZONAMIENTO CRÍTICO: Evalúa En una película, una nave espacial vuela a través del espacio exterior, donde no hay materia. Sus motores hacen un fuerte y estruendoso sonido. ¿Por qué es esto incorrecto?

5 DESTREZA DE INVESTIGACIÓN: Observa Un órgano tiene tubos pequeños y grandes. Describe el tono de los sonidos producidos por los diferentes tubos.

PREPARACIÓN PARA EXÁMENES

El tamaño de las crestas y de los valles determina el/la(s) ___ de un sonido.

A. tono

B. notas

C. volumen

D. belleza

Safari de sonidos

¿Qué ocurre en un laboratorio de sonidos?
El escenario es un salón de clase. Un grupo de estudiantes está por hacer su propio laboratorio de sonidos. Los estudiantes necesitan producir toda clase de sonidos: gruñidos, píos, truenos, traqueteos y ecos. ¿Cómo lo harán? ¡Escuchemos!

Personajes

Sr. Lee: maestro

Elaine
Rena
Rico
David
} estudiantes

Laboratorio
de
sonidos

Elaine: Tengo una pregunta. ¿Quién decidió que debíamos presentar una obra llamada *Perdidos en una cueva de la jungla*? Quiero decir, ¿no podríamos haber hecho algo más simple? ¿Qué tal *Perdidos en la biblioteca*? No hacen falta sonidos de monos para eso.

Rena: Es cierto, pero tampoco necesitas un equipo de efectos de sonido para eso. Acuérdate que las bibliotecas son bastante silenciosas.

Mr. Lee: Muy bien, a ver todos, enfoquémonos en la jungla, no en la biblioteca. Rena, dinos acerca de la obra, *Perdidos en una cueva de la jungla*.

Rena: De acuerdo. En la obra, MuMu la Mona corre hacia una cueva después de una tormenta. Su amiga LuLu la Leona la busca en la jungla. Eso quiere decir que necesitamos una mona, una tormenta, una leona y otros ruidos de la jungla.

Rico: ¡Esto va a ser genial! Yo puedo hacer casi todos los sonidos de animales. ¡Squeak! ¡Chirrrrrrp! ¡GROWWWWL!

Rena: ¿Se supone que eso es un león? Los leones no hacen GROWWWWL. Hacen ROARRRR.

David: ¿Alguien sabe cómo hace un mono? Yo he leído que el sonido de los monos es realmente fuerte. Déjenme intentarlo. ¡I-I-I-I-EEEK-EEEK!

Rena: El guion dice que MuMu la Mona llama a LuLu desde la cueva. ¡Pero todo lo que puede oír es su propio eco! ¿Cómo podemos hacer un eco?

Mr. Lee: Podemos hacer un eco en el gimnasio más tarde. Ahora, echemos un vistazo en esta bolsa [saca una bolsa]. Tengo cáscaras de cocos, hojas de cobre, pedacitos de papel de aluminio...

Rena: ¿Son para efectos de sonido?

Mr. Lee: Piensa en sonidos que podrías escuchar en la jungla.

David: ¿Qué les parecen las abejas? BUZZZZZZZZZ. ¿Qué tal?

Mr. Lee: Buen intento, pero no todos los animales hacen sonidos de la manera que nosotros los hacemos. Las alas de las abejas se mueven tan rápido que el aire vibra—y escuchas un zumbido. Con los truenos ocurre algo similar.

Rena: *[confundida]* ¡Pero los truenos no hacen zumbidos!

Mr. Lee: Cuando un relámpago golpea el aire, lo hace vibrar. Eso crea ondas sonoras y produce un fuerte estruendo.

Rico: Entonces, ¿cómo podemos hacer el sonido de un trueno para la obra?

Mr. Lee: En el siglo dieciocho, un hombre llamado John Dennis colgó con unos cables una gran lámina de cobre fino en el techo. Cuando la golpeaba, sonaba como un trueno. Cuando alguien se copió la idea de Dennis, el acusó al hombre de "robar mi trueno". Ahora es un famoso dicho.

Rena: Tengo una idea para las cáscaras de coco. Escuchen. El león corre para encontrar a MuMu *[golpea las mitades de cáscaras de coco contra la mesa]*

David: Umm, eso suena como un caballo galopando. No hay caballos en la obra.

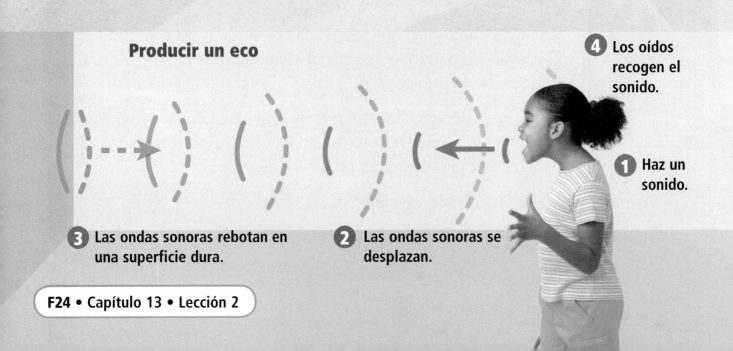

Producir un eco

4 Los oídos recogen el sonido.

1 Haz un sonido.

3 Las ondas sonoras rebotan en una superficie dura.

2 Las ondas sonoras se desplazan.

Elaine: Oigan, si yo toco suavemente estos pedacitos de papel de aluminio, suena como animales corriendo sobre hojas.

Rena: De acuerdo. MuMu está en la cueva. A lo lejos escucha a Lulu. ¡ROAR!

Elaine: Cuando está lejos, el sonido es suave. Pero ella sigue el sonido. *[voltea el papel de aluminio]* A medida que se acerca...

David: El rugido se hace más fuerte. ¡ROOOOOOARRR! ¡Finalmente, LuLu encuentra a MuMu!!!!! ¡ROOOOOOOOAAAARRRRR! ¡I-I-I-I-EEEK-EEEK!

Mr. Lee: ¡Buen trabajo, equipo! ¡Ahora lo único que necesitamos es el eco!

David: Necesitamos una área grande con una pared plana donde puedan rebotar las ondas sonoras, como el gimnasio.

[El SR. LEE y los ESTUDIANTES caminan hacia el gimnasio]

David: De acuerdo. Esta es la parte en que MuMu se mete en la cueva oscura y espeluznante. *[dramáticamente]* ¡Ella grita, pero todo lo que escucha es su propio eco!

David: *[grita hacia la pared]*¡I-I-I-I-EEEK-EEEK, I-I-I-I-EEEK-EEEK!

[Escuchan el eco: I-I-I-I-EEEK-EEEK, I-I-I-I-EEEK-EEEK.]

Mr. Lee: ¡Felicitaciones chicos, creo que estamos listos para la obra!

Compartir ideas

1. **REPASO DE LA LECTURA** ¿Qué produce un eco?

2. **ESCRÍBELO** Compara la manera en que un león produce sonido y la manera en que una abeja produce sonido.

3. **COMÉNTALO** Comenta nuevas maneras de crear efectos de sonido usando objetos de uso diario.

¿Qué es la energía eléctrica?

Por qué es importante...

¿Qué formas de energía ves en este desfile? Si estuvieras allí, probablemente verías energía en las formas de luz, movimiento y sonido. Aunque probablemente no notes la energía eléctrica, impulsa todo el desfile. La energía eléctrica también impulsa la mayoría de los aparatos electrodomésticos y las luces que usas todos los días.

PREPÁRATE PARA INVESTIGAR

Destreza de investigación

Investigar Cuando investigas, aprendes más acerca de un tema por medio de libros, buscando en Internet o preguntándole a expertos en ciencias.

Materiales

- 2 baterías (tamaño D)
- 2 sostenes para baterías
- timbre
- cables aislados, con los extremos descubiertos

Búsqueda de circuito

Procedimiento

1 **Investiga** Usa Internet, la biblioteca u otros recursos para averiguar cómo hacer un circuito eléctrico simple. El circuito debe incluir una o más baterías. Pídele a tu maestro que revise las instrucciones antes de seguirlas.

2 Usando los materiales dados, sigue las instrucciones para armar un circuito. No conectes todavía el último cable a la batería. **Seguridad:** Los cables pueden ser cortantes.

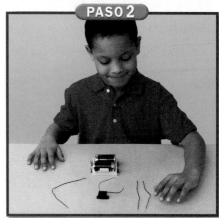

3 **Predice** Predice qué ocurrirá cuando hagas la última conexión y completes el circuito. Registra tu predicción en tu *Cuaderno de ciencias.*

4 **Experimenta** Completa el circuito conectando el último cable al sostén para baterías. Observa y registra qué ocurre.

Conclusión

1. **Analiza los datos** ¿Qué forma de energía contiene una batería? ¿Qué forma de energía produce el timbre?

2. **Investiga** Usa recursos científicos para averiguar qué forma de energía viaja a través de los cables del circuito.

3. **Plantea una hipótesis** Usa tus resultados para formular una hipótesis sobre cómo funciona el timbre de la puerta en una casa.

¡Investiga más!

Resuelve un problema
Las personas que tienen problemas de audición a lo mejor no escuchan el timbre de la puerta cuando suena. ¿Cómo podrías usar un circuito para crear una señal que una persona con problemas de audición pueda percibir?

Energía eléctrica

VOCABULARIO

circuito eléctrico   pág. F29
corriente eléctrica pág. F28

DESTREZA DE LECTURA

Causa y efecto
Usa una ayuda gráfica para hacer una lista de algunos efectos posibles de la energía eléctrica.

IDEA PRINCIPAL La energía eléctrica es la energía de partículas con carga.

Flujo de las cargas eléctricas

La mayoría de las personas no se dan cuenta de la importancia de la energía eléctrica hasta que ocurre un apagón. Ahí es cuando se dan cuenta de que la energía eléctrica es una parte importante de la vida diaria. La energía eléctrica es la energía de partículas de materia cargadas. Para que la electricidad haga funcionar lámparas y televisores, algunas de estas partículas cargadas deben moverse.

Las partículas de materia cargadas transportan una carga eléctrica positiva o negativa. Las partículas con carga positiva y las partículas con carga negativa se atraen mutuamente. Las partículas con carga negativa tienden a fluir, o moverse, hacia las partículas con carga positiva. Este flujo de partículas cargadas es una **corriente eléctrica.**

La corriente eléctrica se mueve a través de un circuito completo, haciendo que la luz se encienda. ▶

La corriente eléctrica fluye a través de un trayecto llamado **circuito eléctrico.** Un circuito está compuesto de cables y dispositivos eléctricos. Tiene una fuente de electricidad, como una batería. La corriente eléctrica puede fluir a través de un circuito solamente si el circuito está completo. No puede haber ningún intervalo en el circuito.

▶ **CAUSA Y EFECTO** **¿Qué hace que las cargas negativas fluyan?**

Cuando una lámpara está desenchufada, hay un intervalo en el circuito. La lámpara puede ser encendida solamente cuando está enchufada y el circuito está completo. ▶

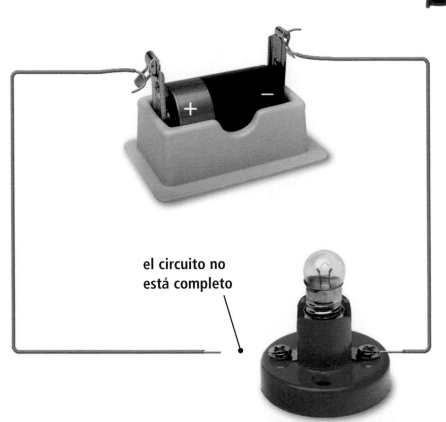

el circuito no está completo

◀ **Cualquier intervalo en un circuito detiene la corriente eléctrica, por lo tanto la luz no se enciende.**

Usar corriente eléctrica

La corriente eléctrica hace funcionar muchos aparatos. La mayoría de estos aparatos transforma la energía eléctrica en otras formas de energía. Cuando una radio está en uso, la energía eléctrica se transforma en energía sonora. Cuando una lámpara se enciende, la energía eléctrica se transforma en energía lumínica. Las aspas de un ventilador tienen energía mecánica que proviene de energía eléctrica.

La mayoría de los aparatos eléctricos tiene cables y enchufes. La corriente eléctrica fluye desde una salida, a través de un enchufe a un cable. El cable está unido a un aparato eléctrico, como un ventilador.

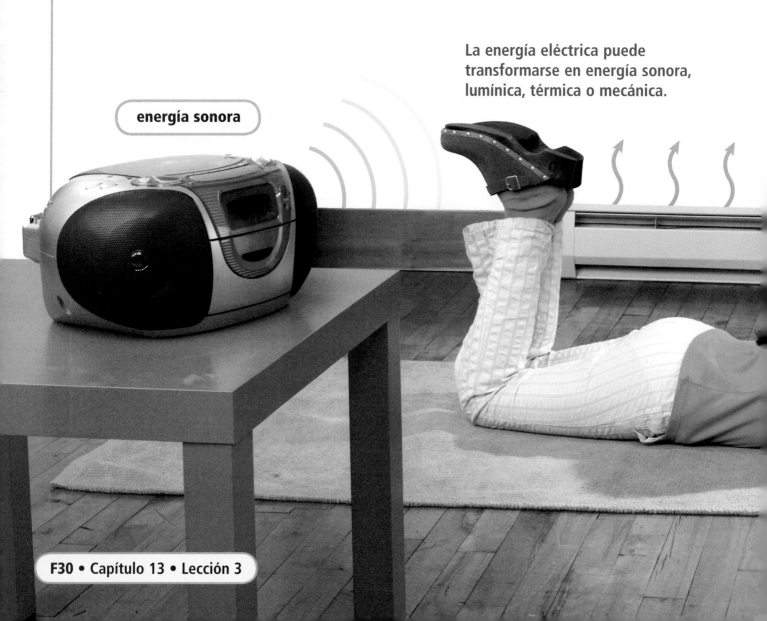

La energía eléctrica puede transformarse en energía sonora, lumínica, térmica o mecánica.

energía sonora

La corriente fluye de regreso desde el aparato a través del cable. Desde el cable, fluye hasta el enchufe y luego hasta la salida. Así se completa el circuito.

Un interruptor en un aparato abre y cierra un intervalo en el circuito. Cuando el interruptor se enciende, se cierra el intervalo del circuito. La electricidad fluye a través del aparato, entonces funciona. Cuando el interruptor se apaga, el intervalo del circuito se abre. El aparato no puede funcionar. Incluso si una lámpara está enchufada, sólo funciona cuando el interruptor está encendido.

▶ **CAUSA Y EFECTO** ¿Por qué un aparato eléctrico solamente puede funcionar cuando su interruptor se enciende?

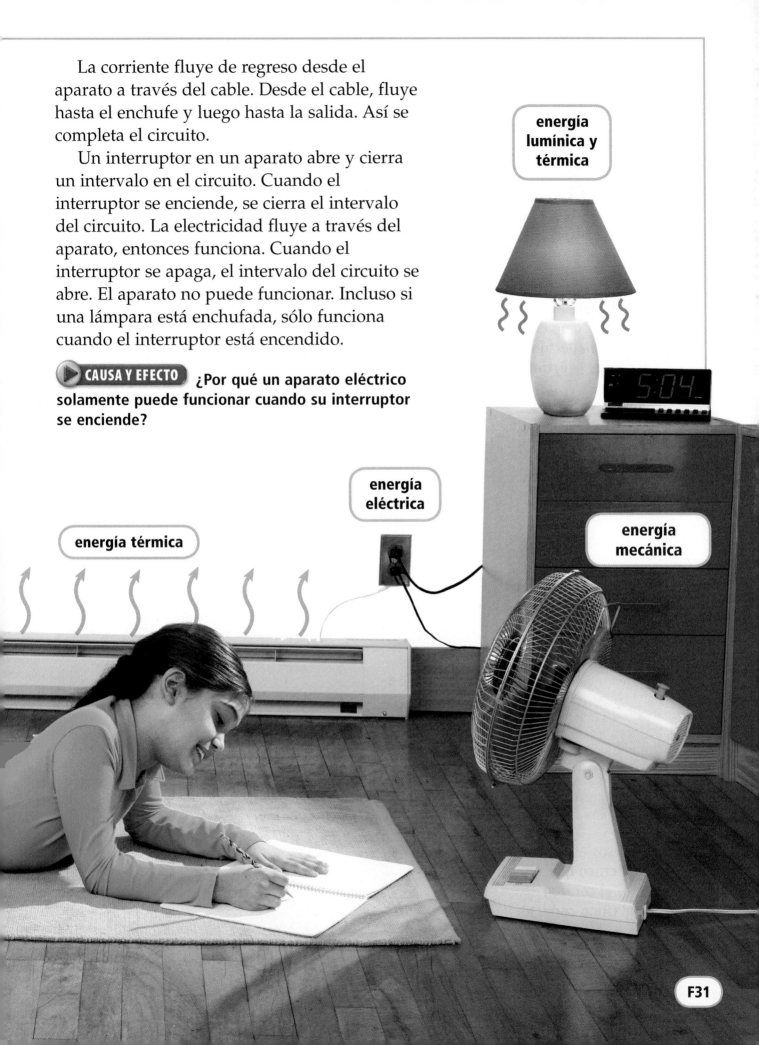

energía lumínica y térmica

energía eléctrica

energía mecánica

energía térmica

▲ Las señales de advertencia como esta protegen a la personas de descargas eléctricas peligrosas.

La energía eléctrica y tu cuerpo

Mira a tu alrededor. Cada persona en tu clase está usando energía eléctrica en este momento. El cuerpo humano usa energía eléctrica para funcionar. Señales eléctricas en el corazón lo mantienen latiendo a un ritmo correcto. Señales eléctricas también transportan mensajes desde el cerebro hacia otras partes del cuerpo.

¿De dónde obtienen el corazón y el cerebro la energía eléctrica? Proviene de la energía química de los alimentos. El cuerpo transforma un poco de la energía química de los alimentos en energía eléctrica.

La corriente eléctrica de una fuente externa al cuerpo puede ser muy peligrosa. Si una gran cantidad de electricidad pasa a través del cuerpo, puede hacer que el corazón deje de latir. También puede transformarse en energía térmica y causar quemaduras.

▶ **CAUSA Y EFECTO** **¿Para qué usa el cerebro la energía eléctrica?**

Un marcapasos es un aparato eléctrico que ayuda a mantener el corazón latiendo al ritmo correcto. ▶

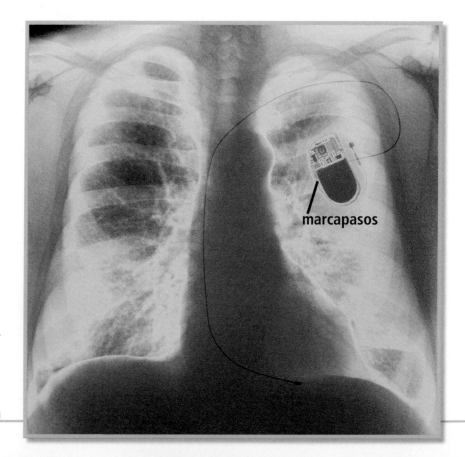

marcapasos

Resumen visual

El flujo de partículas cargadas es una corriente eléctrica. La corriente eléctrica se mueve a través de un circuito completo.

Los aparatos eléctricos transforman energía eléctrica en sonido, luz, calor o movimiento.

PELIGRO ALTO VOLTAJE

La electricidad puede ser peligrosa para el cuerpo humano.

ENLACES entre el hogar y la escuela

ESCRITURA Narrativa ¿Recuerdas alguna vez que se cortara la electricidad en tu casa o en la escuela? Escribe una narración sobre lo que tú y las otras personas hicieron durante el "apagón". Si no has experimentado un apagón, usa tu imaginación.

ESTUDIOS SOCIALES Escribe un diálogo ¿Qué aparato eléctrico es hoy el más importante para las vidas de los seres humanos? ¿La bombilla eléctrica? ¿El lavaplatos? ¿El televisor? Escoge dos aparatos electrodomésticos. Escribe un diálogo en el que dos personajes debaten cuál de estos dos electrodomésticos es más importante para la humanidad.

Repaso

❶ **IDEA PRINCIPAL** ¿Qué es la energía eléctrica?

❷ **VOCABULARIO** Escribe una definición de *corriente eléctrica*.

❸ **DESTREZA DE LECTURA: Causa y efecto** ¿Qué podría ocurrirle a alguien que tocara una fuerte corriente eléctrica?

❹ **RAZONAMIENTO CRÍTICO: Aplica** En muchos hogares, hay aparatos llamados disyuntores. Un disyuntor es similar a un interruptor de encendido y apagado. Si demasiada corriente eléctrica fluye por los cables, el disyuntor la corta o apaga. Explica cómo funciona un disyuntor.

❺ **DESTREZA DE INVESTIGACIÓN: Investiga** Usa Internet o la biblioteca para aprender qué hace un generador. Escribe un párrafo breve explicando lo que aprendiste.

✔ **PREPARACIÓN PARA EXÁMENES**

La vía por la que fluye una corriente eléctrica es un(a) _____.

A. enchufe

B. salida

C. máquina

D. circuito

Ecos en la oscuridad

Formas oscuras aletean y descienden en picada en la oscuridad. ¡Murciélagos! Apenas si puedes verlos. Pero ellos pueden verte... tan claramente como si hubiera luz de día. ¿Cómo?

Los murciélagos emiten potentes sonidos de tono alto que el oído humano no puede oír. Las ondas sonoras se reflejan en los objetos — ramas de árboles, techos, incluso un insecto en vuelo. Los oídos del murciélago, que son enormes y sensibles, recogen el eco. Las ondas de sonido reflejadas le dicen al murciélago dónde están los objetos, qué tan grandes son, e incluso cómo se mueven.

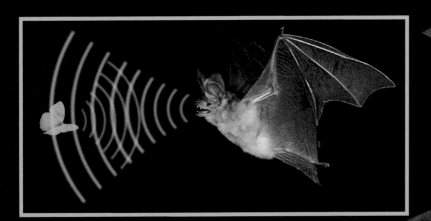

◀ Usar los sonidos reflejados para ubicar objetos se llama ecolocación.

¡Hola! Si gritas en un cañón probablemente oigas el sonido de tu propia voz regresando hacia ti. El eco lentamente se irá perdiendo a medida que las ondas sonoras pierdan energía en el aire y en las rocas.

▲ **¿Ciego como un murciélago?**
En realidad, muchas especies tienen muy buena visión.

Vocabulario

Completa cada oración con un término de la lista.

1. Moverse rápidamente hacia atrás y hacia adelante es _____.

2. La energía que un objeto tiene a causa de su movimiento se llama _____.

3. Un movimiento que transporta energía de un lugar a otro es un(a) _____.

4. La energía eléctrica puede fluir solamente a través de un(a) _____ completo(a).

5. El punto más bajo de una onda es el/la _____.

6. La energía almacenada en un objeto debida a su posición o a las sustancias de las que está compuesta es _____.

7. El punto más alto de una onda es el/la _____.

8. Qué tan fuerte o qué tan suave parece un sonido es su _____.

9. El flujo de partículas cargadas se llama _____.

10. Qué tan alto o qué tan bajo puede oírse un sonido es su _____.

circuito eléctrico F29
corriente eléctrica F28
cresta F15
energía cinética F8
energía potencial F8
onda F14
tono F18
valle F15
vibrar F16
volumen F19

✓ Preparación para exámenes

Escribe la letra de la respuesta correcta.

11. Las ondas sonoras de alta frecuencia producen sonidos que son altos en _____.

  A. tono
  B. longitud de onda
  C. volumen
  D. energía

12. El movimiento de las cargas produce un(a) _____.

  A. onda
  B. vibración
  C. corriente eléctrica
  D. circuito completo

13. Cuando los objetos vibran, producen _____.

  A. energía química
  B. energía potencial
  C. energía sonora
  D. energía lumínica

14. La energía química es una forma de _____.

  A. energía sonora
  B. energía cinética
  C. energía lumínica
  D. energía potencial

15. **Observa** Ves un juego en un parque de diversiones con un carro en una vía. El carro sube una colina, se queda en la cima por un momento y después regresa rápidamente hasta el pie de la colina. Describe los cambios de energía en este juego.

16. **Investiga** Los humanos pueden sentir la frecuencia de las ondas sonoras en forma de tono. La luz también se desplaza en ondas. Los humanos pueden sentir las longitudes de onda de las ondas lumínicas. Usa recursos de ciencias para averiguar cómo los humanos perciben las diferentes longitudes de onda lumínicacu. Comparte lo que aprendas con tus compañeros.

Rotula el diagrama usando los siguientes términos:

valle	1. _____.
longitud de onda	2. _____.
vibrar	3. _____.
cresta	4. _____.

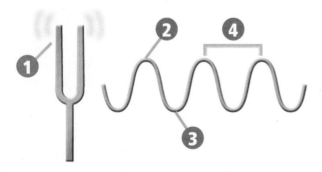

17. **Sintetiza** Muchos instrumentos musicales, tales como los pianos, tienen alambres o cuerdas que están tensadas de manera muy tirante. ¿Qué tipo de energía tienen los alambres tensados? ¿Qué tipo de energía tienen los alambres luego de que los golpeas o los tocas para producir un sonido?

18. **Aplica** Escoge una máquina eléctrica o un aparato electrodoméstico de tu casa. ¿En qué tipo de energía convierte la máquina o el aparato electrodoméstico la energía eléctrica?

19. **Analiza** De repente el ruido de un motor aumenta en volumen y en tono. ¿Qué les ha pasado a las crestas, los valles y la frecuencia de las ondas sonoras producidas por el motor?

20. **Evalúa** Defiende el siguiente enunciado: Un automóvil que está estacionado en una colina con el tanque lleno de gasolina tiene energía.

Enciéndelo

Usa una batería para construir un circuito eléctrico que contenga un interruptor y un timbre o una bombilla. Haz un diagrama de tu circuito. Tu diagrama debe explicar cómo el interruptor enciende y apaga el timbre o la bombilla.

Capítulo 14

Calor, temperatura y luz

LECCIÓN

1

Una taza de chocolate caliente o el frotar de tus manos en un día frío, ¿de dónde proviene el calor?

Lo aprenderás en la Lección 1.

LECCIÓN

2

Podría ser un día para jugar al béisbol o para patinar sobre hielo, ¿cómo puedes medir la temperatura para averiguarlo?

Lo aprenderás en la Lección 2.

LECCIÓN

3

Ya sea que choque contra la Luna, un espejo o una bicicleta, ¿qué es la luz y cómo se comporta?

Lo aprenderás en la Lección 3.

¿Qué es el calor?

Por qué es importante...

Puede ponerse frío en la noche cuando estas acampando. Una manera de mantenerse caliente es haciendo un fogón. El fogón produce calor. Entender cómo se produce el calor puede ayudarte a mantenerte caliente.

PREPÁRATE PARA INVESTIGAR

Destreza de investigación

Comparar Cuando comparas dos cosas, observas en qué se parecen y en qué se diferencian.

Materiales

- reloj
- taza de medir
- recipiente pequeño
- vinagre
- pieza de lana de acero
- guantes de plástico
- lentes protectores

Recursos de ciencias y matemáticas

Para realizar los pasos 2 y 4, repasa la sección **Medir el tiempo transcurrido** en las páginas H12 y H13.

Siente el calor

Procedimiento

1 **Observa** Junta tus manos. ¿Se sienten calientes o frías? Registra tus observaciones en tu *Cuaderno de ciencias.*

2 **Compara** Frota tu manos muy rápido por 10 segundos. Nota si se sienten más frías o más calientes que antes. Registra tus observaciones.

3 **Observa** Toma una pieza de lana de acero y tenla en tus manos. ¿Se siente fría o caliente? Registra tus observaciones.

4 **Mide** Echa $\frac{1}{4}$ de taza de vinagre en un recipiente. Pon la lana de acero dentro del recipiente por 2 minutos. Después sácala y estrújela dentro del recipiente. Pon la lana de acero sobre una toalla de papel para que se seque por 5 minutos. **Seguridad:** Usa guantes de plástico y lentes protectores.

5 **Compara** Quítate los guantes y toma la pieza de lana de acero. ¿Se siente más fría o más caliente que antes? Registra tus observaciones.

Conclusión

1. **Infiere** ¿Qué tipo de energía usaste cuando te frotaste las manos? ¿En qué tipo de energía se transformó?

2. **Infiere** ¿Qué tipo de energía había en la pieza de lana de acero y en el vinagre? ¿En qué tipo de energía se transformó?

PASO 2

PASO 3

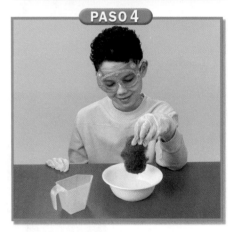

PASO 4

¡Investiga más!

Diseña un experimento
¿Qué ocurre cuando frotas monedas contra otros materiales? Escoge algunos materiales para probar. Haz una predicción acerca de cada material. Lleva a cabo tu plan. Presenta tus resultados.

Calor

VOCABULARIO

calor	pág. F42
energía térmica	pág. F42
fricción	pág. F45

DESTREZA DE LECTURA

Causa y efecto Usa el diagrama para mostrar cómo la energía térmica pasa de un objeto más caliente a un objeto más frío.

IDEA PRINCIPAL La energía térmica pasa de los objetos más calientes a los objetos más fríos. Sientes el movimiento de la energía térmica como calor.

Energía térmica

Has aprendido que la materia está compuesta de partículas pequeñitas que están siempre en movimiento. La energía de las partículas en movimiento de la materia se llama **energía térmica.** Mientras más energía térmica tenga un objeto, más rápido se mueven sus partículas. Sientes la energía térmica en forma de **calor.** El calor es el flujo de energía térmica de objetos más calientes a objetos más fríos. La energía térmica a veces recibe el nombre de energía calórica.

Un soldador usa calor para fundir metal. La energía térmica de la llama caliente pasa al objeto de metal más frío.

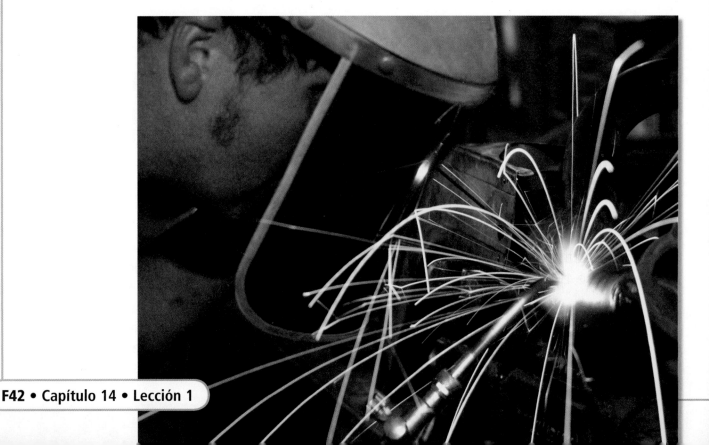

¿Por qué tu mano se siente fría cuando sostienes un cubo de hielo? La energía térmica de tu mano pasa al cubo de hielo. El hielo se derrite porque sus partículas han ganado energía térmica. Una taza caliente de chocolate calienta tus manos porque la energía térmica de la taza pasa a tus manos más frías.

Mira la fotografía a continuación para ver como la energía térmica sale del cereal caliente. Luego de unos minutos, el cereal está más frío y la cuchara está más caliente. Si pusieras tu mano sobre el cereal, sentirías el calor. La cuchara y el aire han ganado energía térmica, por lo tanto ambos se ponen más calientes. El cereal ha perdido energía térmica, por lo tanto se ha puesto más frío. Este flujo de energía térmica continuará hasta que el cereal, el aire y la cuchara estén igual de calientes.

CAUSA Y EFECTO ¿Cuál es la causa de que un objeto se sienta caliente cuando lo tocas?

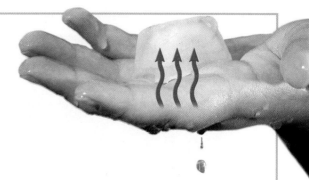

▲ Cuando sostienes un cubo de hielo, la energía térmica de tu mano caliente pasa al hielo frío. Tu mano se siente fría porque ha perdido energía térmica.

◄ La energía térmica pasa del cereal caliente a la cuchara que está más fría y al aire más frío que está a su alrededor.

F43

▲ La lámpara de calor transforma energía eléctrica en energía térmica que mantiene calientes a estos pollitos. La lámpara también emite energía lumínica.

Producir energía térmica

Hay muchas formas de energía. Has aprendido sobre la energía lumínica, la energía eléctrica, la energía mecánica, la energía sonora y la energía química. Cada una de estas formas de energía puede transformarse en energía térmica. Así es cómo se produce la energía térmica. Los aparatos electrodomésticos como tostadoras, estufas eléctricas y secadores de pelo usan energía eléctrica para producir energía térmica.

Probablemente has notado que te sientes caliente cuando estás bajo la luz del Sol . Esto es porque el Sol emite energía que se transforma en energía térmica y energía lumínica.

¿Sabías que tú también puedes producir energía térmica? Probablemente has notado que cuando frotas tus manos, se calientan. Esto pasa porque la fricción produce energía térmica. La **fricción** es una fuerza que ocurre cuando un objeto se frota contra otro objeto. La fricción hace más lento y detiene el movimiento entre dos superficies que se tocan.

Otra manera de producir energía térmica es transformar energía química en energía térmica. ¿Por qué sientes el calor de un fogón? Cuando la madera se quema, la energía química almacenada en la madera se transforma en energía térmica. Tu cuerpo está caliente porque transforma la energía química almacenada en el alimento que comes en energía térmica. Cuando aprietas un paquete térmico, las sustancias químicas en su interior se combinan para producir energía térmica. La energía química almacenada en el interior del paquete se transforma en energía térmica.

▶ **CAUSA Y EFECTO** **¿Cuál es la causa de que tus manos se calienten cuando las frotas?**

▲ **¿Cómo se calienta este paquete térmico?**

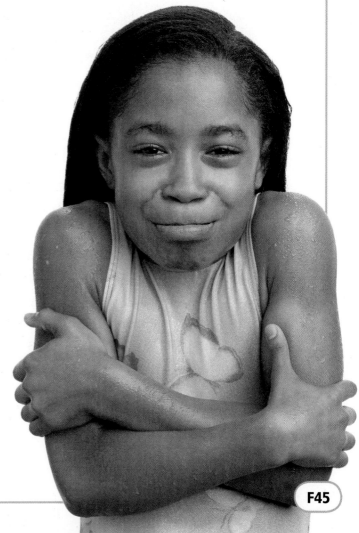

Frotar tus brazos rápidamente puede hacerte sentir caliente cuando tienes frío. La fricción entre tus manos en movimiento y tus brazos produce energía térmica. ▶

La energía térmica se puede usar para cocinar una pizza.

Usar energía térmica

Las personas usan la energía térmica para muchas cosas. Las personas que viven en climas fríos usan la energía térmica para calentar sus hogares. En las fábricas, la energía térmica se usa para fundir acero. Esto permite que se le pueda dar forma para construir automóviles, refrigeradoras y otras cosas útiles. Las personas usan energía térmica para cocinar alimentos. ¿Cuáles son algunas maneras en las que usas la energía térmica?

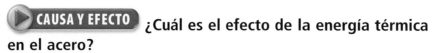 **CAUSA Y EFECTO** ¿Cuál es el efecto de la energía térmica en el acero?

Resumen visual

El calor es el flujo de energía térmica de objetos más calientes a objetos más fríos.

Otros tipos de energía pueden transformarse en energía térmica.

La energía térmica tiene muchos usos, que incluyen calentar hogares y cocinar alimentos.

ENLACES entre el hogar y la escuela

TECNOLOGÍA Escribe un párrafo explicativo

Un aislante es un material que evita la transmisión de calor, electricidad o sonido. ¿Cuál es el mejor aislante para el calor? El mejor aislante no es nada en absoluto: el vacío. Investiga cómo funciona un termo de vacío. Escribe un párrafo explicando cómo se puede usar el vacío para mantener una bebida caliente o fría.

ESTUDIOS SOCIALES

Dramatiza una entrevista La mayoría de los mamíferos están cubiertos de piel para mantenerse calientes. Los pájaros tienen plumas para realizar esta tarea. Con un compañero, dramaticen una entrevista imaginaria entre un reportero humano y un mamífero o un ave. Discutan las ventajas y desventajas de tener piel o plumas.

Repaso

1. **IDEA PRINCIPAL** ¿Cómo se mueve la energía térmica?

2. **VOCABULARIO** ¿Qué es la fricción?

3. **DESTREZA DE LECTURA: Causa y efecto** ¿Cuál es el efecto de frotar tus manos una contra la otra?

4. **RAZONAMIENTO CRÍTICO: Evalúa** Sostienes un vaso de agua helada, y tu mano se pone fría. Un amigo dice que está fría porque el frío del vaso pasó a tu mano. ¿Es correcta la afirmación de tu amigo? Explica tu respuesta.

5. **DESTREZA DE INVESTIGACIÓN: Compara** ¿Cuál es la diferencia entre la manera en que una tostadora produce energía térmica y la manera en que un paquete térmico produce energía térmica?

✔ **PREPARACIÓN PARA EXÁMENES**

El calor es el flujo de ___.

A. energía química

B. energía térmica

C. energía eléctrica

D. energía cinética

¿Qué es la temperatura?

Por qué es importante...

¿Qué temperatura hace afuera? ¿Hace calor o frío? Puedes medirla para averiguarlo. Saber lo que significa esta medición puede ayudarte a planear el día. En un día frío, puedes usar un abrigo. En un día muy caluroso, puedes ir a la playa y beber algo frío.

PREPÁRATE PARA INVESTIGAR

Destreza de investigación

Predecir Cuando predices, dices lo que crees que ocurrirá en base a experiencias y observaciones.

Materiales

- cuchara de metal
- termómetro de cinta
- recipiente
- agua tibia
- termómetro
- reloj

Recursos de ciencias y matemáticas

Para realizar los pasos 2 al 5, repasa la sección **Usar un termómetro** en la página H8.

Rastrea la temperatura

Procedimiento

1 En tu *Cuaderno de ciencias,* haz una tabla como la que se muestra aquí.

2 **Mide** Fija un termómetro de cinta a una cuchara de metal. Lee el termómetro de cinta y registra la temperatura en tu tabla.

3 **Mide** Llena un recipiente hasta la mitad con agua tibia. Usa un termómetro común para medir la temperatura del agua. Registra la temperatura en tu tabla.

4 **Predice** Pon la cuchara en el recipiente. Asegúrate de que el termómetro de cinta no toque el agua. Predice si las temperaturas de la cuchara y del agua cambiarán cuando pase el tiempo. Registra tu predicción.

5 **Registra los datos** Registra las temperaturas de la cuchara y del agua después de 5 minutos, y nuevamente después de 10 minutos.

Conclusión

1. **Comunica** Usa tus datos para hacer dos gráficas de barras. Una debe mostrar cómo cambió la temperatura de la cuchara. La otra gráfica debe mostrar cómo cambió la temperatura del agua.

2. **Analiza los datos** Describe cómo cambiaron con el paso del tiempo las temperaturas de la cuchara y del agua.

PASO 1

	Temperatura		
	Inicio	5 minutos	10 minutos
Cuchara			
Agua			

PASO 2

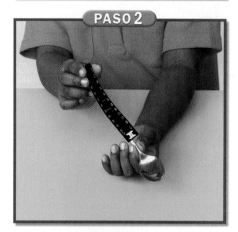

PASO 4

¡Investiga más!

Diseña un experimento
Predice qué ocurrirá con las temperaturas de la cuchara fría y del agua tibia después de 1 hora. Diseña y lleva a cabo un experimento para averiguarlo.

Medir temperatura

VOCABULARIO

temperatura   pág. F50
termómetro   pág. F50

IDEA PRINCIPAL La temperatura se mide usando un termómetro. La temperatura se puede medir en grados Fahrenheit o en grados Celsius.

DESTREZA DE LECTURA

Comparar y contrastar
Usa una tabla para enumerar los grados Fahrenheit y los grados Celsius a los que el agua se congela y hierve.

Medir temperatura

Cuando los pronosticadores del tiempo dicen si hace calor o frío afuera, ellos informan sobre la temperatura del aire. La **temperatura** es la medida de qué tan caliente o qué tan frío está algo. El instrumento que se usa para medir la temperatura es un **termómetro.** Hay muchas clases de termómetros. Algunos termómetros miden la temperatura en un horno. Algunos termómetros miden la temperatura del aire en el interior de una habitación o en el exterior, al aire libre. Y si alguna vez has tenido fiebre, sabes que algunos termómetros miden la temperatura de tu cuerpo.

Un termómetro para carne se usa para indicar cuándo la carne se ha cocido lo suficiente.

La temperatura se mide en unidades llamadas grados. Así como una regla muestra pulgadas y centímetros, un termómetro muestra grados Fahrenheit y grados Celsius. Fahrenheit y Celsius son dos escalas diferentes para medir temperatura. Por ejemplo, el agua hirviendo en una olla en la estufa podría describirse como a 212°F ó 100°C.

COMPARAR Y CONTRASTAR **Compara la temperatura a la que el agua hierve en la escala Fahrenheit y en la escala Celsius.**

Temperatura corporal normal

El agua se congela

°F °C

▲ En este termómetro, la letra F significa Fahrenheit y la letra C significa Celsius.

La temperatura corporal normal es 98.6°F (37.0°C). El termómetro de oreja es una manera de medir la temperatura del cuerpo. ▼

En un día cálido, las partículas del líquido en el termómetro para exteriores se mueven más rápido y se propagan.

En un día frío, las partículas del líquido se mueven más lento y ocupan menos espacio.

Cómo funciona un termómetro

Compara los termómetros que se muestran. Puedes ver que el líquido está más arriba en el tubo del termómetro más calido. A medida que la temperatura aumenta, las partículas del líquido se mueven más rápido y se propagan. Esto hace que el líquido ocupe más espacio y se eleve dentro del tubo. A medida que la temperatura disminuye, las partículas del líquido se mueven más lento y se acercan. El líquido ocupa menos espacio y se mueve hacia abajo en el tubo.

▶ **COMPARAR Y CONTRASTAR** Describe cómo el movimiento de las partículas del liquido cálido es diferente del movimiento de las partículas del liquido frío.

Resumen visual

La temperatura es la medida de qué tan frío o qué tan caliente está algo.

°F	°C
La temperatura puede medirse en grados Fahrenheit.	La temperatura puede medirse en grados Celsius.

ENLACES entre el hogar y la escuela

MATEMÁTICAS Usar números negativos

En 1922, se registró una temperatura de 58°C en Libia. La sonda espacial Voyager 2 registró una temperatura de −235°C en Tritón, una luna de Neptuno, en 1989. Y el 5 de enero de 1974, la temperatura en Hope Bay, Antártida, fue 15°C. Escribe las temperaturas 58°C, −235°C y 15°C, de la más fría a la más caliente.

ESCRITURA Cuento

Las personas a menudo usan exageraciones o comparaciones cuando hablan de la temperatura. En un día caluroso de verano, puedes decir "¡Está hirviendo afuera!". En una habitación con aire acondicionado, puedes pensar, "estoy tan frío como un pepino". Escribe un cuento acerca de la temperatura usando al menos cuatro ejemplos de exageraciones y de comparaciones.

Repaso

1 IDEA PRINCIPAL ¿Qué es la temperatura?

2 VOCABULARIO Usa el término *termómetro* en una oración.

3 DESTREZA DE LECTURA: Compara y contrasta Compara lo que les pasa a las partículas de líquido en un termómetro cuando la temperatura aumenta y cuando disminuye.

4 RAZONAMIENTO CRÍTICO: Aplica Tu termómetro marca 85 grados. El termómetro de tu amigo marca 30 grados. Hace mucho calor en ambos lugares. Explica cómo esto puede ser verdadero.

5 DESTREZA DE INVESTIGACIÓN: Predice Se colocan dos termómetros afuera a 1 m de separación. Uno está a la sombra y el otro está a la luz directa del Sol. Predice cuál mostrará una temperatura más alta después de 20 minutos.

✔ PREPARACIÓN PARA EXÁMENES

Un termómetro puede usarse en un horno para medir____.

A. masa

B. longitud

C. volumen

D. temperatura

Los termómetros a través del tiempo

¿Cómo se puede medir el calor? A finales del siglo dieciséis, el científico italiano Galileo Galilei hablo de esta pregunta con sus amigos en Padua, Italia.

Galileo construyó un termoscopio. Colocó una botella de vidrio de cuello angosto al revés en agua. El agua del cuello atrapaba aire en la botella. A medida que la habitación se ponía más cálida, el aire en la botella se expandía. El aire hacía descender el nivel del agua. A medida que la habitación se enfriaba, el aire se contraía. El nivel del agua subía. El termoscopio mostraba cambios en la temperatura del aire.

▼ Anders Celsius

Anders Celsius inventa la escala centígrada. Después se la llamó escala Celsius.

| 1592 d.C. | 1714 | 1742 | 1848 |

Galileo Galilei inventa el termoscopio.

Galileo Galilei ▶

Daniel Gabriel Fahrenheit inventa el primer termómetro de mercurio fiable.

Lord Kelvin de Escocia propone una nueva escala de temperatura. En la escala Kelvin, 0° representa la temperatura más fría posible, y es llamada "cero absoluto".

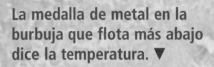

Los científicos posteriores a Galileo usaron su idea de construir termómetros que midan la temperatura según una escala. Las escalas Fahrenheit, Celsius y Kelvin todavía están en uso.

La medalla de metal en la burbuja que flota más abajo dice la temperatura. ▼

El termómetro de Galileo

Estos termómetros tienen burbujas de vidrio flotando en agua. Cuando la temperatura del aire cambia las burbujas suben y bajan. ▶

2006

Los termómetros modernos usan electricidad, energía infrarroja e incluso fibras ópticas.

Compartir ideas

1. **REPASO DE LA LECTURA** ¿Qué problema estaba tratando de resolver Galileo cuando inventó el termoscopio?

2. **ESCRÍBELO** Escribe una entrada de un manual de laboratorio que Fahrenheit podría haber hecho para describir su termómetro.

3. **COMÉNTALO** Comenta un ejemplo de cómo otro científico perfeccionó la invención de Galileo.

¿Qué es la luz?

Por qué es importante...

Probablemente has notado las luces que destellan en un cartel de un parque de diversiones. ¿Pero no notas la luz que te rodea todos los días? La luz proviene del Sol. También proviene de bombillas de colores como los que se muestran a continuación. Ahora mismo, estás usando luz para leer este libro. Sin luz, no podrías ver el mundo a tu alrededor.

PREPÁRATE PARA INVESTIGAR

Destreza de investigación

Observar Cuando observas, reúnes información sobre el medio ambiente usando tus cinco sentidos: vista, olfato, tacto, gusto y oído.

Materiales

- linterna
- hoja de papel
- espejo
- pedazo de envoltorio plástico transparente

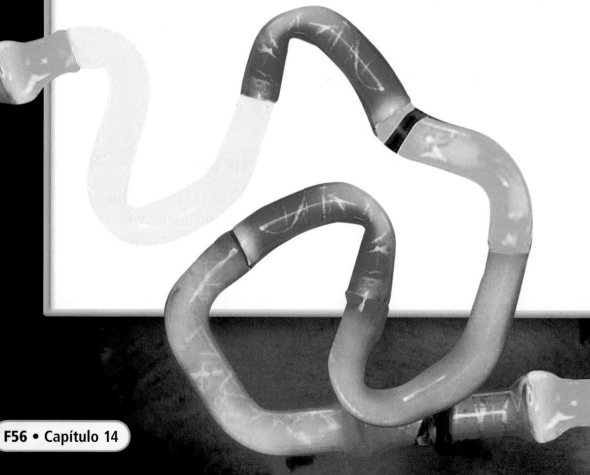

Luz brillante

Procedimiento

PASO 1

1. **Colabora** Trabaja con un compañero. Sostén una hoja de papel a aproximadamente 10 cm por encima de una mesa. Pídele a tu compañero que alumbre con la linterna directamente hacia abajo por encima del papel.

2. **Observa** Observa la luz en el papel. Mira si la luz de la linterna está alumbrando hacia alguna otra parte. Escribe tus observaciones en tu *Cuaderno de ciencias.*

PASO 3

3. Sostén un espejo sobre la mesa. De nuevo, haz que tu compañero alumbre con la linterna directamente hacia abajo en el espejo.

4. **Registra los datos** Observa la luz en el espejo. Mira si la luz alumbra hacia alguna otra parte. Registra tus observaciones.

5. Sostén un pedazo de envoltorio plástico transparente mientras tu compañero alumbra con la linterna sobre él.

PASO 5

6. **Observa** Observa la luz en el envoltorio plástico. Mira si la luz alumbra hacia alguna otra parte. Registra tus observaciones.

Conclusión

1. **Analiza los datos** Describe cómo actuó la luz cuando alumbraste el papel, el espejo y el envoltorio plástico.

2. **Plantea una hipótesis** Escribe una hipótesis para explicar por qué la luz actuó de manera diferente cada vez.

¡Investiga más!

Diseña un experimento
Predice cómo se verá la luz si alumbras con la linterna un papel de cera, un papel de aluminio y un vaso con agua. Prueba tus predicciones.

Luz

VOCABULARIO

luz	pág. F58
reflejar	pág. F60
refractar	pág. F61

DESTREZA DE LECTURA

Idea principal y detalles
Usa un diagrama para explicar las dos maneras en que la luz puede cambiar de dirección cuando choca contra un objeto.

IDEA PRINCIPAL La luz viaja en forma de ondas. Cuando las ondas de luz chocan contra un objeto, son absorbidas o cambian de dirección.

Energía que puedes ver

¿Viste hoy tu sombra? Probablemente la viste si brillaba el Sol . El Sol es una fuente de luz. La **luz** es un tipo de energía que se puede ver. Como el sonido, la luz viaja en forma de ondas. Las ondas lumínicas se mueven en una dirección, alejándose de su fuente. A diferencia del sonido, la luz no necesita materia que la transporte. La luz puede viajar a través del espacio vacío. Así es como la luz del Sol alcanza la Tierra y otros planetas.

Puedes ver varias sombras alrededor de este astronauta. Las ondas de luz viajan a través del espacio vacío, pero son bloqueadas por algunos materiales.

Ves sombras en los días soleados porque alguna materia bloquea las ondas de luz. La madera, el metal y el ladrillo bloquean la luz. También tu cuerpo lo hace. Otras materias, como el aire, el agua y el vidrio, dejan pasar la luz a través de ellas. Por eso es que puedes ver debajo del agua.

Te pueden haber advertido de no tocar bombillas de luz porque están calientes. Muchas fuentes de luz emiten calor además de luz. Probablemente puedes nombrar otros ejemplos, como el Sol y el fuego.

Sin embargo, la mayoría de los objetos no emiten su propia luz. Ves la mayoría de los objetos porque la luz de otra fuente rebota en ellos hacia tus ojos. Ves la Luna desde la Tierra porque luz del Sol rebota en la superficie de la Luna. Del mismo modo ves tu lápiz, un escritorio y cualquier otro objeto que no emite su propia luz.

▶ **IDEA PRINCIPAL** ¿Cómo se desplaza la luz?

▲ **Las poderosas luces en este estadio hacen que la noche parezca día.**

Cuando la electricidad pasa a través del delgado alambre dentro de esta bombilla, el alambre se pone muy caliente y empieza a resplandecer. ▼

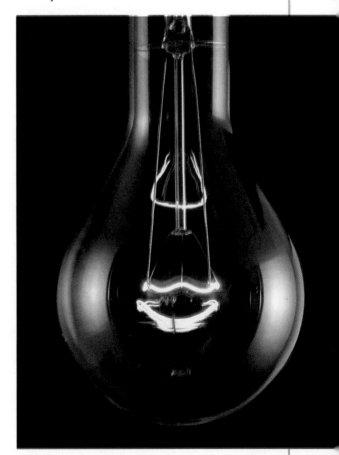

Luz que rebota

Las ondas de luz viajan en líneas rectas. Lo que hacen cuando chocan contra un objeto depende de cómo sea la superficie del objeto. Las ondas lumínicas se **reflejan,** o rebotan, en objetos que tienen una superficie lisa, brillante. Cuando las ondas lumínicas se reflejan en un espejo, por ejemplo, las ondas rebotan de vuelta hacia ti. Te ves en el espejo porque las ondas lumínicas rebotan directamente de vuelta en tu ojo.

La mayoría de los objetos no tienen superficies lisas y brillantes. Cuando las ondas lumínicas chocan contra la mayoría de los objetos, como la Luna o un lápiz, rebotan en muchas direcciones diferentes. No ves tu cara reflejada por el objeto. Sólo ves el objeto.

▲ Los espejos hacen que esta niña se vea como un grupo completo de niñas.

A veces la superficie del agua es muy lisa. Cuando es así el agua refleja la luz como un espejo. ▼

◀ Las ondas lumínicas se doblan al moverse del aire al agua. Esto hace que el lápiz se vea como si tuviera dos pedazos.

Luz que se dobla

Las ondas lumínicas pueden pasar a través de algunos materiales, pero su trayectoria recta cambia. Las ondas lumínicas refractan cuando se trasladan del aire al agua. **Refractar** es doblarse. La luz refractada hace que los objetos se vean doblados, rotos u ondulados. El lápiz en la parte superior de la página se ve como si estuviera roto en dos pedazos porque la luz es doblada por el agua.

El vidrio es otro material que refracta la luz. Los vidrios de los lentes protectores son curvos para hacer doblar la luz. Esto ayuda a las personas que usan lentes a ver mejor. Una lupa, que también es curva, refracta la luz para hacer que un objeto se vea más grande.

▶ **IDEA PRINCIPAL** ¿Qué pasa con la luz cuando se mueve de un material a otro?

La luz es refractada por esta lupa. ¿Para qué es útil esto? ▼

Los colores y la luz

Mira las bandas de color que aparecen cuando la luz brilla a través de los cristales de vidrio. Esto muestra que la luz está compuesta de todos los colores del arco iris.

Cuando la luz blanca alumbra un objeto de color, la superficie del objeto absorbe, o recoge, algunas de las ondas lumínicas que lo chocan. Por lo tanto, el objeto absorbe algunos colores. El objeto refleja otros colores. Ves los colores reflejados pero no los colores absorbidos. Las bananas se ven amarilla porque reflejan la luz amarilla. Absorben otros colores.

▶ **IDEA PRINCIPAL** **¿Por qué una banana se ve amarilla?**

▲ Cuando la luz blanca del Sol pasa a través de un prisma, cada color de la luz se dobla en forma diferente y se separa para formar un arco iris.

La lima se ve verde porque refleja la luz verde y absorbe los otros colores de la luz. ▶

Resumen visual

La luz viaja en ondas y puede atravesar el espacio vacío.

Cuando la luz choca contra un objeto, la luz cambia de dirección. Se puede reflejar, refractar o ser absorbida.

Cuando la luz blanca choca contra un objeto, solamente ves los colores reflejados. Los otros colores son absorbidos.

ENLACES entre el hogar y la escuela

MATEMÁTICAS Usa figuras planas
Corta tres formas diferentes de cartón o papel grueso. Usa una fuente de luz y los recortes para proyectar sombras contra una pared. ¿Cómo son la forma y el tamaño de cada sombra en comparación con la forma y el tamaño del recorte? Cambia el ángulo y la distancia de la fuente de luz. Describe cualquier diferencia.

LITERATURA Escribe un poema
Lee los poemas sobre la luz en *Flicker Flash* de Joan Bransfield Graham. Escribe un poema original acerca de la luz en el mismo estilo. Ordena los versos de tu poema para que se parezcan a una forma o un objeto relacionado con la luz.

Repaso

❶ IDEA PRINCIPAL ¿Qué es la luz y cómo se desplaza?

❷ VOCABULARIO Usa el término *reflejar* en una oración.

❸ DESTREZA DE LECTURA: Idea principal y detalles Da algunos detalles que apoyen la siguiente idea principal: *Algunos materiales bloquean la luz cuando ésta se desplaza.*

❹ RAZONAMIENTO CRÍTICO: Evalúa Tu amigo te dice que las manzanas rojas solamente tienen luz roja en ellas. ¿Cómo evaluarías esta afirmación?

❺ DESTREZA DE INVESTIGACIÓN: Observa Una cuchara en un vaso de agua se ve doblada. ¿Está realmente doblada? Explica.

✔ PREPARACIÓN PARA EXÁMENES
Todos los objetos siguientes emiten su propia luz a excepción de _____.

A. la Luna

B. el Sol

C. el fuego

D. una bombilla de luz

Espejos poderosos

¿Qué hacen todos estos espejos? Recogen la luz del Sol de un área enorme. Luego reflejan toda esa energía en una superficie muy pequeña. El lugar donde toda esta luz del Sol se junta se pone extremadamente caliente. ¿Qué tan caliente? ¿Creerías 4,000°C ó 7,200°F? ¡Eso es tan caliente que en realidad podrías fundir un diamante, la sustancia más dura de la Tierra!

Este enorme sistema de recolección y concentración de luz solar se llama horno solar. Los científicos pueden usar la extrema energía térmica de un horno solar para probar los efectos de las altas temperaturas sobre diversos materiales.

El horno solar de Odeillo en los Pirineos franceses es el más grande del mundo. La superficie curva del colector tiene más de 120 pies de alto y tiene 1,830 espejos individuales.

Las personas pueden usar la energía térmica recogida en hornos solares pequeños como este para cocinar alimentos.

Vocabulario

Completa cada oración con un término de la lista.

1. La fuerza que hace más lento y detiene el movimiento entre dos superficies que se tocan se llama _____.

2. Cuando las ondas lumínicas rebotan contra un objeto, se _____.

3. Un instrumento que se usa para medir temperatura es un _____.

4. La energía de las partículas de materia en movimiento se llama _____.

5. La medida de lo caliente o frío de algo se llama _____.

6. Doblarse la luz es _____.

7. El flujo de energía térmica de objetos más calientes a objetos más fríos se llama _____.

8. Una forma de energía que puedes ver se llama _____.

calor F42

energía térmica F42

fricción F45

luz F58

reflejar F60

refractar F61

temperatura F50

termómetro F50

Preparación para exámenes

Escribe la letra de la respuesta correcta.

9. Un suéter se ve azul si _____.

   A. refracta luz azul

   B. refleja luz azul

   C. absorbe luz azul

   D. refleja toda la luz

10. Cuando la energía térmica de un objeto aumenta, las partículas del objeto _____.

   A. dejan de moverse

   B. comienzan a moverse

   C. disminuyen su velocidad

   D. se aceleran

11. Los grados Fahrenheit y los grados Celsius se usan para medir _____.

   A. longitud

   B. volumen

   C. temperatura

   D. fricción

12. Tu cuerpo se mantiene caliente porque produce energía térmica de la energía _____ almacenada en los alimentos.

   A. química

   B. lumínica

   C. mecánica

   D. eléctrica

13. **Observa** Mientras juegas afuera por la tarde, notas que una larga sombra parece seguirte a todos lados. ¿Cuál es la causa de la sombra?

14. **Predice** Sacas una cuchara metálica de un cajón y la introduces en una taza de chocolate caliente. Predice cómo cambiará la temperatura de la cuchara. Explica por qué hiciste tu predicción.

15. **Compara** Un joyero de madera está sobre una cómoda frente a un espejo. Compara lo que le sucede a las ondas lumínicas que rebotan en el espejo y a las ondas lumínicas que rebotan en el joyero. ¿Cómo puedes ver esta diferencia?

16. **Comunica** Escribe un párrafo que describa tres ejemplos de cómo usas la energía térmica. Para cada ejemplo, discute qué tipo de energía se transforma en energía térmica.

Organiza los conceptos

Usa los siguientes términos para completar los espacios en blanco:

refractar   **energía térmica**   reflejar
calor   luz   flujo

> 1. Una bombilla de luz produce _____ y _____.

> 2. Cuando una onda de luz choca contra un objeto, se puede _____ o _____.

> 3. Calor es el _____ de _____ de objetos más calientes a objetos más fríos.

Razonamiento crítico

17. **Sintetiza** Llegas a casa después de la escuela y sacas de tu mochila una caja de jugo que está caliente. Pones la caja de jugo en la refrigeradora. Después de una hora, ¿las partículas del jugo se moverán más rápidamente o más lentamente que cuando la caja estaba en tu mochila? Explica tu respuesta.

18. **Analiza** Los frenos de una bicicleta usan fricción para detener las ruedas. Si alguien está bajando una colina en bicicleta y usa los frenos a menudo, ¿cómo cambiará la temperatura de los frenos? Explica tu respuesta.

19. **Aplica** El tallo de una flor que está en un florero de vidrio lleno de agua se ve partido. Sacas la flor y ves que no está partido. ¿Por qué se veía partido el tallo en el florero?

20. **Evalúa** Tu amigo te dice que el líquido en un termómetro se eleva cuando la temperatura aumenta porque el calor aumenta. Evalúa esta afirmación.

Evaluación del rendimiento

Informa sobre una "Ola de calor"

Una ola de calor es un período de tiempo inusualmente caluroso. Escribe un artículo de periódico acerca de una ola de calor que sucede en un pueblo imaginario. Usa los términos *temperatura, termómetro* y *grados* en tu artículo. Incluye tantos términos adicionales del vocabulario de este capítulo como puedas. Haz un dibujo de un termómetro para ilustrar tu artículo.

Capítulo 15

Fuerza y movimiento

LECCIÓN 1

Desde el empuje del viento en un barco hasta los halones en un juego de guerra de tirones, ¿qué fuerzas pueden causar un cambio en el movimiento?
Lo aprenderás en la Lección 1.

LECCIÓN 2

Una bola de béisbol que se dispara, un auto de carreras y un guepardo que corre, ¿cómo se usan la distancia, la dirección y la velocidad para describir el movimiento?
Lo aprenderás en la Lección 2.

LECCIÓN 3

Desde la manija de la puerta hasta una bicicleta, ¿cómo facilitan la vida las máquinas?
Lo aprenderás en la Lección 3.

¿Cómo afecta la fuerza a los objetos?

Por qué es importante...

¿Alguna vez has jugado con imanes? Muchos juguetes, como el que se muestra aquí, usan imanes. Puedes usar imanes en la puerta de la refrigeradora de tu casa. Estos imanes mantienen las cosas en su lugar. Otros imanes hacen que las cosas se muevan. Incluso pueden usarse los imanes para hacer electricidad.

PREPÁRATE PARA INVESTIGAR

Destreza de investigación

Predecir Cuando predices, dices lo que crees que ocurrirá en base a observaciones y experiencias pasadas.

Materiales

- 2 barras de imán
- cordón
- cinta adhesiva transparente

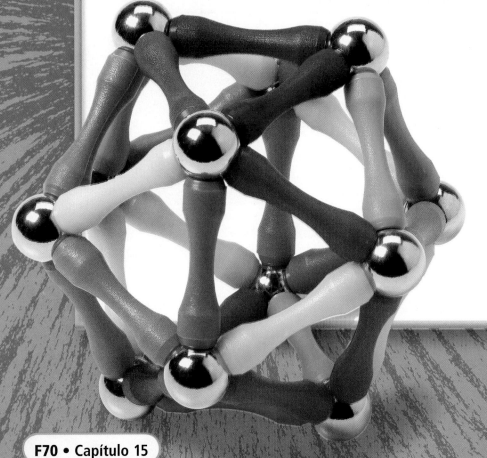

Polos opuestos

Procedimiento

PASO 1

1. **Colabora** Trabaja con un compañero. Ata un extremo de un cordón alrededor del centro de la barra de imán. Pega el otro extremo de la cuerda al filo de la mesa para que el imán cuelgue sobre el suelo.

2. **Predice** Predice qué pasará cuando acerques el polo norte de un segundo imán al polo norte del imán que está colgando. Anota tu predicción en tu *Cuaderno de ciencias.*

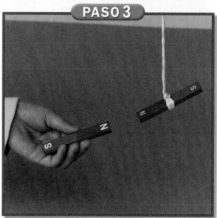

PASO 3

3. **Experimenta** Prueba tu predicción. Registra tus observaciones.

4. **Predice** Predice qué pasara cuando acerques el polo sur del segundo imán al polo norte del imán que está colgando. Anota tu predicción.

5. **Experimenta** Prueba tu predicción. Anota tus observaciones.

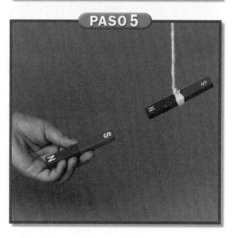

PASO 5

Conclusión

1. **Analiza los datos** ¿Qué ocurrió cuando acercaste los dos polos norte? ¿Qué ocurrió cuando acercaste el polo norte y el polo sur?

2. **Predice** ¿Qué piensas que ocurriría si pusieras los dos polos sur de los imanes uno cerca del otro?

¡Investiga más!

Investiga Investiga en la biblioteca o en Internet para averiguar una manera en que se usen los imanes para crear movimiento. Escribe un párrafo corto que describa lo que aprendas.

Fuerzas

IDEA PRINCIPAL Las fuerzas pueden cambiar el movimiento de los objetos. La gravedad, el magnetismo y la fricción son fuerzas.

Movimiento, empujones y halones.

Digamos que tu silla está cerca de la pared, pero tú quieres que esté cerca de tu escritorio. ¿Cómo harías que llegue allí? La moverías, claro. El movimiento la haría cambiar de posición o de lugar. El cambio en la posición de un objeto se llama **movimiento.** El movimiento ocurre cada vez que un objeto se mueve de una posición a otra. Los muebles de la habitación que se muestra en la foto están en movimiento. Los niños que están moviendo los muebles también están en movimiento.

Estos niños están usando fuerzas para mover los muebles de la habitación.

HALAR

EMPUJAR

¿Cómo están usando las fuerzas los niños para ordenar los libros?

Piensa nuevamente en mover tu silla. Para cambiar la posición de la silla, tendrías que ejercer una fuerza sobre ella. Una **fuerza** es halar o empujar. Cuando empujas, mueves un objeto alejándolo de ti. Cuando halas, mueves un objeto hacia ti.

Cualquier cambio en un movimiento necesita una fuerza. Usas una fuerza para comenzar un movimiento. También usas una fuerza para acelerar, hacer más lento o parar un movimiento. Y usas una fuerza para cambiar la dirección de un movimiento. Usar una fuerza más intensa causa un cambio más grande en el movimiento.

▶ CAUSA Y EFECTO ¿Qué se necesita para cambiar un movimiento?

Gravedad

¿Qué fuerza afecta a toda la materia en la Tierra, incluso al aire? ¿Qué fuerza mantiene el jugo en tu vaso y al vaso en la mesa? La fuerza es la gravedad. La **gravedad** es una fuerza que atrae los objetos entre sí. Por ejemplo, la gravedad terrestre atrae los objetos hacia el centro de la Tierra. Causa que los objetos caigan al suelo y que el agua fluya hacia abajo por una colina. La gravedad existe entre todos los objetos, no solamente entre la Tierra y otros objetos.

La gravedad actúa sobre los objetos sin tocarlos. Por ejemplo, la gravedad de la Tierra atrae objetos del espacio, tales como el transbordador espacial o la Luna. La fuerza de la gravedad depende de la masa de cada objeto. Hay más gravedad entre objetos que tienen mayor masa. La Tierra tiene una gran masa, por lo tanto hay una atracción fuerte entre la Tierra y otros objetos sobre o cerca de ella.

El peso de un objeto es la medida de qué tan fuerte la gravedad atrae el objeto. Los objetos con mayor masa son más pesados que los objetos con menor masa.

◀ La gravedad atrae el vaso hacia la Tierra. La fuerza de la gravedad es lo suficientemente fuerte para romper el vaso cuando golpea contra el suelo.

Magnetismo

El magnetismo es una fuerza que empuja o atrae objetos compuestos de hierro o níquel. Tiene poco efecto sobre los objetos compuestos de otros materiales. Todos los imanes tienen dos polos: un polo norte y un polo sur.

Los polos opuestos se atraen entre sí. Cuando el polo norte de un imán se acerca al polo sur de otro imán, los imanes se atraen entre sí. Los polos iguales se rechazan. La fuerza de un imán es mayor en sus polos. Como la gravedad, el magnetismo puede actuar sobre un objeto sin tocarlo.

▶ **CAUSA Y EFECTO** **¿Cómo afecta la masa de un objeto a su gravedad?**

Los polos semejantes de los imanes se rechazan.

Los polos opuestos de los imanes se atraen.

El globo "flota" en el aire porque los imanes que están en el globo empujan para separarse de los imanes del soporte.

Fricción

La fricción es una fuerza que hace más lento y detiene el movimiento entre dos superficies que se tocan. Hay más fricción entre superficies rugosas o pegajosas que entre superficies lisas o resbalosas.

La fricción puede ser útil. Sin fricción tus pies podrían resbalar y deslizarse cuando tratas de caminar. A veces la fricción no es útil. La fricción puede hacer más lentas las máquinas y desgastar sus partes. Muchas máquinas usan aceite para hacer sus superficies resbalosas y reducir la fricción.

CAUSA Y EFECTO **¿Qué tipos de superficies tienen menor fricción entre ellas?**

▲ La hoja suave del patín de hielo reduce la fricción entre el hielo y la hoja. La punta rugosa aumenta la fricción. Esto ayuda al patinador a comenzar a patinar y a detenerse.

La tela suave y el tobogán liso reducen la fricción, permitiendo un viaje rápido. ▶

Conclusión de la lección

Resumen visual

Se necesita una fuerza para cambiar un movimiento. La gravedad atrae los objetos entre sí.

El magnetismo es una fuerza que empuja o hala algunos materiales.

La fricción es una fuerza que hace más lento y detiene el movimiento de dos superficies que se tocan.

ENLACES entre el hogar y la escuela

MATEMÁTICAS Ordena los números

En la tabla se compara la fuerza de la gravedad de los seis planetas más cercanos al Sol. Haz una lista de los números en orden, de menor a mayor.

Mercurio	Venus	Tierra	Marte	Jupiter	Saturno
0.4	0.91	1.0	0.38	2.6	1.06

TECNOLOGÍA Construye una brújula

Frota un imán contra una aguja 50 veces en la misma dirección. Haz flotar un corcho en agua y apoya en él la aguja. El campo magnético de la Tierra atraerá la aguja hacia el Polo Norte. Suavemente haz girar el corcho. ¿Hacia qué lado apunta la aguja cuando el corcho deja de moverse? Mueve la taza. ¿Cambió de dirección la aguja?

Repaso

1 IDEA PRINCIPAL ¿Qué es una fuerza?

2 VOCABULARIO Define el término *movimiento.*

3 DESTREZA DE LECTURA: Causa y efecto ¿Qué efecto tiene la gravedad de la tierra en objetos sobre o cerca de la tierra?

4 RAZONAMIENTO CRÍTICO: Aplica Los frenos de un tren rechinan contra sus ruedas para hacer parar el tren. ¿Qué fuerza usan los frenos?

5 DESTREZA DE INVESTIGACIÓN: Predice Empujas una caja de un lado al otro sobre un suelo de concreto. Tu amigo empuja una caja de un lado al otro sobre un suelo liso de baldosa. Las cajas tienen la misma masa. Predice qué caja se deslizará más fácilmente.

✔ PREPARACIÓN PARA EXÁMENES

Un imán empuja o hala objetos compuestos de ___.

A. madera

B. plástico

C. cobre

D. hierro

¿Cómo se puede describir el movimiento?

Por qué es importante...

¿Cómo describirías el movimiento de la atleta en esta fotografía? ¿Rápido? ¿En línea recta? Puedes describir el movimiento diciendo qué tan lejos, en qué dirección y qué tan rápido se mueve un objeto.

PREPÁRATE PARA INVESTIGAR

Destreza de investigación

Comunicar Cuando comunicas, compartes información usando palabras, acciones, dibujos, gráficas, tablas, diagramas o esquemas.

Materiales

- 2 canicas
- recipiente poco profundo
- regla métrica

Recursos de ciencias y matemáticas

Para realizar el paso 4, repasa la sección **Usar una cinta métrica o una regla** en la página H6.

Mover canicas

Procedimiento

1 **Observa** Pon una canica contra el interior del recipiente. Empuja la canica de manera que dé vueltas alrededor del interior del recipiente. Observa el movimiento de la canica mientras se mueve en el interior del recipiente.

2 **Comunica** En tu *Cuaderno de ciencias,* describe el movimiento de la canica. Describe su velocidad y su dirección.

3 **Observa** Pon dos canicas, una cerca de la otra, en el suelo. Suavemente empuja una de las canicas derecho hacia adelante. Después empuja la segunda canica derecho hacia adelante, pero con más fuerza. Describe qué tan lejos se movió cada canica.

4 **Experimenta** Pon las dos canicas en el suelo, separadas aproximadamente 10 cm. Haz rodar suavemente la segunda canica de manera que golpee la primera. Describe los movimientos de las dos canicas.

Conclusión

1. **Analiza los datos** En el paso 1, ¿cómo se movió la canica dentro del recipiente?

2. **Analiza los datos** En el paso 4, ¿cómo se comportó la primera canica cuando la segunda la golpeó?

3. **Comunica** Dibuja diagramas para mostrar los movimientos de las canicas en los pasos 1, 3 y 4.

PASO 1

PASO 3

PASO 4

¡Investiga más!

Sé un inventor Inventa un aparato que use canicas de una manera divertida. Tu aparato debe usar diferentes tipos de movimiento. Haz un dibujo y usa flechas para mostrar cómo se mueven las canicas.

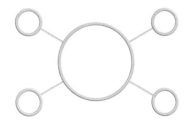

Objetos en movimiento

IDEA PRINCIPAL Puedes describir el movimiento de un objeto por su distancia, dirección y velocidad.

Posición y movimiento

El movimiento es un cambio en la posición. Puedes describir la posición de un objeto comparándolo con otros objetos que lo rodean. El atleta en la foto está parado detrás de la línea de falta antes de comenzar a correr. A medida que se mueve, su posición cambia. Se mueve acercándose a la línea de falta, después salta sobre ella. Finalmente, desciende en el foso de aterrizaje.

El movimiento puede cambiar la energía potencial y la energía cinética de los objetos. Por ejemplo, el atleta tiene más energía potencial cuando está por encima del suelo que cuando está en el suelo. También tiene más energía cinética cuando corre que cuando se mueve más lentamente.

Todo cambio en el movimiento necesita de una fuerza. Una fuerza es la acción de empujar o halar que hace pasar energía entre dos objetos. Algunas fuerzas, como la gravedad y el magnetismo, pueden hacer pasar energía entre los objetos incluso cuando no se están tocando. Otras fuerzas, como la fricción, pueden hacer pasar energía entre dos objetos solamente cuando los objetos se están tocando.

¿Qué fuerzas cambian el movimiento del atleta? El atleta empuja contra el terreno para correr. También empuja contra el terreno para levantarse a sí mismo en el aire. Usa la fricción entre la arena en el foso de aterrizaje y sus pies para detenerse.

ESTRUCTURA DEL TEXTO **¿Cuál sería un buen título de sección para el texto de esta página?**

La posición del atleta cambia desde el momento en que deja el terreno hasta que aterriza.

Distancia

La **distancia** es una medida de longitud. Puedes describir el movimiento de un objeto midiendo la distancia que recorre. Por ejemplo, un jugador de béisbol golpea la bola en el plato del home. La bola viaja hasta la pared del campo central. Puedes averiguar la distancia que viajó la bola midiendo la distancia desde el plato del home hasta la pared del campo central.

Cuando aplicas una fuerza mayor, un objeto viaja una distancia mayor. La distancia que una bola debe viajar para golpear la pared del campo central varía para los diferentes campos de béisbol. La distancia desde el plato del home hasta la pared del campo central en Fenway Park es mayor que la distancia en el Dodger Stadium. Por tanto, un jugador debe golpear la bola más fuerte para que alcance la pared del campo central del Fenway Park que para que alcance la del Dodger Stadium.

¿Qué tan lejos debe golpearse una bola de béisbol en el Wrigley Field para que golpee la pared del campo central?

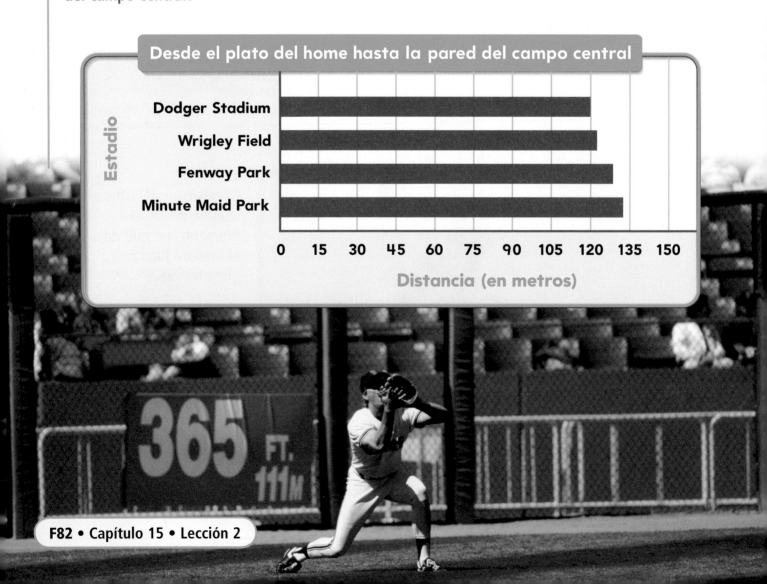

Desde el plato del home hasta la pared del campo central

Estadio

- Dodger Stadium
- Wrigley Field
- Fenway Park
- Minute Maid Park

0 15 30 45 60 75 90 105 120 135 150

Distancia (en metros)

Dirección

La **dirección** es la trayectoria que sigue un objeto. Puedes usar la dirección para describir el movimiento de un objeto. La dirección te dice hacia dónde va un objeto. Puedes averiguar la dirección de un objeto comparando su posición de ahora con su posición de un momento anterior.

Observa las fotos. Puedes averiguar la dirección de los carros o de los aviones comparando sus posiciones actuales con sus posiciones anteriores. Puedes describir la dirección de un avión o de un carro diciendo que se mueve hacia el este o que está doblando hacia la derecha. Como otros cambios en el movimiento, un cambio en la dirección es causado por una fuerza.

> ▶ **ESTRUCTURA DEL TEXTO** Basándote en los títulos, identifica dos maneras de describir el movimiento de un objeto.

▲ Puedes describir el movimiento de los aviones describiendo la dirección de su movimiento.

◀ Los carros que entran y salen de esta autopista están viajando a lo largo de curvas. Su dirección sigue cambiando a medida que doblan.

▲ Los perezosos son conocidos por su lenta velocidad. Un perezoso viaja solamente 0.2 km (0.1 mi.) en una hora.

Velocidad

La **velocidad** es una medida de qué tan rápido o qué tan despacio se mueve un objeto. La velocidad es otra manera de describir el movimiento. Mira a los animales que se muestran en las fotos. El guepardo es uno de los animales más rápidos y el perezoso es uno de los más lentos. Algunos objetos, tales como las plantas que se inclinan hacia la luz, se mueven tan lentamente que no puedes ver su movimiento. Sabes que el objeto se ha movido solamente cuando ves que su posición ha cambiado en el tiempo. Puedes medir la velocidad averiguando la distancia que un objeto viaja en un cierto tiempo. Por ejemplo, un guepardo puede correr casi 30 m (98 pies) en un segundo.

▶ **ESTRUCTURA DEL TEXTO** ¿Cómo se relaciona la velocidad con el movimiento?

Las alas de un colibrí se mueven tan rápido que se ven borrosas. ▼

◀ Los guepardos son los animales terrestres más rápidos. Algunos guepardos pueden correr casi 2 km (1 mi.) en 1 minuto.

Resumen visual

El movimiento es un cambio en la posición. El movimiento de un objeto puede ser descrito por la distancia que recorre.

La dirección de un objeto es el trayecto que sigue el objeto.

La velocidad de un objeto te dice qué tan rápido o lento está viajando el objeto.

ENLACES entre el hogar y la escuela

ESCRITURA **Narrativa** Escribe un párrafo que describa un viaje que hayas hecho en automóvil, autobús, tren, barco o avión. Usa palabras para indicar dirección tales como *derecha, izquierda, hacia arriba, hacia abajo, norte, sur, este y oeste.* Usa palabras para indicar velocidad tales como *rápido, lento, rápidamente* y *lentamente.* Y usa palabras para indicar distancia tales como *kilómetros, cerca, lejos, larga* y *corta.*

ARTE **Dibuja una tira cómica** Los dibujantes de tiras cómicas frecuentemente necesitan mostrar objetos en movimiento. Mira las páginas de tiras cómicas de un periódico. Observa las maneras en que los dibujantes muestran velocidad y dirección. Dibuja una tira cómica. Usa lo que has observado, o tus propias ideas, para mostrar movimiento.

Repaso

❶ IDEA PRINCIPAL ¿Cuáles son las tres maneras en las que puedes describir el movimiento de un objeto?

❷ VOCABULARIO ¿Qué significa *distancia*?

❸ DESTREZA DE LECTURA: Estructura del texto Escribe un título que pudiera presentar las secciones *Distancia, Dirección y Velocidad.*

❹ RAZONAMIENTO CRÍTICO: Analiza Usa distancia, velocidad y dirección para describir los movimientos que se hacen al jugar en un tobogán de una zona de juegos.

❺ DESTREZA DE INVESTIGACIÓN: Comunica Haz un mapa simple de tu salón de clases. Dibuja una línea que represente tu movimiento a medida que viajas desde la puerta hacia tu escritorio. Asegúrate de que la línea muestre distancia y dirección.

PREPARACIÓN PARA EXÁMENES

Qué tan rápido o lento se mueve un objeto es su ___.

A. distancia

B. dirección

C. velocidad

D. fuerza

F85

Altos y bajos

¡Wheeeeee! En 1884, resonaron gritos de entusiasmo en el aire de Coney Island, Nueva York. La primera montaña rusa impulsada por gravedad se elevaba y descendía por las vías.

El "tren serpenteante de gravedad" *(Gravity Switchback Railway)*, como se le llamó, viajaba a casi 10 km (aproximadamente 6 mi.) por hora. El tren tenía dos vías de acero planas que estaban clavadas a tablones de madera. Usaba la fuerza de la gravedad para moverse. La vuelta comenzaba arriba en lo alto, y el vagón alcanzaba velocidad a medida que las vías se inclinaban en pendiente hacia abajo.

Los paseantes tenían que hacer su trabajo también. Para subir a la montaña rusa, tenían que subir por escaleras hasta una plataforma en la cima de la primera colina. Por solamente cinco centavos la vuelta, obtener una emoción y algo de ejercicio ¡era una ganga!

Esta pintura muestra cómo era dar una vuelta en una montaña rusa en el siglo diecinueve.

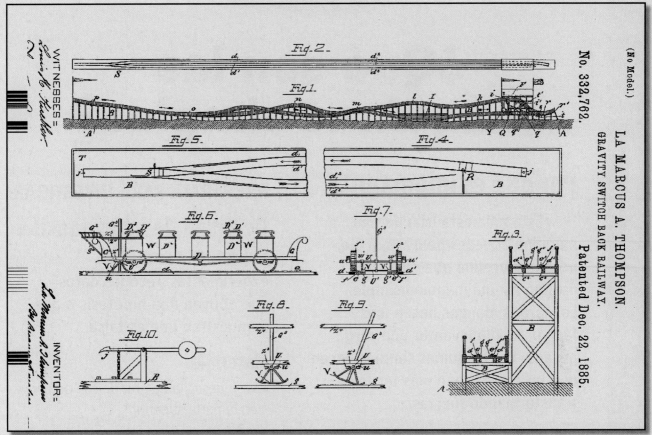

▲ La patente de 1885 de LaMarcus Thompson describe el material y el diseño del *Gravity Switchback Railway.*

▲ Thompson diseñó muchas otras montañas rusas. Éste es un dibujo de su patente para el *Pleasure Cable Railway.*

Compartir ideas

1. **REPASO DE LA LECTURA** ¿Dónde estaba ubicado el *Gravity Switchback Railway?*

2. **ESCRÍBELO** ¿Qué tipo de fuerza usaba la montaña rusa de Thompson para moverse?

3. **COMÉNTALO** Comenta cómo debe haberse sentido viajar en la primera montaña rusa impulsada por gravedad.

¿Qué son las máquinas simples?

Por qué es importante...

¿Esta niña está usando una máquina? Puedes pensar que no, pero la carretilla que ella está usando es una máquina simple. Los largos mangos hacen más fácil para ella levantar una carga pesada. Las máquinas simples hacen que las tareas sean más fáciles transformando fuerzas.

PREPÁRATE PARA INVESTIGAR

Destreza de investigación

Experimentar Cuando experimentas, recoges datos que apoyan una hipótesis o que demuestran que es falsa.

Materiales

- vaso desechable grande con agujeros en la parte superior
- rocas
- carrete
- cordón
- lápiz
- cinta aisladora

¡Cárgalos!

Procedimiento

PASO 1

1. **Colabora** Trabaja con un compañero. Coloca un vaso desechable en el suelo y llénalo con rocas. Desliza un carrete en un lápiz. Pega con cinta aisladora un extremo del lápiz al borde de la mesa. Pon un hilo que cuelgue sobre el carrete.

2. **Plantea una hipótesis** En tu *Cuaderno de ciencias,* escribe una hipótesis sobre qué es más fácil: levantar el vaso con rocas, con la mano o usando el hilo y el carrete

PASO 4

3. **Experimenta** Usando solamente tus manos, levanta el vaso de rocas del suelo hasta el carrete. Observa cuánto esfuerzo usas para levantar las rocas. Registra tus observaciones.

4. **Experimenta** Une un extremo del hilo al vaso como se muestra en la foto. Coloca nuevamente el vaso en el suelo. Lentamente hala el otro extremo del hilo para levantar el vaso hasta arriba. Observa tu esfuerzo. Anota tus observaciones.

PASO 4

Conclusión

1. **Analiza los datos** ¿En qué dirección halaste cuando levantaste las rocas con la mano? ¿En qué dirección halaste cuando usaste el hilo y el carrete?

2. **Compara** ¿Fue más fácil levantar el vaso con rocas con tus manos o con el hilo y el carrete?

¡Investiga más!

Sé un inventor Diseña una máquina que haga que levantar el vaso con rocas sea aun más fácil. ¿Qué partes tendrá la máquina? ¿Cómo se moverá? ¿Cómo la controlarás? Haz un dibujo de tu máquina.

Máquinas simples

DESTREZA DE LECTURA

Clasificar Usa una tabla para clasificar máquinas según la manera en que modifican una fuerza. Pueden modificar la intensidad de una fuerza, la dirección de una fuerza o ambas.

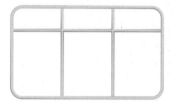

IDEA PRINCIPAL Las máquinas simples hacen el trabajo más fácil cambiando la intensidad o la dirección de una fuerza.

Máquinas y trabajo

¿En qué piensas cuando oyes la palabra *máquina*? Probablemente pienses en máquinas enormes en granjas o en fábricas. Tal vez te imagines muchos equipos y partes móviles. ¿Sabías que algunas máquinas son muy pequeñas y no tienen partes móviles? Una máquina es cualquier herramienta que haga más fácil el trabajo. En ciencias, la palabra trabajo tiene un significado especial. **Trabajo** es el movimiento de un objeto por una fuerza. Una **máquina simple** es un aparato que hace el trabajo más fácil. Una máquina simple cambia la fuerza que se necesita para mover un objeto. Cambia la intensidad de la fuerza o su dirección.

Esta niña usa un martillo para trabajar. La fuerza del martillo mueve el clavo. ▶

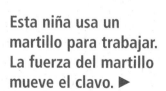

Usar el martillo como una palanca hace más fácil quitar el clavo de la madera.

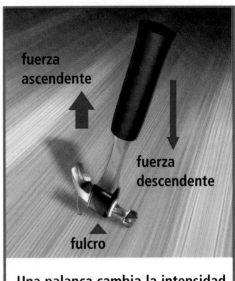

fuerza ascendente

fuerza descendente

fulcro

Una palanca cambia la intensidad y la dirección de una fuerza.

Palanca

¿Piensas que puedes quitar un clavo de la madera usando solamente tus dedos? Sería difícil de hacer. Pero es fácil quitar un clavo usando un martillo. Un martillo puede usarse como una máquina simple llamada palanca. Una **palanca** es una máquina simple compuesta de un brazo rígido que puede moverse libremente alrededor de un punto fijo. El punto fijo de la palanca se llama fulcro. Aplicas una fuerza débil al mango del martillo. La palanca cambia la fuerza sobre el mango por una fuerza potente sobre el clavo. También cambia la dirección de la fuerza. Estos cambios en la intensidad y dirección de la fuerza hacen más fácil quitar el clavo.

▶ CLASIFICAR ¿Qué tipo de máquina simple es un martillo cuando se usa para quitar un clavo?

Rueda y eje

¿Cómo abres una puerta? Das vuelta a la manilla, que mueve el pestillo y la puerta se abre. La manilla hace que sea fácil mover el pestillo.

Una manilla es una máquina simple llamada rueda y eje. Una **rueda y eje** es una máquina simple compuesta de un pequeño cilindro o eje inserto en el centro de una rueda más grande. En la manilla de una puerta, la manilla es la rueda y el fuste es el eje. Una rueda y un eje hacen que el trabajo sea más fácil al aumentar la potencia de la fuerza. Cuando aplicas una fuerza débil sobre una rueda, esta la cambia a una fuerza potente en el eje. Otros aparatos que contienen ruedas incluyen grifos y volantes.

Rueda y eje cambian la intensidad de una fuerza pero no su dirección.

Una manilla es una rueda y un eje. Al aplicar una fuerza débil a una manilla (rueda) se crea una fuerza potente en el fuste (eje). ▶

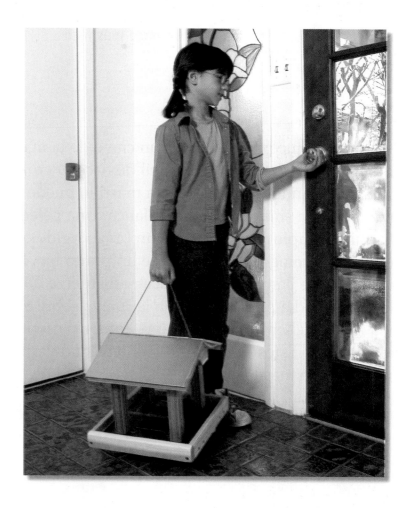

Polea

El hombre está alzando un comedero para pájaros dentro del árbol con otra máquina simple, una polea. Una **polea** es una máquina simple compuesta de una cuerda colocada alrededor de una rueda fija. Una polea cambia la dirección de una fuerza. Aplicas una fuerza en una dirección. Después la polea la cambia por una fuerza igual en la dirección opuesta.

Las poleas y otras máquinas simples pueden combinarse para hacer máquinas más complejas. Por ejemplo, una bicicleta tiene poleas, ruedas y ejes, y palancas.

▶ **CLASIFICAR** ¿Qué tipo de máquina simple que contenga una rueda puedes usar para cambiar la dirección de una fuerza?

fuerza descendente

fuerza ascendente

Una polea cambia la dirección de una fuerza pero no su intensidad.

El hombre hala hacia abajo la cuerda de la polea. ¿En qué dirección se mueve el comedero para pájaros?

Plano inclinado

Los empleados de una empresa de mudanzas a menudo usan una rampa para mover objetos pesados hacia arriba hasta el nivel de un camión. Una rampa es un tipo de máquina simple llamada plano inclinado. Un **plano inclinado** es una máquina simple formada por una superficie con pendiente. Usar un plano inclinado hace que sea más fácil mover un objeto pesado hacia una posición más alta. Los empleados de mudanzas pueden usar una fuerza más potente para levantar un objeto pesado hacia arriba. Al empujar el objeto hacia arriba en un plano inclinado, se usa una fuerza más débil en una distancia más larga.

fuerza intensa

fuerza débil

Un plano inclinado cambia tanto la potencia como la dirección de una fuerza.

Cuña

Una **cuña** es una máquina simple compuesta de dos planos inclinados. Como el hacha que se muestra aquí, una cuña tiene un extremo puntiagudo y un extremo ancho. Una cuña se usa para cortar o separar objetos. Cuando usas una cuña, aplicas una fuerza descendente en el extremo ancho. Los lados inclinados cambian las fuerzas descendentes a fuerzas laterales. Esto separa el objeto en dos piezas.

Tornillo

Un **tornillo** es una máquina simple hecha de un plano inclinado envuelto alrededor de una columna. Los tornillos se usan para sujetar tablas y otros objetos. Cuando das vueltas a un tornillo, el plano inclinado mueve la columna hacia arriba o hacia abajo. Le aplicas al tornillo una fuerza circular débil. El tornillo la cambia a una intensa fuerza descendente o ascendente. Esto hace que sea más fácil meter el tornillo en un material duro, como una tabla de madera.

▶ **CLASIFICAR** ¿Cuáles son las dos máquinas simples compuestas de uno o más planos inclinados?

Una cuña cambia una fuerza descendente a una fuerza hacia afuera.

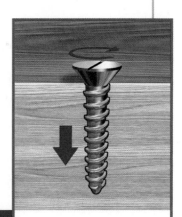

Un tornillo cambia una fuerza circular débil a una intensa fuerza ascendente o descendente.

Resumen visual

El trabajo es el movimiento de un objeto por una fuerza. Las máquinas simples transforman la fuerza necesaria.

Entre las máquinas simples se incluyen las palancas, las ruedas y ejes, y las poleas.

Los planos inclinados, las cuñas y los tornillos también son máquinas simples.

ENLACES entre el hogar y la escuela

ESCRITURA Narrativa
Lleva un registro de tus actividades de un día entero. ¿Qué máquinas usaste o con cuáles te encontraste? Piensa en cómo trabajan las máquinas y qué objetos se mantienen unidos. En tu registro, pon un círculo en al menos un ejemplo de cada tipo de máquina simple.

ESTUDIOS SOCIALES Haz un cartel
Haz un cartel que muestre un ejemplo real de cada máquina simple (palanca, rueda y eje, polea, plano inclinado, cuña y tornillo). Para cada ejemplo, dibuja un diagrama simple usando una o más figuras planas o sólidas. Rotula cada diagrama.

Repaso

1 IDEA PRINCIPAL ¿Qué hacen las máquinas simples?

2 VOCABULARIO Define el término *trabajo* de la forma en que lo usan los científicos.

3 DESTREZA DE LECTURA: Clasifica ¿Qué tipo de máquina simple usarías para abrir la tapa de un pote de pintura?

4 RAZONAMIENTO CRÍTICO: Sintetiza Los empleados de mudanzas usan rampas para mover objetos pesados. ¿Qué máquina simple están usando?

5 DESTREZA DE INVESTIGACIÓN: Experimenta Diseña un experimento en el que compares el esfuerzo que se necesita para hacer un trabajo usando una rueda y un eje, y el esfuerzo que se necesita para hacer el mismo trabajo sin esta máquina simple.

✓ PREPARACIÓN PARA EXÁMENES

Una máquina simple compuesta de un plano inclinado envuelto alrededor de una columna es un(a) _____.

A. polea

B. tornillo

C. palanca

D. cuña

Mecánicos de automóviles

Inclusive con un mantenimiento regular, la mayoría de los automóviles necesitan reparaciones tarde o temprano. Por eso es que siempre son tan solicitados los mecánicos de automóviles. Su trabajo es mantener los automóviles en buen funcionamiento. Los mecánicos de automóviles tienen que estar al corriente de las nuevas tecnologías.

Lo que se necesita

- Un diploma de escuela secundaria
- Cursos de reparación de automóviles
- Entrenamiento en el trabajo

Ingeniero mecánico

Los ingenieros mecánicos diseñan, prueban y mejoran todo tipo de máquinas. Trabajan con máquinas que producen energía, como motores y generadores. También trabajan con máquinas que usan energía, desde batidoras hasta juguetes.

Lo que se necesita

- Un diploma en ingeniería mecánica
- Destrezas para hacer bosquejos, dibujar, diseñar y resolver problemas
- Conocimientos de sistemas de computación

Ciencias EXTREMAs

Potente lanzamiento

¡Primer lanzamiento! ¡Segundo lanzamiento! ¿Puedes batear una bola que viene hacia ti rápidamente a 70 millas por hora? Tendrías que hacerlo si estuvieras jugando contra Jennie Finch. Ella fue la lanzadora estrella en el equipo de softbol femenino de Estados Unidos que ganó la medalla de oro olímpica.

¿Qué hace que los lanzamientos de Jennie crucen el plato tan rápido? Es la energía cinética que Jennie pone en lanzar la bola. Su muñeca, brazo, hombro, caderas y piernas se mueven de tal manera que transfieren a la bola tanta energía cinética como es posible. Puedes ver cuánto de su cuerpo ella usa en la posición de impulso. ¡Tercer lanzamiento! ¡Estás fuera!

¿Sabías que...?

La bola sale de la mano de Jennie a 70 mph. El límite de velocidad máxima en la mayoría de las autopistas es de 65 mph. Lo creas o no, la bola de Jennie podría ganarle a un carro que va a máxima velocidad hasta el plato de home.

Vocabulario

Completa cada oración con un término de la lista.

1. Una máquina simple hecha de una cuerda colocada alrededor de una rueda fija es un(a) _____.

2. Qué tan rápido o qué tan despacio se mueve un objeto es su _____.

3. La medida de qué tan lejos viaja un objeto es _____.

4. Una máquina simple compuesta de dos planos inclinados es un(a)_____.

5. Una herramienta formada por pocas partes que hace más fácil el trabajo cambiando la potencia o la dirección de una fuerza es un(a) _____.

6. Cuando usas una fuerza para mover un objeto, haces un(a) _____.

7. Un cambio en la posición de un objeto se llama _____.

8. La trayectoria que sigue un objeto en movimiento es su _____.

9. Una máquina simple que tiene una superficie en pendiente es un(a) _____.

10. Un plano inclinado envuelto alrededor de una columna es un(a) _____.

cuña F95
dirección F83
distancia F82
fuerza F73
gravedad F74
máquina simple F90
movimiento F72
palanca F91
plano inclinado F94
polea F93
rueda y eje F92
tornillo F95
trabajo F90
velocidad F84

Preparación para exámenes

Escribe la letra de la respuesta correcta.

11. Gravedad y fricción son ejemplos de _____.

    A. movimientos
    B. máquinas simples
    C. fuerzas
    D. distancias

12. Una máquina simple compuesta de un brazo rígido que puede moverse alrededor de un punto fijo es una _____.

    A. rueda y eje   C. cuña
    B. polea   D. palanca

13. La fuerza que atrae los objetos entre sí es el/la _____.

    A. fricción
    B. gravedad
    C. magnetismo
    D. movimiento

14. Una máquina simple que convierte una fuerza circular débil en una fuerza circular potente es un(a) _____.

    A. polea   C. tornillo
    B. rueda y eje   D. plano inclinado

15. **Predice** Tienes dos barras de imán. Los polos de la primera barra están rotulados A y B. Los polos de la segunda barra están rotulados C y D. Acercas el extremo A al extremo C y los dos imanes se atraen. Predice qué pasará si tratas de acercar el extremo A al extremo D.

16. **Comunica** La tabla que está a continuación muestra la velocidad de cinco carritos de juguete. Haz una gráfica de barras usando los datos.

Color del carro	Velocidad (metros en 1 minuto)
Rojo	7
Azul	9
Verde	5
Amarillo	8
Anaranjado	11

Organiza los conceptos

Usa las palabras que están a continuación para completar el diagrama.

distancia   velocidad
movimiento   fuerza
dirección

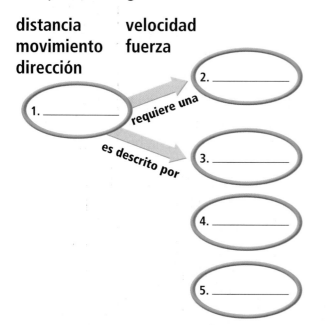

Razonamiento crítico

17. **Aplica** Tu amiga te dice cómo llegar a su casa desde la escuela. Sus instrucciones te dicen qué tan lejos debes ir y hacia qué dirección doblar. ¿Qué descripción de movimiento *no* está incluida en sus instrucciones?

18. **Evalúa** Un amigo dice que una pelota de fútbol deja de rodar porque la fuerza de tu puntapié deja de actuar sobre la pelota. ¿Es esta afirmación correcta? ¿Por qué sí o por qué no?

19. **Sintetiza** Tienes más energía potencial luego de subirte a un trampolín que la que tienes cuando estás en el suelo. ¿Qué fuerza está actuando sobre ti para darte más energía potencial cuando estás encima del trampolín?

20. **Analiza** El volante de un automóvil es parte de una rueda y un eje. El volante es la rueda. Explica cómo afecta al eje doblar el volante por una distancia corta.

Evaluación del rendimiento

Muestra el movimiento

Busca en periódicos, en revistas o en Internet y encuentra fotografías de eventos deportivos. Escoge una fotografía y haz un cartel. Rotula las fuerzas, los movimientos y cualquier máquina simple que se use en ese evento deportivo.

Escribe la letra de la respuesta correcta.

1. La luna no emite su propia luz. ¿Por qué puedes ver la luna?

   A. Porque hace doblar la luz del Sol.
   B. Porque refleja la luz del Sol.
   C. Porque refracta la luz del Sol.
   D. Porque absorbe luz del Sol.

2. Un eje y rueda cambia una fuerza débil aplicada sobre la rueda por una fuerza intensa en el eje. ¿Cuál de estos es una rueda y eje?

   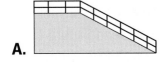
   A.

   B.

   C.

   D.

3. Si tiras una pelota hacia arriba en línea recta, ¿qué tipo de energía tiene en su punto MÁS ALTO?

   A. energía potencial
   B. energía química
   C. energía sonora
   D. energía cinética

4. Cuando enciendes una lámpara cambias _____ .

   A. energía lumínica en energía eléctrica
   B. energía cinética en energía potencial
   C. energía eléctrica en energía lumínica
   D. energía lumínica en energía química

5. ¿Qué fuerza aplicada en la punta áspera de la cuchilla de un patín para hielo hace que el patín se detenga?

   A. energía
   B. fricción
   C. gravedad
   D. magnetismo

6. Un jugador lanza la bola a 120 metros. ¿Qué describe la expresión "120 metros"?

   A. la dirección de la bola
   B. la velocidad de la bola
   C. la distancia de la bola
   D. el movimiento de la bola

7. Ves una sombra porque _____ .

   A. algunos objetos reflejan la luz

   B. algunos objetos refractan la luz

   C. algunos objetos bloquean la luz

   D. algunos objetos permiten que la luz pase a través de ellos

8. Matt tiene cuatro muestras del mismo líquido. La temperatura de cada muestra es diferente. ¿Cuál de los siguientes dibujos presenta las partículas de la muestra MÁS FRÍA?

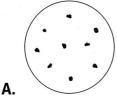

A.

B.

C.

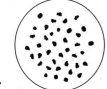

D.

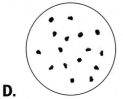

Responde a lo siguiente en oraciones completas.

9. ¿Cómo produce sonido una cuerda de guitarra cuando la tocas? Explica tu respuesta.

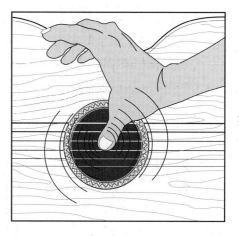

10. Cuando la luz del Sol atraviesa un prisma, forma un arco iris de colores. Explica por qué pasa esto.

¡Descúbrelo!

El modo en que se mueve una pelota de fútbol es el resultado de la manera en que el jugador de fútbol patea la pelota. Como con todos los objetos, se debe aplicar una fuerza para que la pelota de fútbol se mueva.

Patear la pelota proporciona la fuerza que la mueve. Cuando se patea una pelota en su centro, se mueve hacia delante en una línea recta. Cuando se patea hacia la izquierda o hacia la derecha de su centro, la trayectoria de la pelota se curva hacia un lado o hacia el otro. Esto es porque patear la pelota a la izquierda o a la derecha de su centro la hace girar. Este giro es la causa de que la pelota se mueva en una trayectoria curvada.

Trayectoria recta

Trayectoria curvada

Patear la pelota en su centro hace que se mueva hacia adelante en una línea recta.

Patear la pelota hacia la izquierda o hacia la derecha de su centro hace que la trayectoria de la pelota sea curvada.

Recursos de ciencias y matemáticas

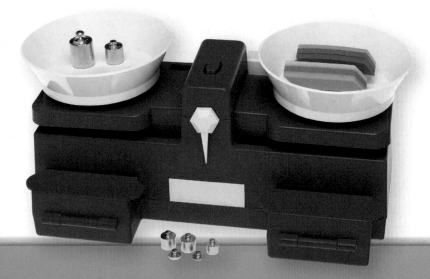

Usar una lupa

Una lupa es un instrumento que aumenta los objetos, o hace que los objetos parezcan más grandes. Esto te permite ver detalles de un objeto que serían difíciles de ver sin la lupa.

Observa una moneda o una estampilla

1. Coloca un objeto como una moneda o una estampilla sobre una mesa u otra superficie plana.

PASO 1

2. Sostén la lupa justo arriba del objeto. Mientras observas a través de la lupa, lentamente aleja la lupa del objeto. Nota que el objeto parece agrandarse y se ve un poco borroso.

PASO 2

3. Acerca un poco la lupa al objeto hasta que el objeto esté de nuevo exactamente en foco.

PASO 3

Hacer una gráfica de barras

Una gráfica de barras te ayuda a organizar y comparar datos.

Haz una gráfica de barras de las alturas de los animales

Los animales tienen muchos tamaños y formas diferentes. Puedes usar la información de esta tabla para hacer una gráfica de barras de sus alturas.

1. Dibuja el lado izquierdo y la parte de abajo de la gráfica. Rotula el lado izquierdo de la gráfica como se muestra aquí. Los números mostrarán la altura de los animales en centímetros.

2. Rotula la parte de abajo de la gráfica. Escribe los nombres de los animales debajo de la línea para que te quede espacio para dibujar las barras.

3. Escoge un título para tu gráfica. El título debe describir el tema de la gráfica.

4. Dibuja barras para mostrar la altura de cada animal. Algunas alturas están entre dos números.

Alturas de animales	
Animal	**Altura (cm)**
Oso	240
Elefante	315
Vaca	150
Jirafa	570
Camello	210
Caballo	165

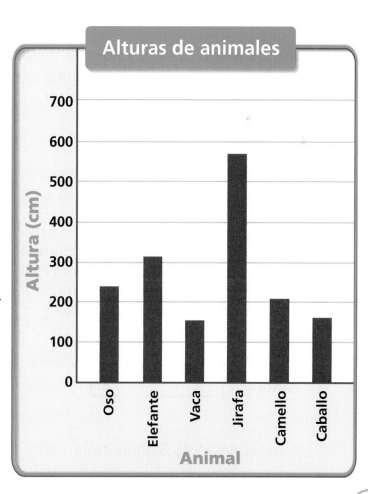

Alturas de animales

Usar una calculadora

Una calculadora puede ayudarte a analizar los datos que obtuviste después de haber medido algo.

Suma y multiplica decimales

Supón que eres un astronauta y que puedes traer de regreso a la Tierra 8 libras de rocas lunares. ¿Podrías traer todas las rocas de la tabla? Usa una calculadora para averiguarlo.

Peso de piedras lunares

Piedra lunar	Peso de la roca en la luna (lb.)
Roca 1	1.7
Roca 2	1.8
Roca 3	2.6
Roca 4	1.5

1. Para sumar, presiona:

   [1] [.] [7] [+] [1] [.] [8] [+]
   [2] [.] [6] [+] [1] [.] [5] [=]

   Pantalla: [7.6]

2. Si cometes un error, presiona la tecla en forma de flecha que está a la izquierda y después la tecla Borrar. Ingresa el número nuevamente. Después continúa sumando.

3. El total es 7.6 libras. Puedes traer de regreso a la Tierra las cuatro rocas lunares.

4. ¿Cuánto pesan las rocas lunares en la Tierra? Los objetos pesan 6 veces más en la Tierra de lo que pesan en la luna. Puedes usar una calculadora para multiplicar.

   Presiona: [7] [.] [6] [×] [6] [=]

   Pantalla: [7.6]

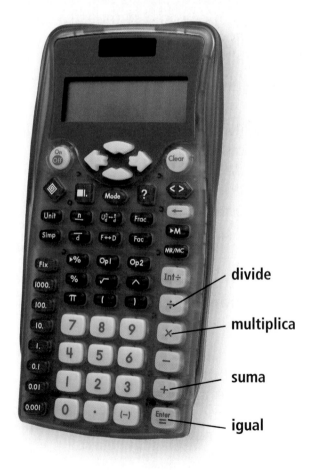

divide

multiplica

suma

igual

Las rocas pesan 45.6 libras en la Tierra.

Hacer una tabla de conteo

Una tabla de conteo puede ayudarte a llevar la cuenta de varios objetos. A veces necesitas contar muchos objetos diferentes. Puede ser difícil contar todos los objetos del mismo tipo en forma de grupo. Ese es el caso donde una tabla de conteo puede ser útil.

Haz una tabla de conteo de las aves observadas

Un grupo de observadores de aves hizo una tabla de conteo para registrar cuántas aves vieron de cada tipo. Aquí están las tablas de conteo que han hecho hasta ahora.

- Cada vez que cuentes un objeto, haz una marca de conteo.

- Cuando hayas llegado a cinco, dibuja la quinta marca de conteo como una línea que atraviesa las otras cuatro.

- Para hallar el número total de petirrojos, cuenta los grupos de cinco y después las unidades.

- Puedes usar una tabla de conteo para hacer una tabla con números.

¿Qué tipo de ave se observó con mayor frecuencia?

- Ahora usa una tabla de conteo para registrar cuántos carros de diferentes colores pasan por tu escuela.

Aves observadas

Tipo de ave	Conteo
Cardenal	II
Urraca azul	⊬⊬⊬ ⊬⊬⊬ ⊬⊬⊬
Ruiseñor	IIII
Colibrí	⊬⊬⊬ II
Gorrión	⊬⊬⊬ ⊬⊬⊬ ⊬⊬⊬ ⊬⊬⊬ I
Petirrojo	⊬⊬⊬ ⊬⊬⊬ II

Aves observadas

Tipo de ave	Número
Cardenal	2
Urraca azul	15
Ruiseñor	4
Colibrí	7
Gorrión	21
Petirrojo	12

Usar una cinta métrica o una regla

Las cintas métricas y las reglas son herramientas para medir la longitud de los objetos y de las distancias. Los científicos usan con mayor frecuencia unidades como metros, centímetros y milímetros cuando miden la longitud.

Usa una cinta métrica

1. Mide la distancia alrededor de un frasco. Envuelve la cinta métrica alrededor del frasco.

2. Halla la línea donde la cinta comienza a envolverse sobre sí misma.

3. Registra la distancia alrededor del frasco al centímetro más cercano.

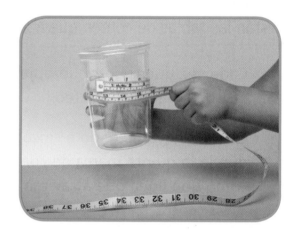

Usa una regla métrica

1. Mide la longitud de tu zapato. Coloca la regla o la cinta métrica en el suelo. Alinea el extremo de la regla con el tacón de tu zapato.

2. Fíjate dónde se alinea el otro extremo de tu zapato con la regla.

3. Oberva la escala de la regla. Registra la longitud de tu zapato al centímetro más cercano y al milímetro más cercano.

Medir volumen

Un vaso de precipitados, una taza de medir y un cilindro graduado se usan para medir volumen. El volumen es la cantidad de espacio que ocupa un objeto. La mayoría de los recipientes que usan los científicos para medir volumen tiene una escala marcada en mililitros (mL).

Vaso de precipitados 50 mL

Taza de medir 50 mL

Cilindro graduado 50 mL

Mide el volumen de un líquido

1 Mide el volumen de jugo. Echa un poco de jugo en un recipiente para medir.

2 Mueve tu cabeza de modo que tus ojos estén al mismo nivel que la superficie del jugo. Lee la línea de la escala que esté más cercana a la superficie del jugo. Si la superficie del jugo está curvada hacia arriba en los lados, observa el punto más bajo de la curva.

3 Lee la medida en la escala. Puedes estimar el valor entre dos líneas de las escala.

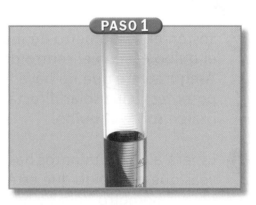

PASO 1

PASO 2

Usar un termómetro

Un termómetro se usa para medir la temperatura. Cuando el líquido que está en el tubo del termómetro se calienta, se expande y asciende por el tubo. Se pueden usar diferentes escalas para medir la temperatura, pero los científicos generalmente usan la escala Celsius.

Mide la temperatura de un líquido

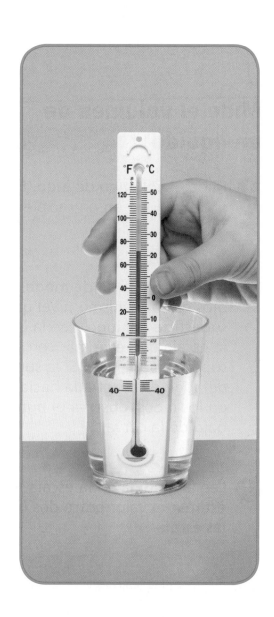

1. Llena una taza hasta la mitad con agua tibia del grifo.

2. Sostén el termómetro de modo que el bulbo esté en el centro del líquido. Asegúrate de que no haya luces potentes ni luz solar directa que brillen sobre el bulbo.

3. Espera algunos minutos hasta que veas que el líquido que está en el tubo del termómetro deja de moverse. Lee la línea de la escala que esté más cerca de la superficie del líquido del tubo. En el termómetro que se muestra se lee 22°C (72°F).

Usar una balanza

Una balanza se usa para medir masa. La masa es la cantidad de materia en un objeto. Para hallar la masa de un objeto, colócalo en el platillo izquierdo de la balanza. En el platillo derecho coloca pesas estándar.

Mide la masa de una pelota

1 Comprueba que los platillos vacíos de la balanza estén equilibrados, o ambos al mismo nivel. Cuando están equilibrados, el indicador de la base debería estar en la marca del medio. Si necesita ajustarse, desliza la palanca que se encuentra en la parte trasera un poco hacia la izquierda o hacia la derecha.

2 Coloca una pelota en el platillo de la izquierda. Luego añade pesas estándar, una por una, sobre el platillo de la derecha. Cuando el indicador vuelva a estar en la marca del medio, significa que cada platillo contiene la misma cantidad de materia y tiene la misma masa.

3 Suma los números marcados en las pesas del platillo. El total es la masa de la pelota en gramos.

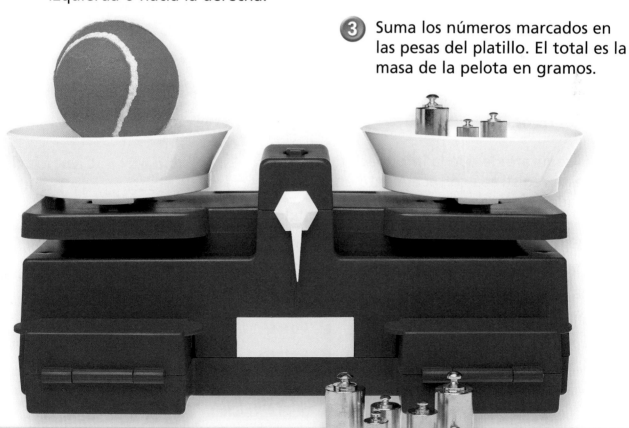

Hacer una tabla para organizar datos

Una tabla puede ayudarte a llevar el registro de la información. Cuando organizas información, o datos, es más fácil leerla, compararla o clasificarla.

Clasifica animales

Supón que quieres organizar estos datos sobre las características de los animales. Puedes basar la tabla en estas dos características: la cantidad de alas y la cantidad de patas.

1. Ponle a la tabla un título que describa los datos contenidos en ella.

2. Nombra categorías, o grupos, que describan los datos que has recogido.

3. Asegúrate de que la información esté registrada correctamente en cada columna.

Luego, puedes hacer otra tabla que muestre la clasificación de los animales basada solamente en la cantidad de patas.

Mis datos

Las pulgas no tienen alas.
   Las pulgas tienen seis patas.
Las serpientes no tienen alas ni patas.
Una abeja tiene cuatro alas.
   Tiene seis patas.
Las arañas nunca tienen alas.
   Tienen ocho patas.
Un perro no tiene alas.
   Tiene cuatro patas.
Los pájaros tienen dos alas y
   dos patas.
Una vaca no tiene alas.
   Tiene cuatro patas.
Una mariposa tiene cuatro alas.
   Tiene seis patas.

Animales – Cantidad de alas y de patas

Animal	Cantidad de alas	Cantidad de patas
Pulga	0	6
Serpiente	0	0
Abeja	4	6
Araña	0	8
Perro	0	4
Pájaro	2	2
Mariposa	4	6

Leer una gráfica circular

Una gráfica circular muestra un todo dividido en partes. Puedes usar una gráfica circular para comparar las partes entre sí. También puedes usarla para comparar las partes con respecto al todo.

Una gráfica circular de consumo de combustible

Esta gráfica circular muestra el consumo de combustible en los Estados Unidos. La gráfica tiene 10 partes iguales, o secciones. Cada sección equivale a $\frac{1}{10}$ del todo. Un todo equivale a $\frac{10}{10}$.

Petróleo De todo el combustible consumido en los Estados Unidos, 4 de 10 partes, ó $\frac{4}{10}$, es petróleo.

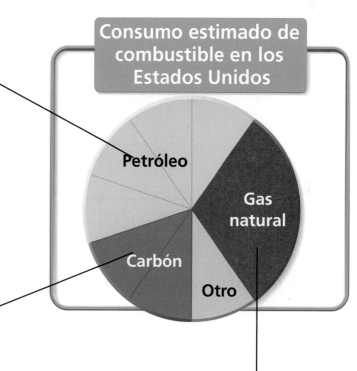

Consumo estimado de combustible en los Estados Unidos

Carbón De todo el combustible consumido en los Estados Unidos, 2 de 10 partes, ó $\frac{2}{10}$, es carbón.

Gas natural De todo el combustible consumido en los Estados Unidos, 3 de 10 partes, ó $\frac{3}{10}$, es gas natural.

Medir el tiempo transcurrido

Un calendario puede ayudarte a averiguar cuánto tiempo ha pasado, o transcurrido, en días o semanas. Un reloj puede ayudarte a saber cuánto tiempo ha transcurrido en horas y minutos. Un reloj con segundero o un cronómetro pueden ayudarte a averiguar cuántos segundos han transcurrido.

Usar un calendario para hallar los días transcurridos

Éste es un calendario del mes de octubre. Octubre tiene 31 días. Digamos que es el 22 de octubre y comienzas un experimento. Necesitas controlar el experimento dos días después de la fecha de inicio y una semana después de la fecha de inicio. Esto quiere decir que lo controlarías el miércoles 24 de octubre y de nuevo el lunes 29 de octubre. El 29 de octubre es 7 días después del 22 de octubre.

Días de la semana
Lunes, martes, miércoles, jueves y viernes son los días de la semana. Sábado y domingo son los días del fin de semana.

Mes anterior
El mes anterior terminó el sábado 30 de septiembre.

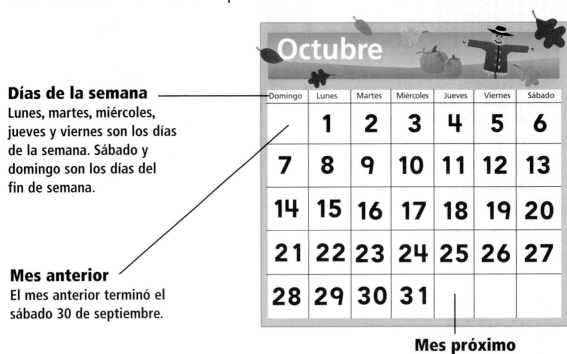

| Octubre | | | | | | |
Domingo	Lunes	Martes	Miércoles	Jueves	Viernes	Sábado
	1	2	3	4	5	6
7	8	9	10	11	12	13
14	15	16	17	18	19	20
21	22	23	24	25	26	27
28	29	30	31			

Mes próximo
El mes próximo comienza el jueves 1 de noviembre.

Usar un reloj o un cronómetro para hallar el tiempo transcurrido

Necesitas cronometrar un experimento durante 20 minutos.

20 minutos

15

10

5

Es la 1:30 p.m.

Detenerse a la 1:50 p.m.

Necesitas cronometrar un experimento durante 15 segundos.
Puedes usar el segundero de un reloj.

15 segundos

10

5

**Comienza el experimento
cuando el segundero esté en
el número 6.**

**Detente cuando hayan pasado
15 segundos y el segundero
esté en el 9.**

**Presiona el botón de reinicio
del cronómetro para que
veas 0:00₀₀.**

**Presiona el botón de iniciar.
Cuando veas 0:15₀₀, presiona
el botón de detener.**

Medidas

Volumen
1 L de bebida deportiva es un poco más que 1 ct.

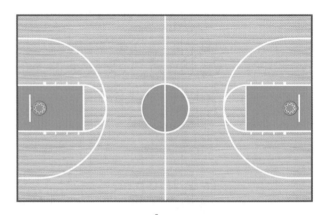

Área
Un campo de baloncesto cubre aproximadamente 4,700 pies^2. Cubre aproximadamente 435 m^2.

Medidas métricas

Temperatura
- El hielo se derrite a 0 grados Celsius (°C)
- El agua se congela a 0°C
- El agua hierve a 100°C

Longitud y distancia
- 1,000 metros (m) = 1 kilómetro (km)
- 100 centímetros (cm) = 1 m
- 10 milímetros (mm) = 1 cm

Fuerza
- 1 newton (N) =
  1 kilogramo X 1(metro/segundo) por segundo (kg X m/s^2)

Volumen
- 1 metro cúbico (m^3) = 1 m X 1 m X 1 m
- 1 centímetro cúbico (cm^3) = 1 cm X 1 cm X 1 cm
- 1 litro (L) = 1,000 mililitros (mL)
- 1 cm^3 = 1 mL

Área
- 1 kilómetro cuadrado (km^2) = 1 km X 1 km
- 1 hectárea = 10,000 m^2

Mass
- 1,000 gramos (g) = 1 kilogramo (kg)
- 1,000 miligramos (mg) = 1 g

Temperatura

La temperatura en un juego de baloncesto en un estadio cubierto puede ser de 27°C, que es 80°F.

Longitud y distancia

Un aro de baloncesto mide aproximadamente 10 pies de alto, o un poco más de 3 m desde el suelo.

Medidas usuales

Temperature

- El hielo se derrite a 32 grados Fahrenheit (°F)
- El agua se congela a 32°F
- El agua hierve a 212°F

Longitud y distancia

- 12 pulgadas (pulg.) = 1 pie
- 3 pies = 1 yarda (yd.)
- 5,280 pies = 1 milla (mi.)

Peso

- 16 onzas (oz.) = 1 libra (lb.)
- 2,000 libras = 1 tonelada (T)

Volumen de los fluidos

- 8 onzas líquidas (oz. líq.) = 1 taza
- 2 tazas = 1 pinta (pt.)
- 2 pt. = 1 cuarto (ct.)
- 4 ct. = 1 galón (gal.)

Tasas métricas y usuales

km/h = kilómetros por hora

m/s = metros por segundo

mi./h = millas por hora

Manual de salud y estado físico

La salud no significa solamente no estar enfermo. La salud tiene muchos aspectos. Aquí hay algunas preguntas que podrás responder después de leer este manual.

- ¿Cómo funcionan mis sistemas corporales?
- ¿Qué nutrientes necesita mi cuerpo?
- ¿De qué manera estar activo ayuda a mi cuerpo?
- ¿Cómo puedo estar seguro en casa?
- ¿Cómo puedo evitar que la comida me enferme?

El sistema digestivo

El sistema digestivo convierte la comida en sustancias que tu cuerpo puede usar. Estas sustancias se llaman nutrientes.

1 La digestión comienza en tu boca.

- Tus dientes dividen la comida en pedazos pequeños. La saliva se mezcla con la comida. La saliva tiene sustancias químicas que dividen la comida todavía más.

- Tu lengua empuja la comida masticada al esófago cuando tragas.

2 La comida viaja a través del esófago hasta el estómago.

- El ácido y otras sustancias químicas en tu estómago dividen aún más la comida.

- La comida pasa al intestino delgado.

3 Más sustancias químicas fluyen hacia dentro del intestino delgado. Provienen del hígado, del páncreas y de otros órganos.

- Estas sustancias químicas terminan de convertir la comida en nutrientes.

- Los nutrientes se absorben en la sangre.

- La sangre transporta los nutrientes a todas las partes del cuerpo.

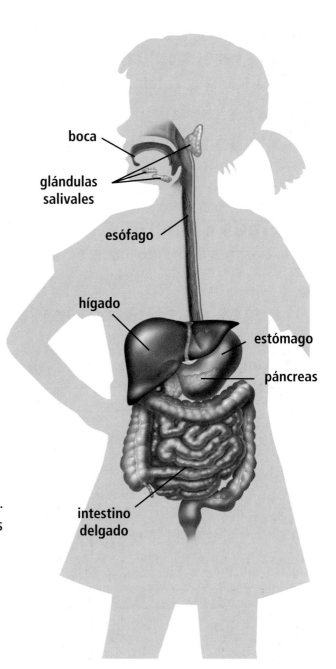

boca

glándulas salivales

esófago

hígado

estómago

páncreas

intestino delgado

El sistema circulatorio

Tu sistema circulatorio bombea sangre a través de tu cuerpo. Hay tres partes principales en el sistema circulatorio: el corazón, los vasos sanguíneos y la sangre.

Corazón Tu corazón tiene cuatro cavidades, o secciones.

- Las dos cavidades de la derecha toman la sangre de tu cuerpo y la bombean hacia los pulmones.
- Allí, la sangre recoge oxígeno y elimina residuos.
- Las dos cavidades de la izquierda toman la sangre de los pulmones y la bombean hacia el resto del cuerpo.

Vasos sanguíneos Dos tipos de vasos sanguíneos transportan sangre a través de tu cuerpo.

- Las **arterias** transportan la sangre del corazón al cuerpo.
- Las **venas** transportan la sangre del cuerpo al corazón.

Sangre Tu sangre transporta oxígeno desde tus pulmones hasta las células de tu cuerpo.

- La sangre transporta nutrientes desde tu sistema digestivo.
- La sangre se lleva los residuos de las células hacia los órganos que eliminan los residuos del cuerpo.

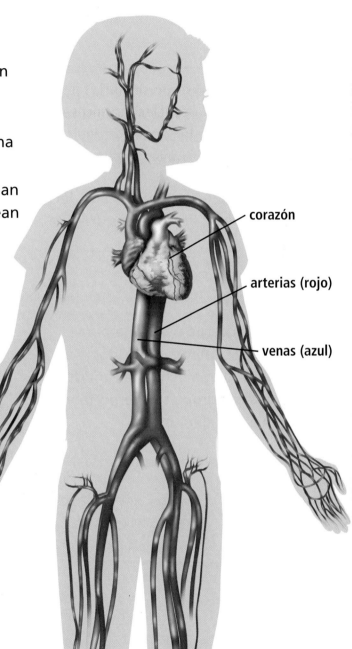

corazón

arterias (rojo)

venas (azul)

Algunos nutrientes que necesitas

Los **nutrientes** son sustancias que tu cuerpo necesita para obtener energía y crecer. Tres nutrientes importantes son las proteínas, los carbohidratos y las grasas. Comer estos nutrientes en la cantidad apropiada puede ayudarte a mantener un peso saludable.

Proteínas

Usos Tu cuerpo usa proteínas para construir nuevas células y para las actividades celulares. Necesitas proteínas para crecer y desarrollarte.

Fuentes carne, pollo, pescado, leche, queso, nueces, frutos secos, frijoles, huevos

Grasas

Usos Tu cuerpo usa grasa para almacenar energía. Necesitas comer sólo una pequeña cantidad de grasas, porque tu cuerpo fabrica algunas por sí mismo.

Fuentes aceites y manteca

Carbohidratos

Usos Los carbohidratos son la principal fuente de energía de tu cuerpo. Los carbohidratos simples dan energía rápidamente. Los carbohidratos complejos dan energía de larga duración. Los carbohidratos complejos deben conformar la mayor parte de tu dieta.

Fuentes carbohidratos simples: frutas y productos lácteos

carbohidratos complejos: pan integral, cereal, pasta, papas

grasa

proteína

carbohidratos

Tipos de actividad física

¿Corres, saltas y juegas todos los días? Hay diferentes tipos de actividad física. Cada una ayuda a tu cuerpo de diferente manera.

Resistencia

Algunas actividades ayudan a tu cuerpo a realizar actividad física intensa durante períodos de tiempo más largos.

Actividades que favorecen la resistencia

- natación
- saltar la cuerda
- fútbol
- patinaje
- andar en bicicleta
- caminar rápido
- baloncesto
- hockey

Haz una de estas actividades de 20 a 60 minutos, de tres a cinco veces por semana.

Flexibilidad

El estiramiento ayuda a tus músculos a moverse con facilidad.

Actividades que favorecen la flexibilidad

- tocar los dedos de los pies
- estirar los brazos
- flexiones de tronco
- estirar los laterales

Haz ejercicios de flexibilidad dos o tres veces por semana.

Fuerza

Estos ejercicios fortalecen tus músculos. Pídele a un adulto que te muestre cómo hacerlos de manera segura.

Actividades que favorecen la fuerza

- abdominales
- flexiones de brazos
- flexiones de barra

Haz entrenamiento de fuerza dos o tres días por semana.

Listas de repaso para la seguridad en el hogar

La mayoría de los accidentes suceden en el hogar.
Aquí hay algunos consejos para estar a salvo.

Medidas de seguridad para prevenir incendios

✔ Ten detectores de humo. Controla las baterías dos veces al año.

✔ No juegues con fósforos ni velas.

✔ Usa la estufa o el horno solamente si hay un adulto presente.

✔ Ten un plan de incendios familiar. Practica tu plan.

Medidas de seguridad para prevenir envenenamientos

✔ Algunos productos químicos y limpiadores son venenosos. También lo son algunos medicamentos. Mantenlos en lugares altos lejos de los niños pequeños.

✔ Pon el número de teléfono del Centro de intoxicaciones junto a tu teléfono.

Medidas de seguridad para la cocina

✔ Nunca te vayas de la cocina mientras estés cocinando.

✔ Guarda los cuchillos lejos del alcance de los niños pequeños.

✔ Limpia inmediatamente si algo se ha derramado. Mantén el suelo despejado de cosas tiradas.

Medidas de seguridad para usar electricidad

✔ Mantén los cables de electricidad fuera de las áreas donde alguien pudiera tropezarse con ellos.

✔ No uses aparatos eléctricos cerca del agua.

✔ Desenchufa los electrodomésticos pequeños cuando no los estés usando.

✔ Asegúrate de que los cables de electricidad no estén dañados. Podrían provocar un incendio.

Seguridad de los alimentos

Los alimentos y las bebidas pueden transportar gérmenes. Esos gérmenes pueden causar enfermedades. Recuerda estos cuatro pasos para conservar seguros los alimentos.

Limpiar

✔ Lávate las manos antes y después de cocinar. Lávatelas de nuevo si tocas carne, aves o pescados crudos.

✔ Lava todos los platos y utensilios que uses.

✔ Lávate las manos antes de comer.

Separar

✔ Mantén la carne, las aves y los pescados crudos lejos de otros alimentos.

✔ Mantén los alimentos cocidos lejos de los alimentos crudos.

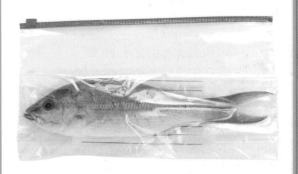

Congelar

✔ Algunos alimentos necesitan mantenerse fríos. Guarda las sobras en el refrigerador lo antes posible. Esto hace más lento el crecimiento de gérmenes.

✔ Si tienes un picnic, mantén los alimentos en una nevera portátil hasta que estés listo para cocinarlos o servirlos.

Cocinar

✔ Cocina los alimentos por completo. La cocción mata muchos gérmenes.

✔ Usa un termómetro para asegurarte de que los alimentos estén lo suficientemente calientes.

A

accidente geográfico Una parte de la superficie de la Tierra que tiene una cierta forma y que se ha formado naturalmente. (C8)

adaptación Un comportamiento o una parte del cuerpo que ayuda a un ser vivo a sobrevivir en su medio ambiente. (B22)

aleación Una solución sólida constituida por al menos un metal. (E55)

analizar datos Buscar patrones en la información recogida que ayuden a hacer inferencias lógicas, predicciones e hipótesis.

anfibio Un vertebrado que comienza su vida en el agua y vive, de adulto, en la tierra. (A40)

artrópodo Un invertebrado que tiene las patas articuladas, un cuerpo con dos o más secciones y una cubierta exterior dura. (A48)

asteroide Una roca que gira alrededor del Sol. (D48)

atmósfera Las capas de aire que cubren la superficie de la Tierra. (D14)

aumentar Hacer que un objeto se vea más grande. (D38)

ave Un vertebrado que tiene plumas, pulmones, alas y dos patas y pone huevos que tienen una cáscara dura. (A38)

C

cadena alimenticia El camino que recorre la energía a través de una comunidad a medida que un ser vivo se come a otro. (B50)

calor El flujo de energía térmica de objetos más calientes a objetos más fríos. (F42)

cambio físico Cambio en el tamaño, forma y estado de la materia. (E14)

cambio químico Un cambio en la materia en el que se forman nuevos tipos de materia. (E23)

carnívoro Un animal que sólo come otros animales. (B51)

célula La unidad más pequeña y básica de un ser vivo. (A8, B45)

ciclo de vida La serie de cambios que sufre un ser vivo a medida que crece. (A70)

ciclo del agua Movimiento del agua entre el aire y la Tierra a medida que cambia de estado. (D8)

circuito eléctrico Un circuito a través del que fluye corriente eléctrica. (F29)

clasificar Agrupar objetos según sus propiedades o según un patrón.

clima Las condiciones promedio del tiempo en un área y en un período de tiempo. (D25)

clima polar Clima con inviernos largos y fríos y veranos cortos y frescos. (D27)

clima templado Clima con veranos cálidos o calurosos e inviernos frescos o fríos. (D26)

clima tropical Clima muy cálido y húmedo durante todo o casi todo el año. (D26)

colaborar Trabajar en equipo junto a otras personas para recoger y compartir datos, observaciones, hallazgos e ideas.

columa vertebral Una serie de huesos que corren a lo largo de la espalda de un vertebrado. (A36)

combustible fósil Combustible que se forma a lo largo de mucho tiempo a partir de los restos de plantas y animales. (C50)

comparar Observar y decir en qué se parecen y en qué se diferencian los objetos.

comportamiento La forma típica en que un organismo actúa en una cierta situación. (B22)

comunicar Explicar procedimientos y compartir información, datos, o hallazgos con otros a través del texto escrito u oral, acciones, gráficas, tablas, diagramas o esquemas.

comunidad Un grupo de plantas y animales que viven en la misma área e interactúan entre ellos. (B15)

condensación El cambio de estado gaseoso a estado líquido. (D7)

condensar Cambiar de estado gaseoso a estado líquido. (E15)

congelarse Cambiar de estado líquido a sólido. (E15)

conífera Una planta que hace semillas dentro de conos. (A72)

conservación La protección y el uso correcto de recursos naturales. (C62)

constelación Un grupo de estrellas que componen una figura con forma de animal, persona u objetos. (D86)

consumidor Un organismo que obtiene la energía comiendo otros seres vivos. (B51)

contaminación 1. Cualquier material dañino en el medio ambiente. (B34) 2. El agregado de material dañino al medio ambiente. (C60)

corriente eléctrica El flujo de partículas cargadas. (F28)

corteza La capa más delgada y superficial de la Tierra. (C14)

cráter Depresión causada por un objeto proveniente del espacio al golpear la superficie de un planeta o de la Luna. (D78)

cresta El punto más alto de una ola. (F15)

crisálida Caparazón duro que el insecto forma para protegerse durante su etapa de larva a adulto. (A76)

cuña Máquina simple compuesta de dos planos inclinados. (F95)

datos Información recogida y analizada en investigaciones científicas. (S3)

descendencia Ser vivo creado por un animal al reproducirse. (A78)

desgaste Fractura o deterioro de una roca. (C30)

dirección La trayectoria que sigue un objeto. (F83)

disolver Mezclar completamente con otra sustancia para formar una solución. (E52)

distancia Una medida de longitud. (F82)

ecosistema Las cosas vivientes y no vivientes que existen e interactúan en un lugar. (B10)

ecuador Una línea imaginaria alrededor de la Tierra, a mitad de camino entre el Polo Norte y el Polo Sur. (D26)

eje Una línea imaginaria a través del centro de un objeto. (D68)

energía Capacidad de causar cambios. (B7)

energía cinética Energía del movimiento. (F8)

energía geotérmica Calor que proviene del interior de la Tierra. (C52)

energía hidroeléctrica La electricidad obtenida a partir de la fuerza del agua en movimiento. (C52)

energía potencial Energía acumulada. (F8)

energía solar Energía que proviene del Sol y que brinda luz y calor a la Tierra. (B44)

energía térmica La energía de partículas en movimiento. (F42)

erosión El proceso de acarrear roca desgastada de un lugar a otro. (C31)

especies en peligro Una especie con tan pocos miembros que puede extinguirse en corto plazo. (A60)

especies extintas Una especie que ha desaparecido. (A57)

estrella Bola de gases calientes que emite luz y otras formas de energía. (D84)

evaporación El cambio de estado de líquido a gaseoso. (D7)

evaporar Cambiar lentamente del estado líquido al estado gaseoso. (E15)

experimentar Investigar y recoger datos que apoyen una hipótesis o demuestren que es falsa, mientras se controlan variables y se cambia sólo una parte del trabajo experimental a la vez.

fases de la Luna Las diferentes formas en que la Luna se ve durante un período de un mes. (D76)

filtro Un dispositivo o material que atrapa algunas substancias y permite el paso de otras. (E44)

formar una hipótesis Hacer un suposición con base en conocimientos de por qué ocurre algo.

fósil Restos antiguos de una planta o animal. (A56, C22)

fricción Una fuerza que ocurre cuando un objeto se frota contra otro objeto. (F45)

fruto La parte de la planta que contiene las semillas. (A70)

fuerza Halar o empujar. (F73)

fundir Cambiar de estado sólido a líquido. (E15)

gas Materia que no tiene una forma definida y que no ocupa una cantidad de espacio definida. (E7)

girar Moverse en una trayectoria alrededor de un objeto. (D68)

gravedad Fuerza que atrae a los objetos entre sí. (F74)

hábitat El lugar donde viven los organismos. (A57, B32)

hábitat acuático Un lugar donde los organismos viven en o sobre el agua. (B60)

hábitat terrestre Lugar en la tierra donde los organismos viven. (B62)

hacer preguntas Formular preguntas oralmente o en forma escrita para averiguar cómo o por qué ocurre algo, lo cual puede llevar a una investigación científica.

herbívoro Un animal que sólo come plantas. (B51)

hoja La parte de la planta que recoge luz solar y gases del aire y los usa para elaborar alimentos para la planta. (A8)

humus Los restos descompuestos de plantas y animales. (C32)

individuo Un solo miembro de una especie. (A86)

inferir Usar hechos y datos que conoces, y observaciones que has hecho para llegar a una conclusión sobre eventos específicos. Construir una explicación razonable.

interrogación científica Forma en que los científicos hacen y responden preguntas sobre el mundo, incluyendo la investigación y la experimentación. (S4)

invertebrado Un animal que no tiene una espina dorsal. (A46)

investigar Aprender más acerca de un tema por medio de libros, diarios, revistas, CD-ROMs, Internet o preguntándole a expertos en ciencias.

larva La segunda etapa en el ciclo de vida de un insecto, en la que éste parece un gusano. (A76)

latitud La distancia al norte o al sur del ecuador. (D26)

líquido Materia que toma la forma de su recipiente y ocupa una cantidad de espacio definido. (E7)

luna Cuerpo pequeño y redondo que orbita alrededor de un planeta. (D45)

luna llena Fase de la Luna en la que la parte iluminada por el Sol es visible desde la Tierra. (D75)

luna nueva Fase de la Luna en la que la cara iluminada por el Sol no es visible desde la Tierra. (D75)

luz Un tipo de energía que se puede ver. (F58)

mamífero Vertebrado cubierto de pelo o pelaje que produce leche para su cría y respira aire a través de sus pulmones. (A37)

manto La capa gruesa e intermedia de la Tierra. (C14)

máquina simple Herramienta formada por pocas partes que hace más fácil el trabajo. (F90)

masa La cantidad de materia en un objeto. (E9)

materia Cualquier cosa que tiene masa y ocupa espacio. (E6)

medio ambiente Todos los seres vivos y las cosas sin vida que rodean y afectan a un organismo. (A24, B10)

medir Usar una variedad de instrumentos de medición o herramientas para averiguar la longitud, la distancia, el volumen, la masa o la temperatura utilizando las unidades de medida apropiadas.

mena Roca que contiene metal u otros minerales útiles. (C42)

mezcla Material hecho de dos o más sustancias o materiales que están físicamente combinados. (E35)

mineral Material que se encuentra en la naturaleza y que nunca ha estado vivo. (C16)

movimiento Cambio en la posición de un objeto. (F72)

núcleo La parte más interna de la Tierra. (C14)

nutriente Sustancia que necesitan las cosas vivientes para sobrevivir y crecer. (A7)

observar Usar los sentidos y las herramientas para recoger información, y determinar las propiedades de los objetos y sucesos.

omnívoro Animal que come tanto plantas como animales. (B51)

onda Movimiento que transporta energía de un lugar a otro. (F14)

orbitar Recorrer un trayecto determinado, generalmente alrededor de un planeta o estrella. (D44)

organismo Cualquier ser vivo. (B8)

palanca Una máquina simple compuesta de un brazo rígido que puede moverse libremente alrededor de un punto fijo. (F91)

pez Un vertebrado que vive en el agua y que obtiene el oxígeno del agua utilizando sus branquias. (A39)

planeta Cuerpo espacial grande que orbita una estrella. (D44)

planetas exteriores Los cinco planetas más alejados del Sol: Júpiter, Saturno, Urano, Neptuno y Plutón. (D47)

planetas interiores Los cuatro planetas más cercanos al Sol: Mercurio, Venus, la Tierra y Marte. (D46)

plano inclinado Una máquina simple formada por una superficie con pendiente. (F94)

planta Ser vivo que crece en la tierra o en el agua, no puede moverse de lugar y generalmente tiene hojas verdes. (A6)

población Todos los organismos de la misma clase que viven juntos en un ecosistema. (B14)

polea Máquina simple hecha de una cuerda colocada alrededor de una rueda fija. (F93)

precipitación Cualquier forma de agua que cae desde las nubes a la superficie de la tierra. (D8)

predecir Decir lo que crees que ocurrirá en base a experiencias pasadas, observaciones, patrones y relaciones de causa y efecto.

productor Organismo que usa la energía del Sol para fabricar su propio alimento. (B51)

propiedad física Característica de la materia que puede medirse u observarse con los sentidos. (E7)

propiedad química Una propiedad que describe cómo la materia puede reaccionar con otros tipos de materia. (E22)

pupa La tercera etapa en la vida de un insecto durante la cual pasa a la adultez. (A76)

raíz La parte de la planta que absorbe agua y nutrientes y que provee apoyo a la planta. (A8)

reciclar Recoger material viejo, procesarlo y usarlo para hacer nuevos objetos. (C62)

recurso Material que es útil para los organismos y que se encuentra en la naturaleza. (B15)

recurso de energía alternativa Un recurso de energía obtenido de otro elemento que no sea un combustible fósil. (C52)

recurso natural Material de la Tierra que es útil a la gente. (C42)

recurso no renovable Recurso natural de cantidad limitada y que no puede ser reemplazado, o que se requiere miles de años para ser reemplazado. (C44)

recurso renovable Recurso natural que la naturaleza puede reemplazar. (C44)

reflejar El efecto de las ondas de luz cuando rebotan. (F60)

refractar El efecto de las ondas de luz cuando se doblan. (F61)

registrar datos Escribir (en tablas o diarios), dibujar, grabar, filmar o fotografiar para mostrar las observaciones.

renacuajo Etapa en el ciclo de vida de la rana cuando sale del huevo, tiene cola larga, branquias y carece de patas. (A77)

reproducir Hacer nuevas cosas vivientes de la misma especie. (A26)

reptil Vertebrado que tiene la piel seca, cubierta de escamas y pone huevos en la tierra. (A41)

roca ígnea Roca que se forma cuando la roca fundida del interior de la tierra se enfría y se endurece. (C18)

roca metamórfica Roca que se forma cuando otra roca cambia por el calor o la presión. (C18)

roca sedimentaria Roca que se forma cuando el sedimento se comprime y se endurece. (C18)

rotar Girar alrededor de un eje. (D68)

rueda y eje Máquina simple compuesta de un pequeño cilindro o eje inserto en el centro de una rueda más grande. (F92)

satélite Cualquier objeto que gira alrededor de un planeta u otro objeto mayor. (D74)

semilla La primer etapa en el ciclo de vida de la mayoría de las plantas. (A70)

sistema solar El Sol y los planetas, lunas y otros objetos que giran alrededor del Sol. (D45)

Sol La estrella más cercana a la Tierra. (D44)

sólido Materia que tiene una forma definida y ocupa una porción de espacio definida. (E7)

solución Mezcla especial en la que dos o más sustancias están tan bien mezcladas que no pueden verse las partes en forma separada. (E52)

sonda espacial Nave que explora el espacio exterior llevando instrumentos sin tripulación. (D58)

suelo Material suelto que cubre gran parte de la superficie de la Tierra. (C30)

sustancia Tipo de materia simple que tiene ciertas propiedades. (E34)

tallo Parte de la planta que sostiene las hojas y que lleva agua y nutrientes a través de la planta. (A8)

tecnología Las herramientas que las personas fabrican y utilizan, y las cosas que construyen con las herramientas, (S11)

telescopio Herramienta que hace que los objetos distantes se vean de mayor tamaño y más nítidos. (D38)

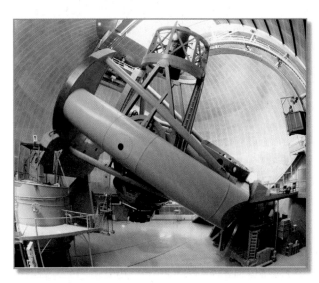

temperatura Medida que determina qué tan caliente o qué tan frío está un objeto. (D16, F50)

termómetro Instrumento que se usa para medir la temperatura. (F50)

terremoto Un movimiento repentino de grandes secciones de la corteza terrestre. (C21)

tiempo La condición de la atmósfera en un determinado lugar y tiempo. (D16)

tono Qué tan alto o qué tan bajo puede oírse un sonido. (F18)

tornillo Máquina simple hecha de un plano inclinado envuelto alrededor de una columna. (F95)

trabajo El movimiento de un objeto a través de una fuerza. (F90)

Usar modelos Usar bosquejos, diagramas u otras representaciones físicas de un objeto, proceso o idea para entender mejor o describir cómo funciona.

Usar números Usar datos numéricos para contar, medir, estimar, ordenar y registrar datos con el objectivo de comparar objectos y eventos.

Usar variables Mantener iguales todas las condiciones en un experimento excepto la variable, o la condición que está siendo examinada en el experimento.

valle El punto más bajo de una onda. (F15)

vapor de agua Agua en forma de gas invisible. (D6)

velocidad Medida que determina qué tan rápido o despacio se mueve un objeto. (F84)

vena Tubo que transporta alimentos, agua y nutrientes a través de la hoja. (A16)

venas paralelas Venas que corren una al lado de la otra en línea recta. (A16)

venas reticuladas Venas que se ramifican a partir de venas principales. (A16)

vertebrado Animal que tiene espina dorsal. (A36)

vibrar Moverse hacia atrás y hacia adelante rápidamente. (F16)

volumen 1. La cantidad de espacio que ocupa la materia. (E9) 2. Qué tan fuerte o qué tan suave es un sonido. (F19)

Índice

Índice

Índice

Créditos